"中观经济学"系列教材

陈云贤　主编

CHENGSHI JINGJI GAISHUO

城市经济概说

陈思含　编著

中山大学出版社
·广州·

版权所有　翻印必究

图书在版编目（CIP）数据

城市经济概说/陈思含编著．—广州：中山大学出版社，2022.7
"中观经济学"系列教材/陈云贤主编
ISBN 978-7-306-07511-6

Ⅰ．①城…　Ⅱ．①陈…　Ⅲ．①城市经济—教材　Ⅳ．①F29

中国版本图书馆 CIP 数据核字（2022）第 067544 号

出 版 人：	王天琪
策划编辑：	嵇春霞
责任编辑：	姜星宇
封面设计：	曾　斌
责任校对：	周昌华
责任技编：	靳晓虹
出版发行：	中山大学出版社
电　　话：	编辑部 020-84110283，84113349，84111997，84110779，84110776
	发行部 020-84111998，84111981，84111160
地　　址：	广州市新港西路 135 号
邮　　编：	510275　传　真：020-84036565
网　　址：	http://www.zsup.com.cn　E-mail: zdcbs@mail.sysu.edu.cn
印 刷 者：	佛山市浩文彩色印刷有限公司
规　　格：	787mm×1092mm　1/16　15.75 印张　270 千字
版次印次：	2022 年 7 月第 1 版　2022 年 7 月第 1 次印刷
定　　价：	66.00 元

如发现本书因印装质量影响阅读，请与出版社发行部联系调换

"中观经济学"系列教材

编委会

主　编　陈云贤
副主编　李善民　徐现祥　鲁晓东
编　委　（按姓氏笔画排序）
　　　　　才国伟　王贤彬　王顺龙　刘　楼
　　　　　李建平　李粤麟　陈思含　顾文静
　　　　　顾浩东　徐　雷　徐现祥　黄秋诗

"中观经济学"系列教材

总　序

　　1955年，威廉·阿瑟·刘易斯（William Arthur Lewis）面对世界各国的经济发展情况，指出了一个矛盾的现象，即著名的"刘易斯悖论"——"政府的失败既可能是由于它们做得太少，也可能是由于它们做得太多"[①]。如今，面对中国经济改革开放的成功，新制度经济学者运用产权理论、交易费用理论、制度变迁理论和县际竞争理论等进行了解释；新古典经济学者做出了政府有针对性地选择新古典的"药方"，并采取渐进的实施方式等的解释；发展经济学者做出了对外开放论、后发优势论、"二元经济"发展论和经济发展阶段论等的解释；转轨经济学者做出了由易到难推进、通过利益补偿化解改革阻力、通过"价格双轨制"演绎市场关系、通过分权转移改革成本和由局部制度创新带动全局制度创新等的解释。[②] 笔者认为，关于政府与市场的关系，或政府在中国经济改革开放进程中的作用，经济学同人做出了积极的探讨和贡献，但不管是刘易斯还是各主流经济学者，他们的研究仍然存在碎片化和外在性问题。[③] 纵观经济学说发展的历程，不难发现以下三点：第一，19世纪及以前的经济学基本上把市场作为配置资源的唯一力量，认为政府只是维护市场自由竞争的政府，是在经济生活中无所作为的政府；第二，20世纪以来的经济学对市场配置资源的唯一性提出了质疑，并开始探讨政府在市场失灵时的相关作用，以及应当采取的措施和策略；第三，在世界各国经济得到发展尤其

---

① Lewis W A. "Reflections on Unlimited Labour". in Marco L E (ed.). *International Economics and Development*. New York: Academic Press, 1972, p.75.

② 黄剑辉：《主要经济学流派如何阐释中国改革开放》，载《中国经济时报》2018年6月14日第A05版。

③ 陈云贤：《市场竞争双重主体论——兼谈中观经济学的创立与发展》，北京大学出版社2020年版，第16～31页。

是在中国经济改革开放取得显著成效的今天，经济学理论的研究仍然远远滞后于或外在于经济实践的发展。现实经济运行中反馈出来的多种问题，并没有完全表明"市场失灵"或"政府失灵"，而是更多地反映了传统经济学体系或传统市场理论的缺陷。当然，也可以这样认为，深化探讨政府与市场的关系，将开启现代经济学体系的构建或拓展现代市场理论的空间。中观经济学学科也由此产生。

中国经济改革开放的全过程，始终贯穿着如何处理好政府与市场的关系问题。20世纪50年代，中国实施高度集中的计划经济体制，把政府作为配置资源的唯一主体。1978年开始，中国实施从农村到城市的经济体制改革：一方面，扩大企业自主权，承接发达国家和新兴工业化国家及地区的产业转移，开展"三来一补"外资企业投资，等等；另一方面，开始建立股份制企业和现代企业制度，它既厘清了政府与（国有）企业的产权关系，又界定了政府与企业在资源调配中各自的作用。中国经济在继20世纪80年代劳动密集型轻纺工业迅速发展，以及90年代资本密集型的原材料、能源等基础工业和交通、市政、水利等基础设施建设迅速发展之后，21世纪开始，中国东部地区地方政府作为市场竞争主体的现象屡屡出现。战略性新兴产业在前10年也得以起步腾飞。中国经济改革开放的实践进程存在四个方面的现象。第一，其焦点集聚在使市场在资源配置中起决定性作用和更好地发挥政府作用的问题上。第二，中国经济的发展，企业是市场竞争主体，但区域政府作为市场竞争主体的现象也屡见不鲜。第三，区域政府在经济领域发挥着扶植产业发展、参与城市建设、保障社会民生的重要作用。第四，区域政府承担了三大经济角色：一是通过掌控资本，以国有企业的股东方式参与项目和市场竞争；二是通过财政政策、货币政策和法律等政策手段，调控产业发展、城市建设和社会民生；三是监督管理市场，维护市场秩序。因此，中国在实践中逐渐成长的市场经济呈现出有为政府与有效市场相融合的效果。作为有为政府，其不仅在有效保障社会民生方面促成了社会稳定、优化了经济发展环境，而且在引领、扶持和监管产业发展方面推进了市场"三公"（公开、公平、公正）原则的落实、提高了社会整体生产效率，还通过直接参与城市建设推动了经济社会的全面可持续发展。有为政府结合有效市场体现出的市场充分竞争、法制监管有序、社会信用健全的客观要求，表现出中国政府在尊重市场规律、维护经济秩序、参与市场竞争的进程中，正逐步沿着中国特色社会主义市场经济方向演进。因此，深化认识现代市场理论、破解政府与市场关系的难题以及探讨经济学体系改革，应该更加注重对系统性和内在性问题的研究。

一、现代市场经济具有纵横之分

（一）现代市场经济横向体系

传统的市场理论主要聚焦于产业经济。亚当·斯密（Adam Smith）在批判了重商主义和重农学派之后，其《国富论》[①]重点着笔于产业经济来研究商品、价格、供求、竞争与市场。约翰·梅纳德·凯恩斯（John Maynard Keynes），试图通过政府撬动城市基础设施投资建设来解决工人失业和有效需求的问题，但又囿于用产业经济的市场理论去解释城市化进程中的政府行为作用而难以自圆其说。[②] 对此，有关理论提出，应重视对生成性资源领域的研究。在世界各国城镇化进程中，城市经济的形成与发展就是一个例子。它可以解释作为公共物品提供者的政府为什么既是市场规则的维护者，又可以成为城市基础设施投资的参与者和项目的竞争者；也可以解释作为城市基础设施的公共物品，为什么有一部分能够转化为市场体系中的可经营性项目而不断地助推区域经济发展等一系列问题。[③]

生成性资源领域不仅涉及城市经济资源，而且涉及国际经济资源（如深海资源、太空资源、极地资源和深地资源等）的投资开发事宜。在这个高投资可能带来高回报率的领域，大国之间已经展开竞争。针对这种情况，"航天经济学"应该如何立意？如何发展？预估成效几何？可以说，在城镇化进程中以基础设施为主体的城市经济投资开发，以及深海经济、太空经济、极地经济和深地经济等的投资开发，同样面临此类问题。生成性资源具有动态性、经济性、生产性和高风险性四大特征，其投资开发受到前期投资额大、建设周期长、成本高、市场窄小以及可能面临失败或遭遇突发性事件等的影响。因此，在投资开发生成性资源的过程中，一方面需要不断地拓展市场领域，另一方面亟须有与产业经济不同的投资主体和

---

① ［英］亚当·斯密：《国富论》，郭大力、王亚南译，商务印书馆1972年版。
② ［英］凯恩斯：《就业、利息和货币通论：倡导减税、扩大政府财政支出》，房树人、黄海明编译，北京出版社2008年版。
③ 陈云贤：《市场竞争双重主体论——兼谈中观经济学的创立与发展》，北京大学出版社2020年版，第211～229页。

游戏规则用以解读。在现代市场经济横向体系（包括产业经济、城市经济、国际经济）中，不仅有产业经济中的市场主体——企业，而且有城市经济中的市场主体——区域政府，还有在国际经济中提供准公共物品的市场主体、在太空资源和深海资源等领域的投资开发者——政府或企业。这就是说，第一，市场不仅仅存在于产业经济中，而且存在于其他经济形态中；第二，在现代市场经济横向体系中，存在企业和区域政府双重竞争主体；第三，企业作为竞争主体，主要集中在产业经济领域，区域政府作为竞争主体主要集中在城市经济等领域；第四，产业经济是市场经济中的基础性领域，城市经济和国际经济等是市场经济中的生成性领域，二者既相互独立又相互联系，分属于现代市场经济中不同区间的竞争体系。由此可见，多区间的市场竞争体系构成了现代市场经济横向体系的内在性。

（二）现代市场经济纵向体系

与传统市场体系相比，现代市场经济纵向体系强调市场功能结构的系统性，其至少包括六个方面的内容。第一，市场要素体系。它既由各类市场（包括商品市场、要素市场和金融市场等）构成，又由各类市场的最基本元素，即价格、供求和竞争等构成。第二，市场组织体系。它由市场要素与市场活动的主体或管理机构构成，包括各种类型的市场主体、各类市场中介机构和市场管理组织。第三，市场法制体系。规范市场价值导向、交易行为、契约行为和产权行为等法律法规的整体构成了市场法制体系，它包括与市场相关的立法、执法、司法和法制教育等。第四，市场监管体系。它是建立在市场法制体系基础上的、符合市场经济需要的政策执行体系，包括对机构、业务、市场、政策法规执行等的监管。第五，市场环境体系。它主要包括实体经济基础、现代产权制度和社会信用体系三大方面。对这一体系而言，最重要的是建立健全市场信用体系和以完善市场信用保障机制为目标的社会信用治理机制。第六，市场基础设施。它是包含各类软硬件的完整的市场设施系统。其中，市场服务网络、配套设备及技术、各类市场支付清算体系、科技信息系统等都是成熟市场经济必备的基础设施。

现代市场经济纵向体系及其六个子体系具有五大特点。其一，现代市场经济纵向体系的形成是一个渐进的历史过程。其二，现代市场经济纵向体系的六个子体系是有机统一的。其三，现代市场经济纵向体系的六个子体系是有序的。其四，现代市场经济纵向体系的六个子体系的功能是脆弱的。其原因在于：首先是认识上的不完整，其次是政策上的不及时，最后是经济全球化的冲击。其五，现代市场经济纵向体系六个子体系的功能将全面作用于现代市场横向体系的各个领域。这就是说，在历史进程中逐渐完整的现代市场体系，不仅会在世界各国的产业经济中发挥作用，而且伴随着各类生成性资源的开发和利用也会逐渐在城市经济、国际经济（包括深海经济和太空经济等）中发挥作用。区域政府作为城市经济的参与主体，在资源生成领域的投资、开发、建设中首先成为第一投资主体，同企业作为产业经济的参与主体一样，必须同时受到现代市场经济纵向体系六个子体系功能的约束，并在现代市场经济不断提升与完善的过程中逐渐发挥作用。

二、成熟的有为政府需要超前引领

成熟的有为政府应该做好超前引领，即企业做企业该做的事，政府则做企业做不了、做不好的事。二者都不能缺位、虚位。政府的超前引领，就是遵循市场规则，依靠市场力量，做好产业经济的引导、调节、预警工作，做好城市经济的调配、参与、维序和民生经济的保障、托底、提升工作。这需要政府运用规划、投资、消费、价格、税收、利率、汇率、法律等政策手段，进行理念、制度、组织、技术等创新，有效推动供给侧或需求侧结构性改革，形成经济增长的领先优势，推动企业科学可持续发展。

在理论上，政府超前引领与凯恩斯主义的政府干预有着本质性区别：一是行为节点不同，二是调节侧重点和政策手段不同，三是政府的职能角色不同，四是运行模式不同，等等。

现实中，世界各国多数区域正处于经济转轨、社会转型或探索跨越"中等收入陷阱"的关键时期，中国政府通过超前引领促进产业转型、城市升级，已为世界各国区域发展探索出一条成功的路径。

每个国家或区域都存在非经营性、可经营性、准经营性三类资源，而如何配置这三类资源则界定了有为政府的类型。对于非经营性资源（民生经济），政府的配套政策应遵循"公平公正、基本托底、有效提升"原则；对于可经营性资源（产业经济），政府的配套政策应体现"规划、引导、扶持、调节、监督、管理"原则；对于准经营性资源（城市经济乃至太空经济、深海经济等），政府的配套政策应遵循"既是竞争参与者，又是调配、监督者"的原则。也就是说，国家或区域政府在配置上述三类资源的过程中，应根据各类资源的不同特点，配制与之相匹配的政策，以促

进社会经济的均衡、高质量发展,而这类政策即政府行为就是有为政府的应有之义。中国改革开放40多年来,围绕着区域三类资源的有效配置,促进区域经济增添活力、环境优化、科学可持续发展,区域政府之间竞争与合作、超前引领、有所作为的事例比比皆是。

首先,它表现为区域政府之间开展项目竞争、产业链配套竞争和进出口竞争。这直接决定区域经济的发展水平。

第一,区域政府之间开展项目竞争。这主要包括三类:一是国家重大项目,包括国家科技重大专项、国家科技支撑计划重大项目、国家重大科技基础设施建设项目、国家财政资助的重大工程项目和产业化项目;二是社会投资项目,比如高技术产业、新兴产业、装备制造业、原材料产业以及金融、物流等服务业;三是外资引进项目,比如智能制造、云计算与大数据、物联网、智能城市建设等。区域政府之间展开项目的竞争,一则可以直接引进资金、人才和产业;二则可以凭借项目政策的合法性、公共服务的合理性来有效解决区域内筹资、融资和征地等问题;三则可以通过项目落地,引导开发区域土地、建设城市设施、扩大招商引资、带动产业发展、优化资源配置、提升政策能力,最终促进区域社会经济的可持续发展。因此,项目竞争成为我国区域政府的竞争重点和发展导向,项目意识、发展意识、效率意识、优势意识、条件意识、政策意识和风险意识成为我国区域政府竞争市场化的必然要求。

第二,区域政府之间开展产业链配套竞争。一般来说,每个区域都有自己的产业基础和特色——多数取决于本区域内的自然资源禀赋。如何保持和优化区域内的资源禀赋并汇聚区域外的高端资源,产业结构优化、产业链有效配置是其关键,向产业高端发展、形成产业集聚、引领产业集群是其突破点。我国区域政府的产业链配套竞争主要从两个方面展开:一是在生产要素方面。低端或初级生产要素无法形成稳定持久的竞争力,只有引进并投资于高端生产要素,如工业技术、现代信息技术、网络资源、交通设施、专业人才、研发智库等,才能建立起强大且具有竞争优势的产业。二是在产业集群、产业配套方面。区域竞争力理论告诉我们,以辖区内现有产业基础为主导的产业有效配套,能减少企业交易成本、提高企业盈利水平。产业微笑曲线告诉我们,价值最丰厚的地方集中在产业价值链的两端——研发和市场。培植优势产业,构建配套完整的产业链条,按照产业结构有的放矢地招商引资,是我国各区域可持续发展的重要路径。

第三，区域政府之间开展进出口竞争。在开放型的国际经济体系中，一个国家的区域进出口竞争成为影响各区域竞争力的重要环节之一。这主要体现在四个层面：一是在加工贸易与一般贸易的发展中，各个区域政府力图减少加工贸易占比、提高一般贸易比重，以增强区域商品和服务贸易的原动力；二是在对外投资上，各个区域政府力图推动企业布局海外，竞争海外项目，以促使本区域的利益布局和市场价值链条延伸至海外；三是在资本输出上，各个区域政府力图推进资本项目可兑换，即在国际经常项目投资便利化的情况下，采取各项措施以促进货币资本流通、货币自由兑换便利化等；四是在进口方面，尤其是对高科技产品、项目、产业的引进，各个区域政府全面采取优惠政策措施，予以吸引、扶持，甚至不惜重金辅助对其投入、布点和生产。进出口竞争的成效成为影响我国各个区域经济增长的重要因素之一。

其次，它表现为区域政府之间开展基础设施建设竞争，如人才、科技竞争和财政、金融竞争等。这由区域政府推动的经济政策措施决定。

第一，区域政府之间开展基础设施建设竞争。它包括城市基础设施的软硬件乃至现代化智能城市的开发运用等一系列项目建设。硬件基础设施包括高速公路、铁路、港口、航空等交通设施，电力、天然气等能源设施，光缆、网络等信息化平台设施，以及科技园区、工业园区、创业孵化园区、创意产业园区等工程性基础设施；软件基础设施包括教育、科技、医疗卫生、体育、文化、社会福利等社会性基础设施；现代化智能城市包括大数据、云计算、物联网等智能科技平台。一个区域的基础设施体系支撑着该区域社会经济的发展，其主要包括超前型、适应型和滞后型三种类型。区域基础设施的供给如能适度超前，将不仅增加区域自身的直接利益，而且会增强区域竞争力，创造优质的城市结构、设施规模、空间布局，提供优质服务，从而减少企业在市场竞争中的成本，提高其生产效益，进而促进产业发展。也就是说，我国各个区域基础设施的完善程度将直接影响该区域经济发展的现状和未来。

第二，区域政府之间开展人才、科技竞争。这一领域的竞争，最根本的是要树立人才资源是第一资源、科学技术是第一生产力的理念；最基础的是要完善本土人才培养体系，加大本土人才培养投入和科技创新投入；最关键的是要创造条件吸引人才，引进人才，培养人才，应用人才。衡量科技人才竞争力的主要指标包括该区域科技人才资源指数、每万人中从事

科技活动的人数、每万人中科学家和工程师人数、每万人中普通高校在校学生人数、科技活动经营支出总额、科技经费支出占区域生产总值比重、人均科研经费、科技拨款占地方财政支出百分比、人均财政性教育经费支出、地方财政性教育支出总额、高校专任教师人数等。我国各个区域政府通过努力改善、提升相关指标来提高本土的人才和科技竞争力。

第三，区域政府之间开展财政、金融竞争。区域政府之间的财政竞争包括财政收入竞争和财政支出竞争。区域政府财政收入的增长主要依靠经济增长、税收和收费收入等的增加。财政支出是竞争的关键，包括社会消费性支出、转移性支出和投资性支出。其中，财政投资性支出是经济增长的重要驱动力。财政支出竞争发生在投资性支出领域，包括区域政府的基础设施投资、科技研发投资、政策性金融投资（支持亟须发展的产业）等。在财政收支总体规模有限的条件下，我国各个区域政府积极搭建各类投融资平台，最大限度地动员和吸引区域、国内乃至国际各类金融机构的资金、人才、信息等金融资源，为本区域的产业发展、城市建设、社会民生服务。各个区域政府在各种优惠政策上也积极开展竞争，如财政支出的侧重、吸纳资金的金融手段等。

最后，它表现为区域政府之间开展政策体系竞争、环境体系竞争和管理效率竞争。这由区域政府表现出来的经济管理效率所决定。

第一，区域政府之间开展政策体系竞争。它分为两个层次：一是各个区域政府对外的政策体系；二是各个区域政府对内出台的系列政策。由于政策本身是公共物品，具有非排他性和易效仿性的特点，因此，有竞争力的政策体系一般包含五大特征：一是求实性，即符合实际的，符合经济、社会发展要求的；二是先进性，即有预见性的、超前的、创新性的；三是可操作性，即政策是清晰的、有针对性的和可实施的；四是组织性，即由专门机构和人员负责与执行的；五是效果导向性，即有检查、监督、考核、评价机制的，包括发挥第三方作用，有效实现政策的目标。我国各个区域政府政策体系的完善程度对该区域的竞争力有极大的影响。

第二，区域政府之间开展环境体系竞争。此处的环境主要指生态环境、人文环境、政策环境和社会信用体系等。发展投资与保护生态相和谐、吸引投资与政策服务相配套、追逐财富与回报社会相契合、法制监督与社会信用相支撑等，均是各个区域政府竞争所必需、必备的发展环境。良好的环境体系建设成为各个区域政府招商引资、开发项目、促进经济持续发展的成功秘诀,这已被我国一些区域的成功经验所证明。

第三,区域政府之间开展管理效率竞争。我国各个区域政府的管理效率是其行政管理活动、速度、质量、效能的总体反映。它包括宏观效率、微观效率、组织效率、个人效率四类。就行政的合规性而言,各个区域政府在管理效率竞争中应遵循合法性标准、利益标准和质量标准;就行政的效率性而言,各个区域政府应符合数量标准、时间标准、速度标准和预算标准。各个区域政府的管理效率竞争,本质上是组织制度、主体责任、服务意识、工作技能和技术平台的竞争。我国经济发达区域的政府运用"并联式""一体化"的服务模式,在实践中开创了管理效率竞争之先河。

在此,决定我国各个区域政府竞争的目标函数是各个区域的财政收入决定机制,决定我国各个区域政府竞争的指标函数是各个区域的竞争力决定机制。而影响各个区域政府竞争目标函数和指标函数的核心因素则是各个区域的经济发展水平,其包含三个要素——项目投资、产业链配套和进出口贸易;关键支持条件是各个区域的经济政策措施和经济管理效率,前者包括基础设施投资政策,人才、科技扶持政策和财政、金融支持政策,后者包括政策体系效率、环境体系效率和管理体系效率。笔者将其称为区域政府的"三类九要素竞争理论"①,如图1所示。

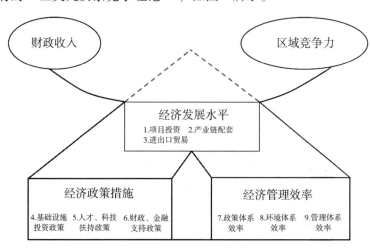

图1 各个区域政府的"三类九要素竞争理论"

---

① 陈云贤:《市场竞争双重主体论——兼谈中观经济学的创立与发展》,北京大学出版社2020年版,第108~115页。

从图1中可知，中国经济改革开放40多年的实践表明，区域政府也是现代市场经济的主体。一方面，它通过项目投资、产业链配套和进出口贸易等竞争提升区域经济发展水平，通过基础设施投资、人才科技争夺和财政金融扶持等政策措施提升区域竞争力，通过政策体系、环境体系和管理体系配套改善区域营商环境，从而推动区域的产业发展、城市建设和社会民生投入持续增长。另一方面，随着区域经济社会的发展，需要有为政府超前引领。政府超前引领是区域竞争与发展的关键。竞争需要创新，创新就是竞争力，持续的创新就是持续的竞争力，而政府超前引领则是中国乃至世界各国区域政府竞争的核心。其中，"理念超前引领"是区域经济发展处于要素驱动阶段时的重要竞争力，"管理超前引领"是区域经济发展处于投资驱动阶段时的竞争关键，"制度与技术超前引领"是区域经济发展处于创新驱动阶段时的竞争制胜点，"全面超前引领"是区域经济发展处于财富驱动阶段时的竞争必然选择。

三、市场经济存在双重主体

综上分析可知：第一，区域政府与企业都是资源调配的主体。如罗纳德·哈里·科斯（Ronald Harry Coase）所述，企业是一种可以和市场资源配置方式相互替代的资源配置机制，其对拥有的资源按照利润最大化原则进行调配。[①] 相应的，区域政府也拥有一定的公共资源，其运用规划引导、财政预算支出、组织管理和政策配套，形成区域资源调配的主体。第二，区域政府与企业都以利益最大化为初始目标。其中，区域政府作为独立的竞争主体，其主要行为目标是财政收入的最大化。区域政府通过开展理念、技术、管理和制度创新，并通过一系列政策和措施对项目投资、产业链配套和进出口贸易进行引导与调节，促使区域的投资、消费、出口等增长来发展地区生产总值和增加税收等，以达到提高区域内财政收入水平的目的。第三，区域政府竞争与企业竞争成为区域经济发展的双驱动力。企业竞争是产业经济发展的原动力，区域政府竞争则是区域经济发展的原动力。如前所述，区域政府通过项目投资、产业链配套、进出口贸易三要素的竞争来提升区域经济发展水平，通过对基础设施投资、人才科技争夺、财政金融扶持三措施的竞争来提升区域经济政策水平，通过政策、环境、

---

① Coase R H. "The Nature of the Firm". *Economica*, 1937, 4 (16), pp. 386 – 405.

管理三体系的配套竞争来提升区域经济管理效率,从而形成区域间"三类九要素"的竞争与合作,推动区域经济的可持续增长。第四,区域政府行为与企业行为都必须遵循市场规则。企业通过对市场规律的不断探索和对市场形势的准确判断来调配企业资源。区域政府对产业经济实施产业政策,在城市经济发展中充当投资者角色和对民生条件不断改善与提升的过程中,也要遵循市场规则,只有如此,才能促使该区域的经济社会不断发展,走在区域间的前沿。

为此,市场竞争"双重主体"的关系表现在三个方面。

(一)企业竞争主要在产业经济领域展开,区域政府竞争主要在以城市经济为主的资源生成领域展开

企业竞争在产业经济领域展开的过程中,任何政府都只能是企业竞争环境的营造者、协调者和监管者,从政策、制度和环境上维护企业开展公开、公平、公正的竞争,而没有权力对企业的微观经济事务进行直接干预。区域政府间"三类九要素"的竞争,是围绕着企业竞争生存的条件、环境、政策和效率等配套服务展开的。区域政府间的竞争以尊重企业竞争为前提,但不会将企业竞争纳入区域政府竞争层面。因此,在现代市场经济体系中,区域政府竞争源于现代市场体系的健全和完善过程中,政府对区域内重大项目落地、产业链完善、进出口便利和人才、科技、资金、政策、环境、效率等的配套所产生的功能。企业与区域政府共同构成市场经济双重竞争主体。企业竞争是基础,区域政府竞争以企业竞争为依托,并对企业竞争产生引导、促进、协调和监管作用,它们是两个不同层面既各自独立又相互联系的双环运作体系,如图2所示。

图2 市场竞争"双重主体"的关系

图2表明了区域政府竞争与企业竞争之间互不交叉,但二者相互支撑、紧密连接,是两个无缝衔接的独立竞争体系。区域政府竞争与企业竞

争的有效"边界划分",是我们处理好这两个竞争体系关系问题的关键。

(二) 企业竞争的核心是在资源稀缺条件下的资源优化配置问题,区域政府竞争的核心是在资源生成基础上的资源优化配置问题

笔者认为,企业竞争行为及其效用研究是在微观经济运行中对资源稀缺条件下的资源优化配置的研究,其研究焦点是企业竞争中的主要经济变量即价格决定和价格形成机制问题,其研究的内容及其展开形成了供给、需求、均衡价格理论,消费者选择理论,完全竞争与不完全竞争市场理论,以及一般均衡、福利经济学、博弈、市场失灵和微观经济政策论,等等。而区域政府竞争行为及其效用研究是在中观经济运行中对资源生成基础上的资源优化配置的研究,其研究焦点是影响区域政府竞争的主要经济变量即区域财政收入决定与财政支出结构机制问题,其研究的内容及其展开形成了资源生成理论、政府双重属性理论、区域政府竞争理论、竞争型经济增长理论、政府超前引领理论、经济发展新引擎理论以及市场竞争双重主体理论和成熟市场经济"双强机制"理论等。它们与宏观经济主体——国家共同构筑成现代市场体系竞争的双重主体脉络图,如图3所示。①

现代市场经济的驱动力不仅有来自微观经济领域的企业竞争,而且有来自中观经济领域的区域政府竞争。它们是现代市场经济体系中的双重竞争体系,共同构成现代市场经济发展的双驱动力,推动着区域经济或一国经济的可持续发展。

(三) 企业竞争与区域政府竞争的结果,都出现了"二八定律"现象

美国哈佛大学迈克尔·波特(Michael E. Porter)教授在其《国家竞争优势》一书中描绘了企业竞争发展的四阶段论,即要素驱动阶段、投资驱动阶段、创新驱动阶段和财富驱动阶段②;有关理论清晰地阐述了区域政府竞争的递进同样存在四阶段论,即产业经济竞争导向的增长阶段、城市经济竞争导向的增长阶段、创新经济竞争导向的增长阶段和竞争与合作经

---

① 陈云贤:《市场竞争双重主体论——兼谈中观经济学的创立与发展》,北京大学出版社 2020年版,前言第Ⅳ页。
② [美]迈克尔·波特:《国家竞争优势》,李明轩、邱如美译,中信出版社2007年版,第63~68页。

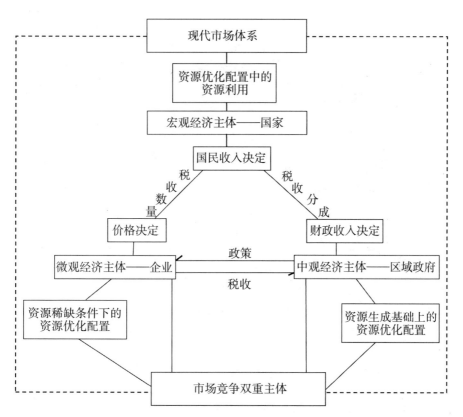

图 3　市场竞争双重主体理论结构体系

济导向的增长阶段。① 从经济学理论的分析和中国乃至世界各国经济发展实践的进程看，不管是企业竞争还是区域政府竞争，其实际结果都呈现梯度推移状态，并最终表现出"二八定律"现象。即两类竞争主体在其竞争进程中围绕目标函数，只有采取各种超前引领措施，以有效地推动企业或区域在理念、技术、管理和制度创新上发展并实现可持续增长，最终才能脱颖而出，成为此行业或此区域的"领头羊"，而那些滞于超前引领和改革创新的企业或区域将会处于落后状态。此时，在经济发展的梯度结构中，处于领先地位的20%的企业或区域将占有80%的市场和获得80%的盈利，而处于产业链发展中的80%的中下游企业和经济发展中的80%的

---

① 陈云贤：《市场竞争双重主体论——兼谈中观经济学的创立与发展》，北京大学出版社2020年版，第128～152页。

滞后区域将可能只占有20%的市场或获得20%的收益。"二八定律"现象会呈现在企业竞争或区域政府竞争的结果上，如图4所示。

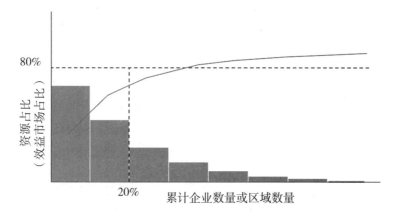

图4 "二八定律"现象

注：图中黑色方块表示资源占比份额，弯实线表示企业（区域）数量（这是一个动态的增长过程）。

当然，在现实经济发展中，随着企业竞争和区域政府竞争的双轮驱动，将在客观上历史地形成世界各国经济社会日益丰富的思想性公共产品、物质性公共产品、组织性公共产品和制度性公共产品，它们将为落后企业或区域带来更多的发展机会，并使企业或区域经济增长成果更多地体现出普惠性、共享性，即企业间发展或区域间发展都将从非均衡逐步走向均衡。但经济学理论和经济实践的发展清晰地告诉我们，此时的均衡应该是经济发展梯度结构的均衡，而非经济发展平面结构的均衡。

四、区域竞争呈现三大定律

在中国乃至世界各国，现代市场经济的双重竞争体系——企业竞争与区域政府竞争，成为一国推动产业发展、城市建设和社会民生的双驱动力。它们在实际经济运行中呈现出三大定律。

一是二八效应集聚律。二八效应集聚律是"二八定律"在区域政府竞争过程中的一个翻版。此定律表现出三大特征：第一，企业竞争与区域政府竞争同生共长。也就是说，微观经济在研究资源稀缺条件下的资源优化配置问题时企业是资源调配的主体，中观经济在研究资源生成基础上的资源优化配置问题时区域政府是资源调配的主体（宏观经济在研究资源优化配置前提下的资源利用问题时国家是资源利用的主体）；二者在现代市场经济纵横体系中，各自在产业经济和城市经济领域发挥着不同作用，在现代市场经济的竞争体系中同生共长。第二，企业竞争与区域政府竞争的发展轨迹不同。企业竞争在经济发展的要素驱动阶段、投资驱动阶段、创新驱动阶段和财富驱动阶段的运行轨迹，主要体现为企业完全竞争、垄断竞争、寡头垄断竞争和完全垄断竞争的演变与争夺过程，企业完全竞争的轨迹在区域经济发展各个阶段的递进过程中呈现出"由强渐弱"的迹象；而区域政府竞争从一开始就表现在产业经济竞争导向的增长阶段，而后逐渐进入城市经济竞争导向的增长阶段、创新经济竞争导向的增长阶段和竞争与合作经济导向的增长阶段，因此区域政府竞争的范围及其"三类九要素"竞争作用在区域经济发展各个阶段的递进过程中呈现的是"由弱渐强"的轨迹。第三，企业竞争与区域政府竞争最终形成"二八定律"现象。也就是说，在中国乃至世界各国区域经济的发展过程中，或者说在市场经济条件下，区域经济发展首先表现的是竞争型的经济增长，区域经济增长呈现出梯度发展趋势，产业链集聚、城市群集聚、民生福利提升等都主要集中在先行发展的区域中。二八效应集聚律表现为随着不同经济发展阶段的历史进程，中国和世界各国区域经济的发展在企业竞争和区域政府竞争的双轮驱动下，正逐渐出现先行发展区域或先行发达国家的产业集群、城市集群和民生福利越来越集中的现象，中国乃至世界经济发展的结果呈现出梯度格局。

二是梯度变格均衡律。此定律的作用表现在三个阶段：第一阶段，区域的资源配置领域出现资源稀缺与资源生成相配对阶段。资源稀缺是企业竞争的前提条件，资源生成是区域政府竞争的前提条件，当经济发展从企业竞争延伸到区域政府竞争、从微观经济延伸到中观经济、从产业资源延伸到城市资源，甚至逐步涉及太空资源、深海资源、极地资源的时候，世界各国区域经济均衡发展将迈出实质性的步伐。第二阶段，区域的资源生成领域出现正向性资源（原生性资源和次生性资源）与负向性资源（逆生性资源）相掣肘阶段。正向性资源领域的开发将为企业竞争和区域政府竞争提供新的平台，并助推区域经济发展和不断创造出新的区域经济增长点；而负向性资源领域的产生则给区域经济增长或人类社会的和谐带来诸多弊端。二者相互掣肘，促使区域经济均衡化发展。第三阶段，区域的经济增长目标由单一转向多元的阶段。此阶段也是实际经济运行中从要素驱动阶段、投资驱动阶段向创新驱动阶段和财富驱动阶段演进的过程。此时，经济增长的目标不仅仅是追求投资、消费和出口的均衡，而是更多地追求产业、生态、民生事业的均衡。产业发展、城市建设、社会进步的均衡和一国各区域宜居、宜业、宜游的全面均衡，对经济增长多元化目标的追求与有效配套相关政策措施的实施，将促进区域经济均衡化发展。梯度变格均衡律既表现为某一区域产业发展、城市建设和社会民生进步的均衡性趋势，又表现为区域间产业发展、城市建设和社会民生进步的均衡性趋势。区域间产业发展、城市建设和社会民生进步的均衡性趋势，在实践中表现出来的是梯度结构的均衡性，我们称之为梯度均衡，它是我们需要在经济学领域认真思考并采取有效分析方法去深化研究的课题。

　　三是竞争合作协同律。既然区域间（国家之间）经济发展的均衡性趋势呈现梯度结构的均衡状态，竞争合作协同律作为客观的必然性就将主要集中在区域间经济发展的三大协同上。第一，政策协同性。企业竞争对产业资源起调节作用；区域政府竞争对城市资源和其他生成性资源起调节作用；政府参与某一具体项目的竞争将由其载体——国有企业或国有合资企业或国有股份制企业介入其中。因此，企业竞争中的产业政策适度和竞争中性原则运用问题，区域政府竞争中的系列政策配套与措施推动问题，以及区域间（国家之间）新型工业化、新型城镇化、智能城市开发、科技项目投入、基础设施现代化和农业现代化等推进过程中的政策协同性问题，就显得特别重要。企业竞争和区域政府竞争的结果要求各竞争主体政策的协同性，是一种客观必然现象。第二，创新协同性。它表现在三个方面：一是科技重大项目的突破带来资金投入大、周期长、失败可能性高和风险大等一系列问题，需要各竞争主体的创新协同；二是科技新成果的突破需要综合运用人类智慧，需要各竞争主体的创新协同；三是跨区域、跨领域、跨国域的思想性、物质性、组织性和制度性公共产品不断出现和形成，需要各竞争主体的创新协同。在中国乃至世界各国区域经济发展模式转换和社会转型的深化阶段，区域间的创新协同性也是客观趋势所在。第三，规则协同性。区域间经济竞争规则（公平与效率）、区域间共同治理规则（合作与共赢）、区域间安全秩序规则（和平与稳定）等，也将随着区域经济发展阶段的深化而客观地出现在各竞争主体的议事日程中。竞争合作协同律，实质上就是在区域经济发展的不同阶段，各竞争主体为了共同的发展目标，依靠各种不同产业、投资、创新平台，汇聚人才、资本、信息、技术等要素，实现竞争政策的协同、创新驱动的协同和竞争规则的协同，从而突破竞争壁垒、有效合作、共同发展。该定律促进了中国和其他各国区域间的经济同生共长，发展合作共赢，并且这将成为一种客观必然趋势。

五、成熟市场经济是有为政府与有效市场相融合的经济

政府与市场的关系一直以来都是传统经济领域争论的核心问题之一，其焦点便是政府在市场经济资源配置中的作用及其对产业发展、城市建设、社会民生的影响。

当我们回到现代市场体系的市场要素、市场组织、市场法制、市场监管、市场环境、市场基础设施六大功能结构中，当我们直面当代世界各国必须要面对的可经营性资源、非经营性资源、准经营性资源的有效配置时，就会发现，政府与市场的关系并不是简单的一对一的矛盾双方的关系。"弱式有效市场""半强式有效市场"和"强式有效市场"的划分，既是可量化的范畴，更是历史的真实进程；"弱式有为政府""半强式有为政府"和"强式有为政府"的界定，既是世界各国在现实市场经济中的真实反映，又可解决迎面而来的政府与市场关系的一系列疑难杂症。有为政府与有效市场的组合在理论上至少存在九种模式，具体内容如图5所示。

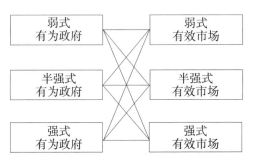

注 模式1："弱式有为政府"与"弱式有效市场"；模式2："弱式有为政府"与"半强式有效市场"；模式3："弱式有为政府"与"强式有效市场"；模式4："半强式有为政府"与"弱式有效市场"；模式5："半强式有为政府"与"半强式有效市场"；模式6："半强式有为政府"与"强式有效市场"；模式7："强式有为政府"与"弱式有效市场"；模式8："强式有为政府"与"半强式有效市场"；模式9："强式有为政府"与"强式有效市场"。

图5 有为政府与有效市场的九种组合模式

模式 1 中，政府对经济基本没能发挥调控作用，市场发育也不完善，市场竞争机制常被隔断，法制欠缺，秩序混乱，这类主体通常为中低收入国家。模式 2 在现实经济中难以存在，因为"半强式有效市场"必定存在市场法制体系和市场监管体系，它不可能由"弱式有为政府"去推动。模式 3 纯属理论上的一种假定，现实中世界各国并没有实际案例加以支持。模式 4 表明政府在非经营性资源调配上可以较好地履行职责，提供基本公共产品；同时，政府也开始具备对可经营性资源的调配和相应扶持能力，但对市场发展趋势把握不好，市场运行中出现的问题还有待成熟的市场去解决。这种模式类似于中国改革开放的 1978—1984 年期间，属于市场经济初期的运行调控模式。模式 5 属于半成熟市场经济模式，其一方面表明政府规划、引导产业布局以及扶持、调节生产经营与"三公"监管市场运行的机制和力度在加强，另一方面表明市场监管机制、法律保障机制、环境健全机制等在推进。此状况出现在市场经济发展处于中期阶段的国家。中国在加入世界贸易组织（WTO）之前就类似这一模式。模式 6 与现在的美国很对应。美国政府依靠市场配置资源的决定性力量来获取高效市场收益，在非经营性资源的调配中发挥着重要作用，碍于制度和理念的限制，对可经营性资源的调配和准经营性资源的开发或者界定模糊，或者言行不一，或者难以突破，整体经济增长、城市提升弱于其规划，缺乏系统性与前瞻性。模式 7 在目前的现实中还难以存在。"强式有为政府"的功能作用起码也是与"半强式有效市场"相对应的。计划经济国家不属于此模式类型。模式 8 与现阶段的中国相类似，其发展方式通常被世人看作政府主导型的逐渐成熟的市场经济，其经济成就也是世界瞩目的，但又面临着市场竞争、市场秩序、市场信用以及市场基础设施进一步提升与完善的更大挑战。模式 9 是政府与市场组合的最高级模式，也是最佳模式。它是世界各国经济运行中实践探索和理论突破的目标，也是真正成熟的市场经济所应体现的目标模式。

综上可见，"政府有为"是指：①能对非经营性资源有效调配并制定配套政策，促使社会和谐稳定，提升和优化经济发展环境；②能对可经营性资源有效调配并制定配套政策，促使市场公开、公平、公正，有效提高社会整体生产效率；③能对准经营性资源有效调配并参与竞争，推动城市

"中观经济学"系列教材
总　序

建设和经济社会全面可持续发展。政府有为，是对上述三类资源功能作用系统的有为，是对资源调配、政策配套、目标实现三者合一的有为。"有为政府"的标准有三个：标准一，尊重市场规律，遵循市场规则；标准二，维护经济秩序，稳定经济发展；标准三，有效调配资源，参与区域竞争。"市场有效"是指：①市场基本功能（包括市场要素体系和市场组织体系）健全；②市场基本秩序（包括市场法制体系和市场监管体系）健全；③市场环境基础（包括市场环境体系和市场基础设施）健全。市场有效，是对现代市场体系六大功能整体发挥作用的表现，是对生产竞争、市场公平、营商有序三者合一的反映。"有效市场"的标准有三个：标准一，市场充分竞争；标准二，法制监管有序；标准三，社会信用健全。

　　现实中，世界各国的有为政府至少需要具备三个条件：①与时俱进。这里主要强调的是政府有为亟须"跑赢"新科技。科技发展日新月异，其衍生出来的新业态、新产业、新资源、新工具将对原有的政府管理系统产生冲击。新科技带来了生产生活的新需求和高效率，同时也带来了政府治理应接不暇的问题。因此，政府如果要在产业发展、城市建设、社会民生三大职能中，或在非经营性资源、可经营性资源、准经营性资源等三类资源调配中有所作为，其理念、政策、措施应与时俱进。②全方位竞争。即有为政府需要超前引领，运用理念创新、制度创新、组织创新和技术创新等，在社会民生事业（完善优化公共产品配置，有效提升经济发展环境）、产业发展过程（引领、扶持、调节、监管市场主体，有效提升生产效率）和城市建设发展（遵循市场规则，参与项目建设）中，必须全要素、全过程、全方位、系统性地参与竞争。它以商品生产企业竞争为基础，但不仅仅局限于传统概念层面上的商品生产竞争，而是涵盖实现一国经济社会全面可持续发展的目标规划、政策措施、方法路径和最终成果的全过程。③政务公开。包括决策公开、执行公开、管理公开、服务公开、结果公开和重点事项（领域）信息公开等。政务公开透明有利于推动和发挥社会各方的知情权、参与权、表达权和监督权，优化与提升产业发展、城市建设、社会民生等重要领域的资源调配效果。透明、法制、创新、服务型和廉洁型的有为政府将有利于激发市场活力和社会创造力，造福各国，造福人类。

19

至此，可以说，政府和市场的关系堪称经济学上的"哥德巴赫猜想"。而有为政府和有效市场的有机结合造就了中国改革开放40多年来在产业发展、城市建设、社会民生方面的巨大成效，中国经济改革开放的成功，以及在实践中摸索出来的中国特色现代市场经济具有纵横体系、成熟有为政府需要超前引领、市场竞争存在双重主体、区域竞争呈现三大定律、成熟市场经济是有为政府与有效市场相融合的经济等有关理论，不仅为中国特色社会主义市场经济探索了方向，也为世界各国有效解决政府与市场关系的难题提供了借鉴。

自2019年以来，北京大学、复旦大学、中山大学等十多所高校先后开设了"中观经济学"课程。中山大学等高校已在理论经济学一级学科下设置"中观经济学"作为二级学科，形成相对独立的专业，划分和确定研究方向，招收硕博研究生，建设相关且独特的必修课程体系，从学科体系建设层面系统阐释和研教中观经济学原理。此外，中山大学还专门设立了中观经济学研究院。"中观经济学"系列教材的出版，必将进一步推动并完善该学科的建设和发展。

中山大学对此套教材的出版高度重视，中山大学中观经济学研究院组织编写，成立了以陈云贤为主编，李善民、徐现祥、鲁晓东为副主编的"中观经济学"系列教材编委会。本系列教材共10本。10本教材的撰写分工如下：陈云贤、王顺龙负责《资源生成理论》，陈云贤、顾浩东负责《区域三类资源》，刘楼负责《产业经济概说》，陈思含负责《城市经济概说》，顾文静负责《民生经济概说》，徐雷负责《竞争优势理论》，徐现祥、王贤彬负责《政府超前引领》，李粤麟负责《市场双重主体》，才国伟负责《有为政府与有效市场》，李建平负责《经济增长新引擎》。陈云贤负责系列教材的总体框架设计、书目定编排序、内容编纂定稿等工作。

"中观经济学"系列教材是中山大学21世纪经济学科重点教材，是中山大学文科重点建设成果之一。它作为一套面向高年级本科生和研究生的系列教科书，力求在主流经济学体系下围绕"中观经济学"的创设与发展，在研究起点——资源生成理论、研究细分——区域三类资源（产业经济概说、城市经济概说、民生经济概说）的基础上，探索区域政府竞争、政府超前引领、市场双重主体、有为政府与有效市场相融合的成熟市场经济以及经济增长新引擎等理论，以破解世界各国理论与实践中难以解答的关于"政府与市场"关系的难题。本系列教材参阅、借鉴了国内外大量专著、论文和相关资料，谨此特向有关作者表示诚挚的谢意。

祝愿"中观经济学"系列教材的出版以及"中观经济学"学科建设与理论的发展，既立足中国，又走向世界！

2022 年 3 月

目　　录

序言 ·· 1

第一章　资源生成与准经营性资源 ··· 1
　第一节　资源稀缺与资源生成的关系 ··· 3
　第二节　从资源生成到生成性资源 ··· 5
　第三节　城市三类资源 ··· 8
　第四节　区分三类资源的基本性质——排他性与竞争性 ············ 10
　第五节　准经营性资源 ··· 12
　本章小结 ·· 19
　思考讨论题 ·· 20

第二章　准经营性资源转换规则 ··· 21
　第一节　准经营性资源向其他两种资源的转换及其规则 ············ 22
　第二节　准经营性资源转换的具体措施 ····································· 27
　第三节　实践中区域政府选择转换措施的原则 ·························· 33
　第四节　理念制度创新对准经营性资源转换的重要作用 ············ 35
　本章小结 ·· 38
　思考讨论题 ·· 40

第三章　城市基础设施建设 ··· 41
　第一节　世界各国城市经济演进 ··· 42
　第二节　城市基础设施建设中政府的优势与不足 ······················· 60
　第三节　PPP——政企合作模式探讨 ··· 63
　第四节　政府与企业合作机制——风险共担 ····························· 84

第五节　政策创新是政企合作的必由之路 …………………… 89
　　本章小结 …………………………………………………………… 94
　　思考讨论题 ………………………………………………………… 96

第四章　城乡一体化发展 …………………………………………… 97
　　第一节　准经营性资源与城乡一体化发展 …………………… 98
　　第二节　农村公共物品——城乡一体化重要抓手 …………… 108
　　第三节　区域政府发展农村公共物品的具体措施 …………… 116
　　本章小结 …………………………………………………………… 118
　　思考讨论题 ………………………………………………………… 120

第五章　智慧城市开发 ……………………………………………… 121
　　第一节　智慧城市的内涵与特征 ……………………………… 122
　　第二节　智慧城市开发评价体系 ……………………………… 125
　　第三节　各国智慧城市发展布局 ……………………………… 134
　　第四节　"新基建"与智慧城市 ………………………………… 139
　　第五节　智慧城市下的"智慧政府" …………………………… 142
　　本章小结 …………………………………………………………… 150
　　思考讨论题 ………………………………………………………… 152

第六章　创新型城市的产生与形成 ………………………………… 153
　　第一节　创新型城市的概念与形成过程 ……………………… 154
　　第二节　创新型城市发展与区域经济增长阶段的关系 ……… 165
　　第三节　创新型城市的核心驱动力——数字经济 …………… 174
　　本章小结 …………………………………………………………… 183
　　思考讨论题 ………………………………………………………… 185

第七章　深圳案例 …………………………………………………… 186
　　第一节　深圳"资源生成"之路 ………………………………… 187
　　第二节　深圳城市基础设施建设 ……………………………… 195
　　第三节　深圳发展创新型城市的路径探索 …………………… 199

  本章小结 …………………………………………………… 206
  思考讨论题 ………………………………………………… 207

参考文献 ……………………………………………………… 208

后记 …………………………………………………………… 216

序　言

城市经济以城市为载体和发展空间，利用城市基础设施不断拓宽城市功能，促进各产业繁荣发展，市场配置效率不断提高，经济结构升级优化。城市经济内容广泛，包括城市经济发展结构、城市公共经济、城乡一体化、城市建设和功能作用等多方面内容。随着城市基础设施和市政建设的快速发展，城市作为区域增长极的作用日渐显现。高度聚集资本、技术、劳动力、信息等生产要素的城市，其规模效应和扩散效应在区域发展中发挥着重要作用。本书从中观经济学视角出发，指出政府在城市经济中应积极发挥"资源生成"作用，特别是在准经营性资源领域。准经营性资源是可经营性资源与非经营性资源的交叉领域，可看作狭义的城市资源，其中城市基础设施是准经营性资源最重要的组成部分。本书从资源生成与准经营性资源切入，深入分析城市基础设施，即狭义的准经营性资源在城市经济发展中的重要作用以及区域政府如何开发配置准经营性资源，促进城市经济进一步高质量发展。

首先，本书引入资源生成与三类资源的概念。资源生成不是计划设定的产物，而是原已存在或随着时代进程的客观需要而出现的事物，它由静态进入动态，由非生产性进入生产性，并在其中形成经济效应的产物。由资源生成派生出的生成性资源包括可经营性资源、准经营性资源、非经营性资源，这三类资源在城市经济发展过程中发挥着重要作用。其中，准经营性资源是这三类资源中最具创新性的，也是本书的重点研究内容。实际上，资源生成的过程主要表现为准经营性资源的转换过程，即在满足一定条件的情况下，准经营性资源可转换为可经营性资源；而在条件不满足或准经营性项目的公共性质比较强时，准经营性资源则转变为非经营性资源。狭义上，在这个过程中，原本静态、非生产性的资源转变为动态、具备生产性和经济效益的资源，并交由市场进行配置与开发，为市场开拓新的领域。

其次，本书深入介绍了准经营性资源的转换规则。在现实经济情境中，准经营性资源在一定条件下可以向另外两种资源转换。这是因为准经营性资源具有其他两类资源的部分特征，并允许区域政府、企业作为双重主体参与其中。而转换为何种资源主要是由世界各国或区域的市场经济发展程度、政府的财政收支状况和社会民众的认知程度决定的。此外，在实际中，区域政府是否能够灵活开发配置准经营性资源，还与其在转换过程中采用的具体措施和理念政策工具密切相关。

在介绍了资源生成与准经营性资源转换的理论基础之后，本书进入对城市经济的深入探讨。首先是对城市经济发展的物质基础——城市基础设施建设开展深入分析。根据世界各国城市经济演进历程，明确政府在其中的重要作用，并指出面对城市发展扩张过程中的各种限制，政府应不断开发及完善城市基础设施领域。进一步地，本书指出政府在城市基础设施建设中的优势与不足，探讨以PPP（public-private partnership）等模式为代表的政企合作机制提升准经营性资源配置效率的可能性。

城乡一体化是城市化发展的一个重要阶段。在城市发展过程中，区域政府通过城乡统筹规划，促进城市和乡村成为一个整体。本书首先介绍了各国城乡一体化进展，并指出准经营性资源在城乡一体化中的关键作用；进而聚焦于农村准公共物品或公共物品，即农村基础设施的发展状况及供给模式，探索区域政府如何通过发展完善农村基础设施，加速城乡一体化进程。

智慧城市开发是世界各国城市发展的新趋势，以新一代信息技术为核心，是城市信息化发展的高级阶段。智慧城市的开发需要合理的评价体系，现有文献已形成了一定的研究成果。本书从三类资源角度出发建立智慧城市开发指标体系，主要包括智慧民生、智慧产业、智慧城市基础设施及智慧政府4个一级指标，及下12个二级指标和58个三级指标。更进一步地，本书提出"新基建"的发展在智慧城市开发中发挥着举足轻重的作用。同时，政府作为"智慧政府"，通过前沿信息技术和创新理念，可实现精细化和动态化的管理，发挥其超前引领作用。

在提出智慧城市概念的基础上，本书进一步提出城市发展领域中的又一个重要概念——创新型城市。智慧城市开发以信息技术为核心要素，而创新型城市开发以创新为主要驱动力，二者均属于城市发展的某种形态或阶段。本书引入区域经济发展阶段理论，与创新型城市发展阶段有机结合，深入分析创新型城市演进过程。并提出数字经济这一经济发展新模式应作为目前创新型城市建设的核心驱动力。

最后，本书以创造了众多发展奇迹的中国深圳为例，讲述深圳"资源生成"之路。深圳从小渔村至国际大都市的蜕变，离不开政府在"资源生成"领域的深耕，离不开政府在城市基础设施建设上的大力投入。目前，深圳正加紧布局新型基础设施建设，积极探索创新型城市建设的道路。这座创造了"深圳速度"等诸多奇迹的城市，为全世界城市经济的发展提供了宝贵的经验，也是有为政府与有效市场协同作用的最好佐证。

本书从准经营性资源角度出发，梳理了城市经济发展的各主要内容。其中，资源生成、城市三类资源、准经营性资源转换等是需要重点把握的内容，以便更好地理解城市经济发展的核心。本书呈现的资源生成与准经营性资源、准经营性资源转换规则、城市基础设施建设、城乡一体化发展、智慧城市开发、创新型城市建设及深圳案例等内容，感兴趣的读者可以从中获得相应的参考和启发。

若读者想要对中观经济学内容有更深入的了解和学习，建议扩展阅读"中观经济学"系列教材之《区域三类资源》《产业经济概说》《民生经济概说》《竞争优势理论》《政府超前引领》《市场双重主体》《有为政府与有效市场》及《经济增长新引擎》。希望本书能对各位读者学习城市经济有所帮助。

陈思含

2022 年 2 月 21 日

第一章 资源生成与准经营性资源

回顾政府与市场的关系这一经济学中的"哥德巴赫猜想",历来是充满争议的。传统经济学认为企业是市场的主角,政府只是充当"守夜人"的角色。但是,面对20世纪30年代美国乃至世界经济的大萧条,凯恩斯(John Maynard Keynes)开辟了一条赋予经济新动能的道路,这一道路的拓荒者不再是市场,而是政府。面对大量工人失业、市场机制失灵,凯恩斯提出:政府可通过产业政策刺激产业经济发展,除此之外,应投资基础设施,扩大有效需求,以此解决工人就业问题,达到复苏经济和促进经济增长的目的。凯恩斯作为经济学大师,在实践上开辟出了一条促进经济增长的新路径、新领域,但在理论上却未能与传统经济学原理相融合,甚至与传统经济学范畴相违背——政府可以通过政策、投资基建来促进经济发展,这显然超出了政府曾经仅仅作为"守夜人"的职能范畴。

亚当·斯密(Adam Smith)在《国富论》中提出:"人的本性是利己的,追求个人利益是人们从事经济活动的唯一动力。同时,人又是理性的,理性的经济人在经济活动中谋求自身的最大利益。在经济活动的利己性和资源的稀缺性条件下,如果人们未受到干预,那么可经由市场机制这只'看不见的手'的引导来实现个人利益的最大化。由于商品经济是'主观为己、客观为他人'的利己性与利他性的融合,在个人获得利益的同时,公共利益也会增加。资源的稀缺性是经济学最重要的前提假设,一切经济学理论皆基于该原则。"资源稀缺使经济领域的调控目标无不服从一个原则——资源的优化配置与经济的良性发展。萨缪尔森(Paul A. Samuelson)在《微观经济学》中提出:"经济学研究的是一个社会如何利用稀缺的资源生产有价值的商品,并将它们在不同的个体之间进行分配。"人类的一切经济活动在资源稀缺的限制下都需要面临各类选择问题,由此衍生出了多种观点和论证。

既然资源是相对有限的,那么考虑如何使用有限的资源来满足无限多样的需求，就是所谓的资源配置问题。资源配置就是对相对稀缺的资源在各种不同用途上加以比较，作出选择。在传统经济学看来，人类可以使用的众多物品和资源，包括自然资源、人力、设备等都是稀缺的，而人们的欲望和需求却是无穷无尽的。那么，如何在有限的资源条件下高效地运用并配置资源，实现人类发展最重要的目标，是经济学长期以来致力回答的问题。如果存在足够多的物品，就不存在资源稀缺的问题，正是稀缺性决定了人们不可能免费地、毫无代价地获取能够满足生活、生产所需的物质资料。因此，人们要在资源稀缺的条件下对各种有待实现的目标进行选择，以便更有效率地使用稀缺资源。换句话说，能否有效地配置资源是决定一个国家经济发展成败的重要因素。

资源稀缺的重要性不言而喻，随着经济社会的不断发展，资源稀缺衍生出了另一个概念——资源生成。曾经的资源配置概念，主要针对与商品生产、交换、消费相联系的产业资源当中的人、财、物，而非其他。在亚当·斯密的时代，英国的城市基础设施还相当落后——仅仅只有简单的道路、桥梁、运河和港口等，根本无法像在一百多年后凯恩斯所面对的时代那样，承担起缓解国家大量失业和经济萧条的重要作用。而现代社会的现代化基础设施建设不仅包括系列硬件投资项目，还有系列软件投资项目，乃至更进一步的智能城市开发与建设过程中的系列设施。这些现代化基础设施建设构成了促进一国经济增长的新领域、新资源，由此产生了"资源生成"问题。[①] 这一新的资源生成的领域可以称为"城市资源"，它有别于传统产业资源的性质和配置方式，从另一路径发挥着促进经济增长的积极作用。

本章重点围绕资源生成与城市三类资源展开。在资源稀缺的基础上提出资源生成这一新概念，并进一步引出生成性资源、城市三类资源等概念。其中，准经营性资源为本书重点研究与把握的内容，包括分析准经营性资源与资源生成的关系及参与准经营性资源生成、开发和调配的主体。下一章将继续讨论准经营性资源转换规则。

[①] 陈云贤：《市场竞争双重主体论：兼谈中观经济学的创立与发展》，北京大学出版社 2020 年版，第 54～55 页。

第一章 资源生成与准经营性资源

第一节 资源稀缺与资源生成的关系

资源生成概念的提出对于经济学的关键性，在于它能够解决凯恩斯理论遗留的矛盾。凯恩斯提出以基础设施投资带动经济复苏，这实际上是挖掘了城市资源的潜能，找到了当时促进经济增长的新领域。实际上，中国改革开放40多年来取得的成功，与资源生成所起的关键作用是分不开的。深圳曾是中国南部一个默默无闻的小渔村，如今已成为世界瞩目的现代化大都市，真正实现了"从无到有，无中生有"的成就。而深圳对城市资源的开发和生成，是这个城市经济增长的源动力。这也从侧面证实了资源生成作为与资源稀缺相伴的另一重要概念在理论和实践上的意义。也就是说，资源生成与资源稀缺，应该是经济学资源配置理论中的一对"孪生儿"，是该理论紧密结合经济发展和时代进步的不可分割的两个方面。[①]城市资源（以后还有太空资源、深海资源、极地资源等国际资源）在性质、主体、作用上均不同于亚当·斯密当年研究的产业资源，二者在经济实践和经济学理论中均发挥着不同的作用。

过去主流经济学并未对资源生成问题作出明确定义及探讨研究。然而在实践中，资源生成已发挥出对经济增长的重要促进作用。著名美国经济学家米尔顿·弗里德曼说："谁能解释中国经济，谁就会获得诺贝尔经济学奖。"中国经济的腾飞离不开资源生成领域的作用。"深圳速度"是中国取得的重要经济成果，它何以存在，却难以用传统的经济学理论进行解释。换句话说，理论与实践发生了脱节，或落后于实践。现实中的经济现象无法用现有的理论解释，自然也就不可能运用理论来指导实践。因此，理论上对于资源生成问题研究的缺位，应该引起重视。传统经济学习惯性地用产业资源配置的原理、方法去理解、思考、解释资源生成这个新生事物的作用，只从资源稀缺法则出发强调资源的有效配置，围绕着均衡与非均衡做文章，使经济学理论的发展脱离现实，或远远滞后于经济现实的变化，从而使与资源生成相匹配的制度建设、规则制定一直空白，这些都是

[①] 陈云贤：《市场竞争双重主体论：兼谈中观经济学的创立与发展》，北京大学出版社2020年版，第55页。

我们目前应该着力解决的问题。

那么该如何定义资源稀缺与资源生成的关系呢？一方面，二者相辅相成，相伴而生，是经济发展道路上不可缺少的两个领域；另一方面，可以将资源稀缺下的资源配置问题理解为经济存量领域的问题，将资源生成看作增量问题。二者并不矛盾，前者是解决存量领域的配置和效率问题，后者是解决经济增量问题。而传统经济学理论对于存量领域中资源配置问题的研究已经比较充分了，但对于资源生成的增量问题还未涉及。如今，存量问题还有许多需要探讨的地方，资源稀缺下的资源配置问题仍是经济学永恒的主题，但资源生成问题同样不可忽视，它或将成为一国或一个区域经济发展实现"弯道超车"的重要契机。

中国经济在经历高速增长的几十年后，也面临着发展方式的转变——经济高质量发展的转型之路。若只关注存量领域的经济改革，在经济增量领域没有创造创新，转型难免受限。在中国经济体制改革过程中，学术界更多是从需求侧提出相应的需求管理方法，这种做法在发展初期能够起到明显的促进作用，但长此以往，经济结构势必会出现失衡。因此，供给侧结构性改革成为中国经济体制转型的新方向。实际上，供给侧改革就是资源生成领域的重要环节，也是取得经济增量的重要途径。

深圳是中国经济改革的"排头兵"。2017 年《深圳市推进城市基础设施供给侧结构性改革实施方案》的出台，为深圳新一轮发展指明了方向。该方案提出要加快推进基础设施供给侧结构性改革，投入建设一批高质量重大基础设施，不断加强深圳基础设施供给水平，为深圳的发展奠定坚实基础。[①] 同时，中共深圳市委六届十次全会提出"在要素供给上下功夫，重点推进基础设施供给侧结构性改革，编制实施重大基础设施专项规划和建设计划"，对城市基础设施发展作出了进一步的部署。高质量、高标准的城市基础设施，对于拓宽深圳的城市职能和发展高新技术产业有着重要作用，也可为推进全面供给侧结构性改革打下坚实的基础。而这类城市基础设施，就归属于资源生成派生出的生成性资源领域，是经济增量改革的潜在动力。各国/各区域要找到正确的发展之路、转型之路，就需从根源上剖析经济制度，不能只停留在表面的经济现象。当下，传统经济学理论对于许多经济现象的解释力度是不够的，若要以理论指导实践发展，必然

---

① 甘霖：《深圳勇当全国供给侧结构性改革排头兵》，载《深圳特区报》2018 年 8 月 19 日。

要丰富经济学理论。中观经济学创新性地提出的资源生成概念，是对经济学理论的一大补充，为世界各国/各区域经济转型改革提供了新的理论依据。

第二节　从资源生成到生成性资源

资源生成不是计划设定的，而是原已存在或随着时代进程的客观需要而出现的事物由静态进入动态，由非生产性进入生产性，并在其中形成经济效应的过程。① 例如，土地、矿产、森林、水等原本是静态的自然资源，若被开发利用，则进入动态，生成生产要素，成为经济资源。随着时代发展和城市需求而不断更新和扩张的城市基础设施建设，包括软硬件设施以及智能城市的开发建设，同样属于资源生成的范畴，它的产物是继产业资源之后又一生成性资源——城市资源。此外，还有许多类似的生成性资源，如太空资源等，包括月球、火星等天体上的矿产资源，彗星上的氢能资源，行星空间上的真空资源、辐射资源、大温差资源以及轨道资源等。在未进入动态开发时，太空资源处于静止状态，一旦得以开发利用，这些自然资源将成为重要的经济资源。

这些由资源生成派生出的生成性资源与产业资源一样，同属经济资源，并具有动态性、经济性、生产性和高风险性四大特性。特别是高风险性决定了这类资源的生成、开发和利用，需由国家政府或区域政府作为主要主体发挥作用。而传统经济学理论较少以区域政府作为分析主体，这也是凯恩斯的实践与理论的矛盾。凯恩斯通过实践证明了政府在资源生成领域大有可为，却未能从理论上解释它，因为以企业和市场作为主体的产业经济学原理难以解释区域政府的经济行为。随着社会的不断发展，城市的作用愈发凸显。如都市圈的发展、三大湾区的地位，无不体现出城市资源在经济增长中的重要地位。而在城市经济中发挥首要作用、引领作用的正是各国/各区域的政府。政府对城市的规划、城市基础设施的投资建设、城市资源的分配起主导作用，所在城市或地区的企业和居民在政府的引领

---

① 陈云贤：《中国特色社会主义市场经济：有为政府+有效市场》，载《经济研究》2019 年第 1 期，第 7 页。

下逐步建设现代化的智能城市。由此可见，要发展城市经济，城市资源的生成、开发和配置尤为重要。

城市是随着时代的演变、在历史的发展中逐渐形成和扩大的。技术进步与市场需求促进城市功能不断拓宽，基础设施软硬件升级更新。而城市设立、存在和发展的一切条件，可称"城市资源"。城市资源有广义与狭义之分。

从经济学角度来定义，广义的城市资源包括产业资源、民生资源和基础设施/公共工程资源；狭义的城市资源包括基础设施硬件、软件的投资建设，以及更进一步的现代化进程中智能城市的开发和运作，是重要的生成性资源。在大萧条时期，凯恩斯提出投资基础设施建设以刺激经济增长，而后罗斯福政府也以投资基础设施建设作为促进经济增长的主要手段。建设城市基础设施，即对狭义的城市资源的开发配置，是一国或区域促进经济增长的重要领域，是世界经济发展的新引擎，其中的市场规则、经济理论值得我们深入探索。

作为生成性资源的城市基础设施指的是为社会生产和居民生活提供公共服务的公共工程设施，是用于保证国家和地区社会经济活动和人们日常生活正常进行的公共物品系统。其范围不仅包括公路、铁路、机场、通信、水电煤气等硬件公共设施，而且包括教育、科技、医疗卫生、体育、文化等软件公共设施，并且伴随着城市的现代化，还更进一步地包括了智能城市的系列开发和建设等。具体来说，硬件公共设施多指六大系统工程性基础设施：能源供应系统、供水排水系统、交通运输系统、邮电通信系统、环保环卫系统、防卫防灾安全系统。软件公共设施主要是指行政管理、文化教育、医疗卫生、商业服务、金融保险、社会福利等社会性基础设施。同时，随着城乡一体化的进程，这类基础设施还包括了农业生产、农村生活、生态环境建设和农村社会发展这四大类基础设施。伴随着城市现代化的进程，开发和建设智能城市系列工程成为城市基础设施建设的新内容。这些城市基础设施作为新的生成性资源，在经济学上具有基础性、非贸易性和准公共物品性，成为促进一国经济增长的新领域和创新经济学理论的新路径。

城市基础设施对于经济的促进作用在学术界经过了广泛的实证检验。交通基础设施是基础设施领域的研究热点，特别是其对于区域经济的影响。如刘生龙、胡鞍钢基于2008年中国交通部省际货物运输周转量的普查数据检验交通基础设施对中国区域经济一体化的影响。实证表明交通基础设施对中国区域贸易有显著的正向作用，促进了省际贸易的增加。① 部分学者从微观机制入手，解释交通基础设施提升区域经济效率的机制。张天华等指出高速公路建设可提升企业效率并进一步提升区域经济效率。② 另外，交通基础设施通过提升市场可达性，显著且稳健地提高了企业生产率，即运输成本下降导致市场竞争加剧，带来产业间以及产业内的资源重新配置，使低生产率企业退出市场，将资源转移到更有竞争力的产业和企业。③ 马昱等指出，城市基础设施建设水平的提升，以及财政支出、人力资本、固定资产投资及城镇化水平的提高，对区域经济发展起到了促进作用。④ 曹跃群等运用空间计量等方法实证检验了基础设施能够显著促进区域经济增长，并指出工业集聚和就业增长是基础设施影响区域经济增长的重要传导渠道。⑤

上述多项实证研究表明，城市基础设施对于区域经济发展确有显著的促进作用。从资源生成的角度来看，城市基础设施建设实际上是城市资源的生成。对这类生成性资源的开发，惠及城市发展的方方面面。如交通基础设施对于区域间贸易、区域经济一体化的影响，高速公路建设对于企业生产效率、市场可达性的影响。也就是说，提升城市基础设施的建设水平，实际上是对区域全要素生产率的提升。同时，实证研究指出，中国东西部地区的城市基础设施体量和建设水平都有较大差距，而完善的基础设施对于工业集聚和劳动力集聚有极大的吸引力，进而影响这个区域的经济，这也是中国东西部地区经济差距大的重要原因之一。

---

① 刘生龙、胡鞍钢：《交通基础设施与中国区域经济一体化》，载《经济研究》2011年第46卷第3期，第72～82页。
② 张天华、陈力、董志强：《高速公路建设、企业演化与区域经济效率》，载《中国工业经济》2018年第1期，第79～99页。
③ 刘冲、吴群锋、刘青：《交通基础设施、市场可达性与企业生产率——基于竞争和资源配置的视角》，载《经济研究》2020年第55卷第7期，第140～158页。
④ 马昱、邱菀华、王昕宇：《城市基础设施、技术创新与区域经济发展——基于中介效应与面板门槛模型分析》，载《工业技术经济》2019年第38卷第8期，第116～123页。
⑤ 曹跃群、郭鹏飞、罗玥琦：《基础设施投入对区域经济增长的多维影响——基于效率性、异质性和空间性的三维视角》，载《数量经济技术经济研究》2019年第36卷第11期，第140～159页。

第三节 城市三类资源

除城市基础设施外,城市还拥有自然资源、人力资源、资本资源、产业资源和公共物品资源等各类城市资源。其中包括城市的有形资源,也包括城市的无形资源。如地区政府所拥有的专利权、商标权等。而对城市各类资源的调配和管理,是各国/各区域政府的经济职能所在。城市主要存在以下三类资源。[①]

第一类是与产业发展相对应的资源,即可经营性资源。它以区域经济中的产业资源为主。根据各区域经济地理和自然条件的差异,一般会以三大产业中的某一产业作为主导产业。实际上,主导产业也是动态变化的。随着各国经济的不断发展,产业转型的需求随之而来。在第一产业或第二产业的发展过程中,也会萌生对第三产业如金融业、旅游业、中介服务业和商贸零售业等的需求,从而促进第三产业快速发展。传统经济学中对应此类资源的机构,或者说在产业经济发展中发挥主体作用的机构,主要是企业。而政府主要负责协调、监督和管理此类资源。例如,中国管理此类资源的机构有发展改革、统计、物价部门和审计、国土监察、食品药品监督管理部门等。对于此类资源的开发配置,各国/各区域政府以规划、引导、扶持、调节、监督、管理为主要职责,积极"搞活"此类资源。

第二类是与社会民生相对应的资源,即非经营性资源。它以各区域的社会公益产品、公共物品为主,包括经济保障、历史、地理、形象、精神、理念、应急、安全、救助,以及区域的其他社会需求。公共物品的供给历来以政府为主导,其他社会机构和企业作为补充。在中国,负责协调、监督、管理此类资源的机构主要有民政、社保、扶贫相关机构以及妇联、残联、红十字会等机构。世界各国主要遵循"社会保障、基本托底、公平公正、有效提升"的原则调配非经营性资源。

第三类是与城市建设相对应的资源,即准经营性资源。它以各区域的城市资源为主,主要包括保证国家/区域的社会经济活动正常进行的公共

[①] 陈云贤:《市场竞争双重主体论:兼谈中观经济学的创立与发展》,北京大学出版社2020年版,第58~60页。

第一章 资源生成与准经营性资源

服务系统和为社会生产、居民生活提供公共服务的软硬件基础设施,即上文谈到"资源生成"时所提及的城市基础设施,包括交通、邮电、供电供水、园林绿化、环境保护、教育、科技、文化、卫生、体育事业等城市公共工程设施和公共生活服务设施。城市基础设施水平,对于一个城市或区域发挥其功能和作用有着重要影响。完善的基础设施将为各国城市经济的发展奠定坚实的物质基础,促进城市空间结构的优化。此类资源被称为准经营性资源,是因为其介于可经营性资源与非经营性资源之间的交叉领域,可由政府与企业作为双重主体参与。也就是说,城市基础设施这类可由企业来承担投资建设,也可由政府来完成。中国协调管理此类资源的机构主要分为五类:第一类是国有资产、重大项目相关机构;第二类是国土资源、环境保护、城乡建设相关机构;第三类是人力资源、公共资源交易相关机构;第四类是教育、科技、文化、卫生、体育、新闻出版、广播影视、研究院所等相关机构;第五类是农业、林业、水利、海洋渔业等相关机构。准经营性资源作为本书的核心内容,是我们探索资源生成及城市基础设施建设的重要抓手。

综上所述,根据三类资源在实践和理论上的特征,区域政府应采取与各类资源相匹配的原则和举措,发挥三类资源的最大效用。三类资源是检验区域政府经济行为是否有效的关键,即检验政府是否"有为"。

首先,对于可经营性资源,即产业资源、产业经济,各国应遵循市场配置资源的原则发挥其作用,尽可能通过资本化的手段把它交给企业、社会和国内外各类投资者,各国政府应按照"规划、引导;扶持、调节;监督、管理"的原则配套政策。可经营性资源的主体是企业,是市场,政府最重要的作用是引导、规范其发展。

其次,对于非经营性资源,即公共物品、民生经济等企业达不到的领域,各国政府应责无旁贷地全面承担起责任,提供、调配、管理和发展此类资源,按照"社会保障、基本托底、公平公正、有效提升"的原则配套政策,确定其基本保障。政府提供公共物品,保障民生经济发展是传统经济学中对政府的主要定位。非经营性资源与一座城市、一个地区居民的生活质量息息相关,政府应兼顾公平原则,保证非经营性资源的合理配置。

最后,对于准经营性资源,即(狭义的)城市资源、城市经济,各国则应根据区域发展方向、财政状况、资金流量、企业需求和社会民众的接受程度与承受力等因素,来确定其是按可经营性资源来开发调配,还是按

公益性事业来运行管理。政府对准经营性资源的生成开发,是中观经济学对政府职能的最大补充。开发准经营性资源通常需要较长的周期和较大的投资规模,其高风险令市场机制难以发挥效用,需要政府参与主导。而且,需要根据区域的经济状况、市场完善程度、政府财政状况、居民认知水平来决定后续准经营性资源是转换为非经营性资源由政府主导,还是转换为可经营性资源由私人部门进入,引入市场竞争机制对资源进行调配。当然,即便有市场机制的作用,政府仍应建立完善的法律法规和相应机制,以维护正常的市场秩序,提高市场效率。

第四节 区分三类资源的基本性质
——排他性与竞争性

三类资源作为区域政府引导经济发展的重要抓手,具有十分重要的现实意义。在实际中,区分三类资源并对其采取不同的开发配置模式,是区域经济转型升级的关键。本节首先从区分可经营性资源与非经营性资源的基本性质切入,进一步分析处于交叉领域的准经营性资源的性质。

辨别或区分可经营性资源和非经营性资源的基本标准(实质就是区分或辨别私人产品和公共物品的基本标准)通常有两个:一是排他性和非排他性;二是竞争性和非竞争性。排他性是指个人或企业可以被排除在开发某种可经营性资源(商品或服务)的利益之外,在个人或企业对某种可经营性资源付钱投资后,他人就不能享用此种可经营性资源所带来的利益。竞争性是指可经营性资源的拓展将引起生产成本的增加,每多生产一件或一种私人产品,都要增加生产成本。可经营性资源或私人产品具有排他性和竞争性,排他性是其第一个特征,竞争性是其第二个特征。非排他性则是非经营性资源或公共物品的第一个特征,即一些人在开发非经营性资源或享用公共物品带来的利益的同时,不能排除其他一些人也从开发非经营性资源或享用公共物品中获得利益。这包括三种含义:一是任何人都不可能不让别人开发非经营性资源;二是任何人都不可能不去享用公共物品;三是任何人都可以恰好享用相同数量和质量的公共物品。正如每个适龄儿童都有权利和义务接受政府提供的义务教育,每个公民都可以享受一国国防所提供的安全保障一样。

非排他性主要有两个作用：一是它将公共物品区分为纯公共物品和准公共物品，即在非经营性资源和可经营性资源之间还有准经营性资源存在；二是非排他性决定公共物品的供给方式，即消费者获得公共物品时的付费方式。如果消费或享用某种公共物品具有排他性，那么它就可以通过市场机制或收费的方式供给；如果它是完全不可排他的，那么就只能采用集体供给或免费的方式提供给公众，归属于非经营性资源领域。非竞争性是非经营性资源或公共物品的第二个特征，即增加非经营性资源或公共物品的开发，不会引起生产成本的增加，其边际成本为零；也没有必要排斥任何人对非经营性资源的消费，因为人数的增加并不会引起边际成本的增加，也不影响其他人从该公共物品中取得利益。但对于绝大多数可经营性资源而言，增加消费者就意味着要投入更多的资源，同时也可能因为人数过多而出现供不应求的情况。而公共物品的非竞争性主要源于它难以进行分割。由于这种不可分割性，公众可以共同享用同一个公共物品，每一个人都可以从中得到满足，且在享用公共物品、取得利益的同时，并不会减少其他人的满足程度，即不存在利益冲突。

可经营性资源是企业（或个人）私人拥有的，而私人产品的总量可以进行分割。可经营性资源（私人产品）用公式表示即为

$$y_j = \sum_{i=1}^{n} y_j^i \qquad (1-1)$$

式中，y_j 为第 j 种可经营性资源（私人产品）的总量，n 为经济中的总人数（企业数），$\sum_{i=1}^{n} y_j^i$ 为第 i 个人或企业对这种可经营性资源的拥有量。

式（1-1）表明：第一，可经营性资源 y_j 的总量等于每一个个人或企业 i 对这种可经营性资源的拥有数量之和；第二，可经营性资源在个人或企业之间是可分的。

而非经营性资源具有非排他性和非竞争性，对社会性公共物品难以进行分割，故非经营性资源（公共物品）用公式表示即为

$$y_m^i = y_m \qquad (1-2)$$

式（1-2）说明：第一，任何一个消费者（个人或企业）i 都可以支配非经营性资源（公共物品），y_m^i 表示消费者 i 对某一公共物品 m 的消费量或拥有量，而该种公共物品 m 的总量是 y_m；第二，y_m^i 与 y_m 相等，表明非经营性资源在个人或企业之间是不可分的。

可经营性资源（私人产品）与非经营性资源（公共物品）在国家经济资源（社会产品）中是典型的两极。在现实中，随着世界各国经济的发展和时代的进步，一些原有的非经营性资源（公共物品）具备了能在一定程度上转换为可经营性资源的潜质，从而兼备公共物品与私人产品的特征，我们在研究中把这类资源称为准经营性资源（准公共物品），比如上文多次提到的城市基础设施软硬件乃至智能城市项目等。举例来说，一座桥梁或一所学校，作为准经营性资源（准公共物品），均只具有不充分的非竞争性和不充分的非排他性。也就是说，准经营性资源在性质上介于非经营性资源和可经营性资源之间，可经营性资源可以实现完全排他，而准经营性资源则可能是部分竞争性的，因此往往可以是排他或部分排他的。例如，一些可经营性资源会产生外部性问题，比如私人工厂排放的废气所导致的空气污染问题使得整个区域的居民都受到了一定程度的损害，而且这是难以避免的。再比如一个区域的碳排放对周边区域的影响，虽然这只是该区域产生的成本，却要由周围区域共同承担，这种非竞争性的外部效应也具有部分准经营性资源（准公共物品）的性质。

长期以来，排他性都被看作市场机制下供给物品和服务的一个必要条件，但根据对准经营性资源的特征和性质的分析，具备部分排他性的准经营性资源若完全依据市场开发调配，可能会出现市场机制失灵的情况。因此，对于其开发配置模式及参与主体可做进一步的探讨。首先，需明确准经营性资源与资源生成的关系；其次，参与开发配置准经营性资源的主体是否固定，即区域政府是否是参与准经营性资源开发配置的唯一主体，企业是否能够作为投资者、生产者或经营者进入准经营性资源领域，与区域政府合作生成准经营性资源。

第五节　准经营性资源

准经营性资源是狭义的城市资源，是三类资源中最具创新性的交叉领域，也是本书重点研究的城市资源。本节将详细阐述准经营性资源与资源生成的关系，并明确参与生成配置准经营性资源的主体。

一、准经营性资源与资源生成的关系

资源生成是指随着时代的发展，原本处于静态或不具备生产性的事物进入动态或具备生产性，并形成一定的经济效应。实际上，资源生成为区域的发展提供了新的驱动力，是经济的增量过程。传统经济学主要研究存量领域的资源配置问题，而中观经济学跳脱出了传统理念，提出资源生成概念，从增量角度出发，为区域或城市经济发展提供新的思路。

准经营性资源是资源生成领域最重要的资源。资源生成的过程主要表现为准经营性资源的转换过程。实际上，在满足一定条件的情况下，准经营性资源可转换为可经营性资源，由市场竞争机制配置。而在条件不满足或准经营性项目的公共性质比较强时，准经营性资源会转换为非经营性资源。准经营性资源向可经营性资源转换的过程可认为是狭义的资源生成过程：将本来静态、非生产性的资源转变为动态、具备生产性和经济效应的资源，并交由市场进行配置与开发，为市场开拓新的领域。此过程将派生出原生性资源、次生性资源和逆生性资源三个层面的生成性资源。

第一，原生性资源，例如太空资源、深海资源、极地资源以及深地资源等自然存在的资源。此类资源在被开发挖掘以前是静态的自然资源，不具备生产性和经济效应。若经过投资开发，其动态性、经济性和生产性又使这类资源转换为资源生成领域中的原生性资源。目前，由于技术的限制，原生性资源仍有极大部分未得到开发，其一经采用，必将为经济发展开辟新领域、提供新动能。近年来，各国不断加强对太空资源的探索。美国、日本、韩国、中国等国家纷纷自行或联合制造通信卫星，抢占轨道资源。由于卫星频率或卫星轨道可以说是一种较为有限的战略资源，竞争必然激烈，各国卫星之间时常出现"撞车"的情况。因此，抢占频率资源、轨道资源，获取竞争优势，是如今太空资源发展领域的热点之一。

同时，原生性资源具有投资规模大、开发周期长、不确定因素多等高风险性特征，因此政府将作为此类资源的第一投资人参与投资和开发，为所在区域的经济发展抢占先机。并在产业起步后，引进市场机制，进一步促进产业效率的提升。仍以卫星频率或轨道资源为例：美国在太空资源开发上一直处于领先地位，据中国航天科技集团有限公司发布的《中国航天科技活动蓝皮书（2020年）》统计，2020年，全球共实施114次发射任务，发射航天器共计1277个，创历史新高。其中，美国以全年44次发射

（含在新西兰实施的7次）居世界首位；中国开展航天发射39次，发射载荷总质量103.06吨，发射次数和发射载荷质量均位居世界第二。中国和美国十分重视太空资源的开发，政府投资规模巨大。但要促进卫星产业的进一步发展，还需要引入市场机制，鼓励企业进入，提升行业发展的效率。美国早在20世纪便形成了商业航天市场，不断进行商业化探索和技术积累，如今，商业航天已经成为美国航天经济领域的主要动力，民营商业航天公司的参与度十分高。与之相比，中国大部分卫星发射项目主要由国有航天企业掌握，缺乏市场竞争和商业动力。实际上，开发风险高、不确定性较大的太空资源可由政府主导，而对于另一部分太空资源的开发，可让私人部门参与，例如部分月球资源等。随着时代的发展，未来人们对于太空资源的需求会增加，而区域政府的供给有限，企业的参与能够满足多元化的需求，并通过市场机制降低成本，形成良好的创新环境。

第二，次生性资源，比如城市基础设施。当它从准经营性资源转换为可经营性资源时，它就成为资源生成领域中的次生性资源。此类资源的投资开发同样具有动态性、经济性、生产性和高风险性四大特征，通常由区域政府作为第一投资人参与开发建设。城市基础设施作为城市发展的基础，为企业生产和居民生活提供基本支持，保障城市的正常运作，包括能源设施、对内外交通设施、油田通信设施、给排水设施等。基础设施本身具有先行性和基础性，能够为民众提供各种服务与保障。区域经济要保持长期可持续的发展，需要不断完善和升级城市基础设施。准经营性资源具有部分的非排他性和非竞争性，可由政府部门与私人部门共同参与，以保证公众的需求，例如污水处理、垃圾处理等的设施。当区域发展条件适宜时，准经营性资源可转换为可经营性资源，完全交由市场进行配置与开发。这个过程实际上就是资源生成的过程。次生性资源为区域经济提供了新的驱动力，为企业带来了新的机遇，是区域政府在发展城市经济过程中最重要的抓手。

企业提供准公共物品，在区域政府的监督下参与次生性资源的生成与配置。此过程中的融资、生产、经营等环节完全按照市场规则操作，企业直接为居民提供公共服务，政府则扮演监督管理的角色。允许多元主体共同开发准经营性资源，是在保证公平的同时提升经济效益与效率。例如，英国在20世纪70年代后期的公共服务改革：通过大规模的私有化手段，将铁路、电信等国有企业出卖给私人，同时政府出台相应政策避免私人垄断的发生。政府在准经营性资源领域引入竞争机制的目的是提高资源配置效率,避免低效建设,而非让私人部门攫取公众利益。因此,英国政府制定了完善的管理体制,并通过市场检验的方式判断此项公共服务是否可由市场供给。若交由企业完成,则必须通过竞争招标的方式,令市场主体有同样的竞争机会,同时,政府需监督以确保完成的质量、服务的水平等。可以说,民营化运动和政府职能转变双管齐下,为这一改革取得了良好的成效,不仅减轻了政府的财政负担,而且降低了建设成本,改善了公共物品的供给质量。英国政府从投资、建设、运营一体化的角色转变为幕后的监督管理者,切实地缓解了当时经济下行的压力,令区域发展焕发新的生机。这正是政府通过资源生成推动经济发展的最好佐证。

第三,逆生性资源。这一类资源本来并不存在,是由区域经济发展中的外部溢出效应逆向形成的一类独特的生成性资源,比如碳排放交易资源等。若不对逆生性资源加以限制,不对其进行开发利用,其产生的负外部性将阻碍经济社会的长远发展;若通过相应举措对其进行调节和遏制,并开发其经济价值,此类资源也将成为具备经济效应的生成性资源。由于逆生性资源具有负外部性,政府必须作为第一责任主体对其进行开发与管理。通常而言,逆生性资源是人类发展过程中产生的自然物质,它一般不属于某个个人或企业,其他私人部门也很难避免其负外部性的影响。但在一定条件下,逆生性资源可具备一定的排他性和竞争性而进入准经营性资源领域。此时,对逆生性资源的生成与配置,既可有效遏制其负外部性的蔓延,也可为区域经济带来新的增长点。

下面以逆生性资源中的碳排放资源为例,深入探讨逆生性资源在资源生成过程中产生的经济价值。自1997年《京都议定书》颁布以来,"碳排放权"逐渐进入人们的视野。所谓碳排放权,实际上是对包括二氧化碳、氧化亚氮、甲烷、氢氟碳化合物、全氟碳化合物、六氟化硫等六种需人为控制排放的温室气体发放的排放许可证或排放配额。协议国家需要在一定时期内实现一定的碳排放减排目标,并将减排目标以上述形式分配给国内的不同企业。而碳排放权交易即许可配额或碳排放许可证的交易,通过形成国际贸易中的系列碳商品,使本来不可分割的环境资源可以被定价并像商品一样被交易。

《京都议定书》建立了三个灵活的合作机制:一是国际排放贸易机制(International Emissions Trading,IET),其核心是允许附件一缔约方以成本有效的方式，通过交易转让或者境外合作获得温室气体排放权。二是联合履行机制（Joint Implementation，JI），这是附件一缔约方之间以项目为基础的一种合作机制，旨在帮助附件一缔约方以较低的成本实现其量化温室气体减排承诺，减排成本较高的附件一缔约方通过该机制在减排成本较低的附件一缔约方实施温室气体减排项目。投资国可以获得项目活动产生的减排单位，从而用于履行其温室气体减排承诺；东道国可以通过项目获得一定的资金或有益于环境的先进技术，从而促进本国发展。三是清洁发展机制（Clean Development Mechanism，CDM），其核心是允许承担温室气体减排任务的附件一缔约方在非附件一缔约方投资温室气体减排项目，获得核证减排量（Certified Emission Reductions，CERs），并依此抵消其依据《京都议定书》所应承担的部分温室气体减排任务。上述三个机制适用于不同的国家，国际排放贸易机制主要用于发达国家，联合履行机制主要发生在经济转型国家和发达国家之间，清洁发展机制主要用于发达国家与发展中国家之间。此外，碳交易市场可分为配额交易（Allowance-based Transaction）市场和项目交易（Project-based Transaction）市场两大类。前者的交易指总量管制下所产生的排减单位的交易，交易对象主要是政策制定者分配给企业的初始配额，如《京都议定书》中的配额（Assigned Amount Units，AAUs），配额交易通常是现货交易。后者的交易指减排项目产生的减排单位的交易，交易对象主要是通过实施项目减少温室气体排放而获得的减排凭证，如由清洁发展机制产生的核证减排量（CERs）和由联合履行机制产生的排放减量单位（Emission Reduction Unit，ERU），这类交易通常是期货交易。其中，欧盟排放交易体系作为全球最完善、影响力最大的碳交易市场，目前已形成了包含现货、期货、期权在内的多层次碳交易体系。美国区域温室气体倡议（Regional Greenhouse Gas Initiative，RGGI）形成的碳交易市场也从2005年成型之初就做好了与其他碳市场及碳衍生品市场相互连接的准备，2014年加州碳交易市场与加拿大魁北克碳交易市场成功对接，随后在2018年又与加拿大安大略碳交易市场进行了对接，为碳市场建设打下了坚实基础。

近年来，绿色发展逐渐成为世界经济发展的主要趋势，碳交易市场有着十分广阔的前景。而本身具有负外部性的温室气体，因为碳排放交易的形成，成为一种逆生性资源，从而使得其资源生成成为世界各国经济发展的新兴领域之一。碳排放权本质上是政府为解决环境问题而提出的一种创新型政策工具，其为逆生性资源开辟了新的市场。同时，除了国家与国家之间可以交易碳排放权，企业之间也可进行碳交易。例如企业将未用完的排放许可证或配额出售给超额排放的企业。同时，政府需要建立完整的碳交易市场，制定强有力的法律法规，对碳资产的产生、权属转移、履约等市场交易行为进行保护，这是碳交易资源能够有效配置的重要基础。此外，碳排放权之所以会由公共资源转换为准经营性资源，是因为政府对其作出管制和限定，使其具备了某种程度上的稀缺性。当企业或区域的碳排放量超过临界点时，就需要为新增的碳排放量支付成本费用。此时，碳排放权就具备了部分竞争性和排他性。然而，对于企业而言，降低碳排放本身需要投入大量的成本，企业缺乏参与的主动性和积极性。实际上，随着中国碳市场的逐步启动，企业愈发重视碳排放数据核算，但是愿意主动披露碳排放数据的上市公司数量仍十分有限，这对中国碳市场的发展是不利的。区域政府需要不断完善碳排放权和碳交易市场的相关机制，包括碳排放量的分配、碳排放权定价策略等，同时需大力推广绿色低碳理念，鼓励企业积极参与减排行动，形成良好的绿色发展环境，助力碳交易市场快速发展。

综上，准经营性资源作为区域政府在资源生成领域最重要的抓手，可促进区域经济增量发展。同时，准经营性资源的转换也为保护区域生态环境、提高民众生活质量提供了新的途径。在资源生成过程中，政府经济行为与市场机制并存。在市场主导资源配置的同时，也要更好地发挥政府作用。政府要积极参与本区域生成性资源的投资、开发、建设，使有效市场与有为政府的相融合，共同促进区域经济可持续发展。

二、参与准经营性资源生成、开发和调配的主体

首先，我们可以明确区域政府并不是参与准经营性资源开发的唯一主体，企业在其中也发挥着重要作用。由于现代社会复杂的分工体系，资源从生成、开发到配置的过程可以由不同的个体或组织完成。对准经营性资源来说，区域政府可以是开发的主体或责任人，但却可以将不同的环节分配给市场，给企业去完成。也就是说，政府在准经营性资源的开发配置上更多是充当前期角色，是裁判、舵手，而不是运动员或划桨者。作为市场中的双重主体，区域政府与企业共同参与准经营性资源的开发与配置是更有效率的选择。准经营性资源在前期存在较大的开发难度和极高的风险，

企业难以承担，单纯依靠市场机制是不够的，因此需要政府参与。而政府在生成准经营性资源上也面临高额的投入和沉重的负担，因此有必要借助市场的力量。具体而言，若准经营性资源转换为非经营性资源，则由区域政府作为唯一主体进行开发与供给；若准经营性资源转换为可经营性资源，则政府与企业将作为双重主体共同参与。在最初的开发建设过程中，政府与企业均可能承担生产和建设的职能，但随着资源开发的不断成熟与完善，政府可根据区域发展情况将资源完全交由市场配置，此时区域政府主要发挥监督管理职能，企业作为主要的生产者和经营者。

对于企业而言，参与准经营性资源的配置或是提供准公共物品面临的最关键问题就是它是否愿意。解释私人供给准公共物品的可能性和合理性，就需要解决排他性问题。最早对私人参与准经营性资源开发这一问题进行讨论的是亚当·斯密，他发现，一些公共物品若由私人提供能使之更有效率地运转。"欧洲许多地方的运河通行税或水闸税，是个人的私有财产，这些人为保持这利益，自竭力维护这运河。……如果运河的通行税，交给那些利不关己的委员们征收，他们对于产生这通行税的工程的维持，一定不会像个人那样注意。"[①] 斯密的发现说明了在准公共物品领域，私人的协商有时会比政府的行为产生更高的效率。而罗纳德·科斯（Ronald Coase）则从理论上分析了有外部性的物品的效率配置问题，并以具有极端正外部性的灯塔的提供方式作为典型例子。科斯发现，在17世纪初的英国，领港工会建造了两座灯塔。后来，政府授予该公会管理相关航海事务的权力，其有权建造灯塔并向过路船只收费，但1610—1675年，该公会没有再建造一个新灯塔。就在同时期，私人投资新建了10个灯塔。这一例子表明私人可以经营典型的公共物品。科斯对于灯塔这一例证的讨论与其说是证明了私人提供公共物品的可能性，不如说是对单一的政府供给模式提出了挑战，并进一步引起了私人提供准公共物品的条件的讨论。

在私人建设灯塔的例子中，科斯指出私人愿意建造灯塔，是由利益驱动而不是出于对公共利益的关心。基于当地政府给予的收费特权和土地使用权，并将港口作为一个排他的条件，私人就可以提供公共物品。也就是说，私人若是参与提供准公共物品，仍然是出于私人利益的考虑，因此要

---

① 亚当·斯密：《国民财富的性质与原因的研究》，郭大力、王亚南译，商务印书馆1983年版。

有技术和制度的保证。技术上可以通过私人的创新活动解决,而制度则需要依靠当地政府来制定及完善。灯塔的例子并没有否定政府在准公共物品(准经营性资源)领域的作用,只是指出了私人提供的一种可能性。由于私人(企业)是理性的经济人,其开发或配置准经营性资源需要借助政府之手,比如需要政府的授权,这是一种政企合作的模式。

✻ 本章小结 ✻

本章介绍了与资源稀缺相对应的资源生成概念,提出将资源稀缺下的资源配置问题理解为经济存量领域的问题,将资源生成看作经济增量过程,说明二者并不矛盾,只是解决不同领域的问题。资源生成不是计划设定的产物,而是原已存在或随着时代进程的客观需要而出现的事物,它由静态进入动态,直至具备经济性和生产性。而由资源生成派生出的生成性资源,具有动态性、经济性、生产性和高风险性四大特性,这决定了资源生成的主体是区域政府。

然后,本章介绍了城市资源的概念。城市资源是城市设立、存在和发展的一切条件,有广义与狭义之分。广义的城市资源包括产业资源、民生资源和基础设施等,而狭义的城市资源主要指城市基础设施。城市基础设施作为新的生成性资源,在经济学上具有基础性、非贸易性和准公共物品性,是促进一国经济增长的新领域和创新经济学理论的新路径。例如交通基础设施对于区域间贸易、区域经济一体化的促进作用;高速公路建设对于企业生产效率、市场可达性的影响。也就是说,提升城市基础设施的建设水平,实际上是对区域全要素生产率的提升。

进一步地,本章对城市三类资源进行了清晰的界定。城市主要存在三类资源,分别是与产业发展相对应的可经营性资源,与社会民生相对应的非经营性资源,与城市建设相对应的准经营性资源。首先,对于可经营性资源,各国应遵循市场配置资源的原则,遵循"规划、引导;扶持、调节;监督、管理"的原则去制定相应的产业政策,交由企业主导;其次,对于非经营性资源,各国应按照"社会保障、基本托底、公平公正、有效提升"的原则,全面承担起为公众提供公共物品的职责;最后,对于准经营性资源,各国应根据自身的区域发展方向、财政状况、资金流量、企业需求和社会民众的接受程度与承受力等因素,来决定是将其转换为可经营

性资源，还是将其作为公共物品供给。

更进一步地，本章着重介绍了准经营性资源与资源生成的关系及参与准经营性资源开发配置的主体。首先，准经营性资源向可经营性资源转换的过程实际上是狭义的资源生成过程。由本来静态、非生产性的资源转变为动态、具备经济效益的资源，并交由市场进行配置，为市场提供新的机遇。在此过程中，将派生出原生性资源、次生性资源和逆生性资源三类生成性资源。此外，区域政府并不是参与准经营性资源开发的唯一主体，多元主体共同参与是更有效率的选择。若准经营性资源转变为非经营性资源，则由区域政府作为单一主体进行开发与供给；若准经营性资源转换为可经营性资源，则政府与企业将作为双重主体共同参与，此时区域政府更多是扮演管理与监督的角色。

资源生成是衡量一国、一区域政府是否有为的重要标准，是区域政府经济行为的指导准则。中观经济学以资源生成作为起点，以区域政府经济行为作为研究对象，是对主流经济学中政府经济行为的一大补充。

思考讨论题

1. 请阐述资源稀缺与资源生成的关系。
2. 请解释资源生成的概念。
3. 广义和狭义的城市资源分别指什么？
4. 请阐述城市三类资源。
5. 请解释准经营性资源与非经营性资源、可经营性资源的关系。
6. 请解释资源生成与准经营性资源的关系。
7. 请列举政府资源生成的实例。

第二章 准经营性资源转换规则

准经营性资源在城市经济乃至整个区域经济发展的过程中起到极大的带动作用，随着城市化进程的发展，准经营性资源的需求量在不断扩大。对准经营性资源的生成与开发可以有效地改善城市经济社会发展的基础条件，提高区域全要素生产率，增强城市规模集聚效应。同时，城市基础设施即准经营性资源水平的提升对城市公共服务水平有重要促进作用，并有助于进一步完成对城市职能的提升。因此，对准经营性资源领域的研究，对于优化区域经济结构，提高城市经济发展效率，推进城市现代化、智能化发展有着重要意义。

实际上，准经营性资源的生成开发，特别是城市基础设施建设，是驱动世界经济复苏和可持续增长的重要引擎。全方位提升基础设施水平有助于开拓经济增长新动力，其中交通基础设施、信息技术设施等尤为关键。而智慧经济时代的新型基础设施建设（简称"新基建"）对促进经济增长、创造就业、改善民众的生活质量和便利程度以及提高全要素生产力至关重要。放眼全球，发达国家为更新升级老化的基础设施和刺激经济复苏，陆续推出规模庞大的基础设施建设计划，如美国参议院于2021年8月7日投票通过了一项1万亿美元的基础设施"一揽子"计划；发展中国家也在加速工业化和城市化的进程，这使得对准经营性资源的需求、对城市基础设施建设的需求非常庞大。《2018年非洲基础建设市场动态报告》指出，非洲基础建设领域仍然存在严重的资金缺口。非洲若要改善功能性商业环境，其每年将面临676亿美元至1075亿美元的资金缺口，而基础设施领域每年甚至需要投入1300亿美元到1700亿美元，资金缺口之巨不容小觑。① 在非洲所有行业中，水和卫生设施的融资缺口最大。除了国家

---

① 德勤咨询：《2018年非洲基础建设市场动态报告》，见中文互联网数据资讯网，http://www.199it.com/archives/841427.html。

内部对基础设施各有推进，跨国、跨区域互联互通的基础设施需求也日益增长。如中国提出的"一带一路"倡议，其核心就是加深各国经济联系，带动区域经济社会发展，实现互利共赢的新局面。无论是发达国家还是发展中国家，对于城市基础设施的需求均在日益增长，因此，如何对准经营性资源进行生成、开发和转换，是把握新一轮发展机遇的关键。

在上一章中，我们定义了城市的三类资源——可经营性资源、非经营性资源和准经营性资源，并简单介绍了准经营性资源向其他两类资源转换的过程。可经营性资源以各国区域经济中的产业资源为主；非经营性资源指与社会民生相对应的资源；准经营性资源是与城市建设相对应的资源。其中，准经营性资源可以向可经营性资源和非经营性资源转换。然而在上一章中，我们并未对准经营性资源转换的合理性和条件进行详细阐述。因此，本章我们将进一步研究准经营性资源的转换规则与最优界定。这主要包括几个问题：首先，为什么准经营性资源可以向另两类资源转换？其次，在转换过程中有哪些参与主体？再次，准经营性资源向哪一类资源转换可依据什么条件判断？最后，在实践中，要顺利完成准经营性资源向可经营性资源或非经营性资源的转换，需要采取哪些具体措施，遵循哪些原则？针对上述问题，本章各小节会作进一步回答。

本章的重难点内容为准经营性资源向其他两种资源的转换及其规则。除了阐述理论上的转换规则之外，本章还介绍了准经营性资源转换的具体措施，包括列举准经营性资源转换过程中可采取的措施以及各国在准经营性资源领域的转换实例，以便读者更好地把握准经营性资源转换的内涵。此外，在实践中，区域政府选择转换措施的原则以及政府理念制度创新在其中的重要作用也是需要重点关注的内容。

第一节　准经营性资源向其他两种资源的转换及其规则

准经营性资源是狭义的城市资源，也是本书研究的重点。其向可经营性资源和非经营性资源转变的过程，是区域经济发展的重要驱动力。本节首先分析准经营性资源向两类资源转换的过程，再进一步阐述转换规则。

在第一章中，我们明确了资源生成是一种在存量领域之上开辟经济增量的过程。而准经营性资源向可经营性资源的转换过程，就是狭义的资源生成，如图2-1所示。

```
        转回（公共服务）              转换（增量过程）
非经营性资源 ←————— 准经营性资源 —————→ 可经营性资源
```

图2-1　准经营性资源转换过程

准经营性资源可转换为可经营性资源，如对部分高新技术产业而言，由于项目在前期需要高投入，风险较大，大部分企业难以承担，需由政府主导投资，待产业逐渐发展成熟再交由市场。而若区域发展条件不满足，市场成熟度有待完善，部分设施和服务公共程度较高，则准经营性资源转回到非经营性资源，由区域政府提供。此类公共物品包含两个层面，一是保障居民生活的城市基础设施，比如市政基础设施、基本教育医疗、公共服务设施等；二是市场基础设施、产业配套设施——作为区域产业发展的基础条件。其中，市场基础设施是区域经济发展的重要基石，包括市场服务网络、配套设备及技术、各类市场支付清算体系、科技信息系统等。例如为金融活动提供信息支持和保障的金融市场基础设施，能够让金融市场作为资金流通交易场所保持有序运行。

在现实经济情境中，准经营性资源在一定条件下可以向另外两种资源进行转换，这是因为准经营性资源具有其他两类资源的部分特征，且允许区域政府、企业作为双重主体参与。准经营性资源若转换为可经营性资源，则参与主体主要是企业；若转换为非经营性资源，则参与主体为区域政府。这种资源的转换实际上是资源配置方式的选择。政府参与非经营性资源配置实行的是政府配置方式，企业参与可经营性资源配置实行的是市场配置方式，而介于其中的准经营性资源则采用两种配置方式的有机结合，不同的方式对资源配置的效率也是不同的。实际上，准经营性资源（准公共物品）是转换为可经营性资源（私人产品），还是非经营性资源（公共物品），主要是由世界各国/各区域的市场经济发展程度、政府的财政收支状况和社会民众的认知程度决定的。①

我们采用变量 θ（$0 < \theta < 1$）表示社会上准经营性资源在公共部门当

---

① 陈云贤：《市场竞争双重主体论：兼谈中观经济学的创立与发展》，北京大学出版社2020年版，第62~64页。

中的配置比例，即 θ 表示准经营性资源向非经营性资源和可经营性资源转换的程度。理论上 θ 可以达到边界点 0、1，当 θ 为 0 时，准经营性资源完全转换为纯粹的可经营性资源，即由市场和企业参与开发配置，属于私人部门资源；当 θ 为 1 时，准经营性资源完全转换为非经营性资源，即由区域政府主导开发生成配置的全过程，属于公共部门资源。然而在实际中，极少出现 θ 为 0 或者为 1 的情况，因此我们定义 $0 < \theta < 1$。影响 θ 的因素主要有市场经济发展程度（Y）、财政收支状况（包括财政预算 B 和财政支出 FE）以及居民认知程度（β），用式（2-1）表示。

$$\theta = F(Y, B, FE, \beta) \qquad (2-1)$$

式（2-1）的函数形式多样，包括线性模型和非线性模型。需要重点关注的是上述每个变量对于配置比例 θ 的边际影响。其中，Y 表示市场经济发展程度，介于 0 和 1 之间，1 表示经济发展水平高度发达，0 表示经济发展水平高度不发达。首先，当市场经济发展程度高、机制较为完善时，国民经济收入水平相应较高。在居民可支配收入水平较高的情况下，私人部门有意愿也有能力投资，流入准经营性资源领域的资金也更充沛，即 θ 变小，更多的准经营性资源转换为可经营性资源。因此，θ 的增长率与 Y 呈负相关，其中 a 为一正常数，如式（2-2）所示。若区域当前阶段的 θ 较高，则说明私人部门在准经营性资源领域的规模还比较小，在总需求不变的情况下，市场会给予新入资金更高的收益率，即边际收益更高，从而加速私人部门资金流入。

$$\frac{\partial \theta / \theta}{\partial Y} = -a \qquad (2-2)$$

其次，区域政府的财政收支水平将影响对准经营性资源的投入。在式（2-3）中，我们用 B 表示政府财政预算，用 FE 表示财政支出。在财政资金不足时，区域政府更倾向于将准经营性资源转换为可经营性资源，以缓解财政压力。当然，该转换过程需要由政府作出明确规划并完善转换机制。进入准经营性资源领域可令企业获得新的投资领域和更高的收益，因此私人部门资金流入的速度会加快。也就是说，当财政支出与财政预算的比值（FE/B）降低时，θ 变小，即 θ 与财政收支状况（FE/B）呈负相关。若区域政府现阶段投入准经营性资源领域的资金比例较高，即 θ 处于一个较高的水平，则意味着政府具有更高的财政支出。如式（2-3）所示，准经营性资源转换程度 θ 与区域政府财政支出水平呈负相关，其中 b

为一正常数。

$$\frac{\partial \theta/\theta}{\partial(\frac{FE}{B})} = -b \qquad (2-3)$$

最后,除了区域市场经济发展程度、政府财政收支状况外,居民认知程度的影响也十分重要。值得注意的是,居民认知程度对不同经济发展阶段的影响是不同的。若地区经济发展较为落后,即 $Y < Y^*$,Y^* 为临界值,此时居民认知程度越高,越能认识到城市基础设施在经济发展中的重要作用及价值,因此投入准经营性资源领域的资金越多,即 θ 与居民认知程度呈负相关;若地区市场发展程度较为成熟,即 $Y > Y^*$,居民认知程度高反而可能抑制资金流入准经营性资源领域。这是因为处于较发达阶段的区域,居民更关注生活质量,对于部分环境不友好或影响居民生活质量的基础设施会持反对态度,此时 θ 与居民认知程度呈正相关。鉴于此,我们加入 $\ln(Y/Y^*)$ 作为上述讨论的校正系数,如式(2-4)所示,其中 β 表示居民认知程度,c 为一正常数。总的来说,当经济发展水平较高时,居民认知程度 β 越高,投资准经营性资源的意愿越低;当经济发展水平较低时,居民认知程度 β 越高,越倾向于投资准经营性资源。

$$\frac{\partial \theta/\theta}{\partial[\beta\ln(\frac{Y}{Y^*})]} = -c \qquad (2-4)$$

基于式(2-1)至式(2-4),我们可以建立一个简单的公式来表达准经营性资源在公共部门当中配置比例的变化率与市场经济发展程度(Y)、财政收支状况(包括财政预算 B 和财政支出 FE)及居民认知程度(β)的关系,即式(2-5)。

$$\frac{d\theta}{\theta} = -aY - b\frac{FE}{B} - c\beta\ln(\frac{Y}{Y^*}) \qquad (2-5)$$

上式为准经营性资源向两类资源转换过程中,不同变量的影响程度。需要注意的是,在极端情况下,即 θ 为 0(准经营性资源完全转换为可经营性资源)时,该资源的运作将与财政收支状况、居民接受程度等变量完全无关,即我们不可能借助财政收支等变量影响可经营性资源的性质。对 θ 的微分方程即式(2-5)进行求解,可得到一个显示解如下所示:

$$\theta = e^{-(aY + b\frac{FE}{B})} \frac{Y}{Y^*}^{-c\beta} \qquad (2-6)$$

式（2-6）给出了准经营性资源在公共部门中的配置比例，它是根据不同时期的经济状况而变化的。

综上所述，准经营性资源可向非经营性、可经营性资源转换，但需要由当地市场经济发展程度、财政收支状况（包括财政预算和财政支出）以及居民认知程度决定其转换为何种资源。准经营性资源作为资源生成领域派生出的生成性资源，具有动态性、经济性、生产性和高风险性四大特征。举例而言，在城市基础设施建设中，大型的城市软硬件基础设施，大都属于资本密集型行业，具有如下特点：第一，前期投资大；第二，建设周期长；第三，成本高，市场窄小；第四，投资可能失败；第五，突发事件等。在对这类行业进行开发的前期，市场机制很难发挥作用，因为企业面临着投资风险、运营风险和管理风险，而且是否能开发成功也是个未知数，以利润最大化为主要目标的企业几乎不会投资这类行业。

总结来说，企业的三种特性使得其在准经营性资源向可经营性资源转换过程中面临诸多限制：第一，非政府投资是由具有独立法人资格的企业或个人从事的投资，追求微观上的盈利性是其首要特征；第二，企业或个人主要依靠自身的积累和社会筹资来为其投资提供资金，投资规模受到种种限制；第三，企业或个人囿于一行一业，难以顾及非经济的社会事业。因此，虽然经过技术处理，有些准经营性资源可以具有排他性和竞争性，但因为成本太高、风险太大，所以按照可经营性资源去运作在经济上是不可行的，即市场机制在该过程中是失效的。那么，对于此类准经营性资源，政府首先会作为主导参与，并按照非经营性资源的标准去开发，根据政府提供公共物品的政策目标作出投资决策，其标准主要有三：一是资本-产出比率最小化标准（又称稀缺要素标准，指政府应当选择单位资本投入获得产出最大的投资项目）；二是资本-劳动比率最大化标准（指政府应当选择使边际人均投资额最大化的投资项目）；三是就业创造标准（指政府应当选择单位资本投入能够动员劳动力数量最多的投资项目）。在此类准经营性项目顺利运转后，政府可依据区域自身基础条件，即市场经济发展程度、财政收支状况以及居民认知程度，进一步决定是将准经营性资源交由市场主导，抑或将其作为公共物品。在这个过程中，政府对于项目性质和区域基础条件的把握至关重要。在实践中，准经营性资源的开发配置并不是一件容易的事，区域政府除需把握住理论上的转换原则，更需通过具体的转换措施完成准经营性资源向两类资源的转换，实现经济的增量供给。

第二节 准经营性资源转换的具体措施

由于政府提供的公共物品具有非排他性和非竞争性,在实际经济运行中可能产生两方面的问题:一方面,可能出现"免费搭车"(free-rider,即免费享用公共物品带来的利益)和"公地悲剧"(the tragedy of the commons)问题;另一方面,在投资建设城市基础设施过程中,政府可能会出现"只为社会提供无偿服务型、共享型的公共物品;只投入、不收益;只建设、不经营;只注重社会性,而忽视经济性;只注重公益性,而忽视效益性;从而造成城市资源的大量损耗,城市基础设施建设的重复浪费,城市经济管理的低层次、低水平和无序性运转"的问题。[①]

一、准经营性资源转换过程中可采取的措施

理论上,准经营性资源可向两类资源转换,但在实际操作过程中需要通过众多具体举措实现其转换落地。根据各国的发展状况和地区特征,各国政府所采取的转换措施不完全相同,但通常包括如下六项。

第一,独立投资。政府组建国有公司,直接对项目实施分年段收费。这一措施主要由区域政府参与主导。

第二,租赁式投资。政府运用建设—经营—移交(build-operate-transfer,BOT)、转让—经营—移交(transfer-operate-transfer,TOT)等方式收费。其中 BOT 是指在特定时期内,企业可以建设、拥有并经营基础设施,在此期间,用户付费获得企业服务,期满再移交给政府。TOT 则是指政府将建设好的项目的一定期限的产权或经营权有偿转让给企业,由其进行运营管理,而企业在约定期限内通过经营收回全部投资并得到合理的回报,双方合约期满之后,企业再将该项目交还政府部门的一种方式。

第三,合伙式投资。政府采取政府和社会资本合作(public-private partnership,PPP)、港口公园式城市(port-park-city,PPC)等合营方式收费。其中 PPC 是一种园区开发模式,由企业独立开发、建设、经营、管理

[①] 陈云贤:《市场竞争双重主体论:兼谈中观经济学的创立与发展》,北京大学出版社 2020 年版,第 65~68 页。

某一相对独立区域，其核心在于港口先行、产业园区跟进、配套城市功能开发，进而实现区域联动发展。此模式以一套市场化方案来实现城市和园区运营的空间发展，实现港、产、城联动，将政府、企业和各类资源协同起来，成为城市或区域转型升级的战略安排。而PPP是公共基础设施中的一种项目运作模式，主要集中在纯公共领域和准公共领域，是实际中经常采用的措施。有关PPP的介绍将在第三章进行深入讨论。

第四，股份式投资。政府组建股份制企业，通过上市方式获取收益。

第五，社会性投资。政府通过资产证券化运营等方式收益。

第六，其他方式投资。如政府将城市基础设施项目与其他项目捆绑式经营以获取收益等。

准经营性资源向两类资源的转换，对于推动政府职能转变、促进投资主体多元化、分散项目投资风险、为基础设施建设提供多渠道的资金来源有重要意义；同时引入市场机制，可缓解区域政府财政压力，以最佳的财政支出结构带来最大的政府财政收益。

为达到这一目的，在将城市基础设施投资从准经营性资源转换成可经营性资源运作的过程中，政府可以对原已存在的城市基础设施资源（即存量资产）的平台载体进行产权改造，按照市场规则和经济发展的客观要求将其改造为与资本市场的融资需求相适应，即将存量资产的平台载体改制为国有民营、股份制、合资、合作等形式，或者拍卖给国内外投资者经营管理等，原则是使其成为符合市场经济规则的股权载体，参与市场竞争。同时，对新增城市基础设施（即增量资产）的平台载体，政府可以从一开始就遵循市场经济规则，采用独资、合资、合作或股份制等形式组建项目公司，奠定好股权载体基础，使其成为城市资源投资、开发、运营、竞争的参与者。

在城市基础设施投资、开发、运营过程中，政府主要通过资本市场融资的方式筹集资金，形式包括：发行债券或可转换债券；发行股票；设立项目基金或借力于海内外基金投资项目；以基本建设项目为实体"买壳上市"；将基建项目资产证券化；将基建项目以并购组合方式与其他项目一起捆绑经营；采用项目租赁、项目抵押、项目置换或项目拍卖等方式。另外在实际经济运行中，政府也会通过收费权、定价权等手段，运用设计—建设—经营（design–build–operate，DBO）、建设—移交—经营（build–operate–transfer，BOT）、建设—拥有—经营（build–own–operate，

BOO)、建设—拥有—经营—转让（build-own-operate-transfer，BOOT)、建设—租赁—转让（build-lease-transfer，BLT）、建设—转让—经营（build-transfer-operate，BTO）、转让—经营—移交（transfer-operate-transfer，TOT）等方式实施特许经营权的资本运营。政府还会根据各准经营性资源即基础设施项目的不同特点和条件采取不同的资本运营方式，或交叉运用不同的资本运营方式。如采用PPP方式建构股权载体，或以PPC形式作为开发模式，打造出一个较为完善的基础设施、物流、金融和园区相融合的基础设施投资建设经济圈，并结合BOT或TOT等特许经营权运营方式，在条件成熟时改组项目公司为上市公司，通过发行股票或债券，进一步把城市基础设施项目做大做强，从而使政府克服资金瓶颈的制约，提升城市基础设施的投资、开发、运营、管理水平，使其科学地、可持续地发展，以满足社会民众日益增长的公共物品、公益事业需求。

在实际中，选择何种措施实现对准经营性资源的转换，需要根据项目的特性和条件进行权衡。区域政府期望市场在准经营性资源的配置过程中发挥作用，期望企业参与进来，那么公平与效率问题就十分重要。一方面，自由市场实现高效的有效机制是竞争，越是能够引起竞争、能直接面对消费者选择的方式，就是越有效率的。有效率的方式能够增强企业参与的意愿，也能让企业直面消费者，回应消费者。但是，准经营性资源具有不充分的非竞争性和非排他性，由于竞争是不充分的，区域政府需考虑如何在准经营性资源领域取得有效率的结果。另一方面，对准经营性资源的转换过程还涉及公平的问题。公平的含义主要包括两个方面：一是机会的公平，比如市场机制被认为是一种公平的方式——市场对所有人收取同样的价格，给予所有企业同等的经营权；二是结果的公平，准经营性资源不充分的非排他性可能会造成结果的不公平，需要政府在公平和效率之间进行权衡。

二、各国在准经营性资源领域的转换实例

传统的经济学理论认为政府的职责在于非经营性资源领域，负责提供所有的公共产品，保证民生经济的发展。政府被认为是外在于市场的公共权力机制，这一观念使得政府与市场分割，政府脱节于市场，导致政府的经济行为缺乏市场效率，市场机制也缺乏政府的支持。而在中观经济学

中，政府与企业均被纳入整个市场体系中加以考虑，政府不仅在民生经济中发挥作用，在产业经济、城市经济中也扮演着不可或缺的角色。这对区域政府提出了更高的要求：除行政手段之外需要区域政府具备更多的经济行为，要求区域政府尊重市场客观规律，适应市场条件和公众对公共服务需求的变化。

各国在对准经营性资源转换的实践中，虽采取的措施各不相同，但原则总体上是一致的。

20世纪70年代末，西方国家开始了私有化改革，其改革目标就是在公共物品和准公共物品供给中建立竞争机制以提高效率。由于英美各国国有企业主要是从事公共物品和准公共物品生产的公共企业，它们的改革实际上就是公共物品和准公共物品供给的改革。20世纪90年代，英国兴起了PPP模式，即政府与社会资本的合作模式，随后成为西方国家广为流行的一种准公共物品供给新模式。英国保守党最先提出PPP模式，随后英国工党政府设立了专门负责PPP事务的相关机构，并于2000年成立了"英国伙伴关系"（Partnerships UK，PUK）机构，随后PPP模式在整个西方流行。PPP模式实质上是政府部门依据社会对城市基础设施的需求，引入私人部门参与项目建设，通过招投标等方式选择适合的企业负责项目的设计、建设、运营等，同时企业将获得政府支付的建设费用和收益的回报。PPP模式作为准经营性资源转换的常用措施，具有鲜明的特点：一是双主体供给，依靠政府与企业的全过程合作。二是政企分离，区域政府从宏观角度调控，以公众利益为基准，既是项目的发起人和管理人，也是标准的制定者；而企业拥有资本、技术、管理和数据等先进生产要素，在生产上有着更高的效率。三是代理运行机制，PPP模式实行全面代理制，由于区域政府在部分领域并不具备相应技术和开发资源的能力，因此在项目开发过程中需广泛借助企业的力量，运用各种代理关系实现优质资源的充分利用。四是效率与公平兼顾，企业追求的是利润最大化，政府则代表了社会公众的利益；企业的参与使得准经营性资源的开发利用更有效率，而区域政府会根据项目的完成程度向企业付费，维护公众的利益。从PPP模式的特征来看，准经营性资源的转换需要区域政府与企业作为双重主体共同参与，表明区域政府也是市场体系中的重要角色。

美国进行准公共物品供给模式改革的方向是进行市场化改革，它包括政府功能定位的市场化和公共服务输出的市场化。美国通过将社会福利项目市场化来减少社会福利预算的膨胀，利用市场去克服政府公共选择机制的限制。20世纪80年代以来，美国政府通过在准公共物品领域引入市场机制，让企业参与其中，提高了准经营性资源的转换效率。

从发达国家对准经营性资源的转换实践中可以得到如下启示：首先，英、美改革的成功是因为引入了市场机制，激活了竞争，从而提高了效率。所以，在可以市场化的领域应尽量让企业参与市场竞争，不能市场化的领域则仍由政府主导。其次，在引入企业参与的同时，政府也应发挥监督管理的作用。由于准经营性资源具有不充分的非竞争性和非排他性，它并非完全适应于市场竞争，还需考虑社会效益，因此政府必须加强监管。在这方面，英国在改革初期就曾出现自来水自由定价过高而损害社会福利的问题。最后，政府通过公共定价等方式使这些问题得到了有效解决。另外，通过对财政投融资体制的改革吸引社会资本参与准经营性资源的开发，可以缓解区域政府的财政负担。然而，政府在将项目交付于企业的同时需进行严格的风险评估和监督机制，增强招标的透明度，防止财政收入流失。

而中国区域政府目前在准经营性资源领域的开发配置效率仍有待提升。一方面，社会资本进入准经营性资源领域受限，使得其缺乏竞争；另一方面，对于准公共物品的定价机制不合理，既未能起到激励作用，也不能起到约束作用。从前者来看，中国采用较为单一的国有国营生产供给制度，尤其是在准经营性资源领域，投资渠道较为单一。由于准经营性资源领域的进入壁垒较高，缺乏竞争，造成了效率低下的问题，如交通、教育、环保等行业目前仍处于供给相对不足的状态。面对供需缺口的问题，区域政府只能负担起这些领域的投资，却又因财政收入有限而造成这些产业投入不足。而从定价机制来看，中国还未形成有效的定价机制，这主要体现在没有规范的定价标准和监管体系上。中国在2001年8月1日开始实施《政府价格决策听证暂行办法》，规定对公共事业价格、公益性服务价格和自然垄断经营的商品价格，在制定和调整时必须召开听证会，广泛征求消费者、经营者和其他有关各方的意见，在向上述各方论证其必要性和可行性并获得通过后才能颁布实施。2002年春运前夕举行了全国铁路春运调价听证会。听证会完善了对准公共物品的定价机制的监督管理，但定价机制的理论支持以及实际操作仍有待完善。

根据上文的论述，准经营性资源领域是政府与企业作为双重主体共同

参与的关键领域，是资源生成的关键节点，如果仅依靠区域政府，则难以保证生成性资源后续的合理流动与有效配置。目前，中国对基础设施和服务仍有较大需求，如卫生资源、环境治理、城市绿化、公共交通等基础设施仍存在长期的供需缺口。另外，受限于信息与激励机制，区域政府对准经营性资源的配置是难以达到最优状态的。首先，区域政府在市场信息上的匮乏是难以避免的，需求的数量只能通过市场来获取充分的信息。其次，区域政府缺乏激励机制。这主要是因为过去区域政府只将经济资源分为可经营性和非经营性资源，而区域政府对基础设施领域的投资缺乏理论上的归属，对准经营性资源的开发，政府缺乏一个合理有效的激励目标。而企业作为市场的主体，直接面对消费者，对市场信息更为敏感。同时，企业以利润最大化为目标，目标清晰有效，可弥补区域政府在准经营性资源配置上的不足，二者相辅相成。

除此之外，在可经营性资源（产业经济）领域，政府的调节也应有边界，即应坚持退出竞争性领域，通过产业政策的引导作用来制约非政府投资的方向、规模与结构。政府对非经营性资源（民生经济）的调节也应有边界，即应明确社会公共需要的基本范围，通过确定财政收支的合理比例来完善社会公益事业和公共物品的开发方向、规模与结构。政府对准经营性资源（城市经济）的调节也应有边界，即应优化财政支出结构，通过创新财政资源的配置方式来完善城市基础设施投资的方向、规模与结构。

综上，世界各国政府将准经营性资源转换为可经营性资源时的目标是，使城市基础设施领域的投资结构合理、投资规模适度、投资效益提升，其方式是政府与其他投资者一起参与城市基础设施的投资、开发、运营、管理和竞争，其遵循的是市场经济的公开性、公正性和竞争性规则。在发展中国家，城市基础设施投资在经济增长中具有重大的作用；在发达国家，城市基础设施投资波动与经济增长波动具有密切关系，这已经是世界各国经济发展中不可忽视的一种趋势。因此，我们有必要进一步探讨政府在其中的责任与作用。

第二章 准经营性资源转换规则

第三节 实践中区域政府选择转换措施的原则

在上文中，准经营性资源转换的具体措施十分多样，比如独立投资、租赁式投资、合伙式投资、股份式投资、社会性投资等。这些措施中区域政府和企业的参与权重有所不同，如独立投资主要由政府主导，租赁式投资与合伙式投资企业参与的部分更多。那么，在实际中，对于这些多样化的投资措施的选择，需要遵循哪些基本原则？由于参与主体的权重不同，参照准公共产品提供方式的选择依据[①]，区域政府在选择具体措施时需遵循以下原则。

首先，需要考虑公平原则。在准经营性资源领域，通常需要区域政府和消费者共同投入，收益也由二者分享。例如在各城市的垃圾处理项目中，民众为保证舒适的生活环境，需承担部分费用，政府也会给予相应补贴。也就是说，在面对准经营性资源的投入时，区域政府与消费者都会承担一部分费用，同时也会使社会和个人均受益。若选择区域政府主导的措施，消费者的个人收益会远大于社会收益，造成收益与负担的脱节，不符合经济公平原则。而完全由市场调配的措施，也会造成公众福利的损失。所以两种方式或多或少都存在着公平缺损，在选择具体措施时可从实际项目出发，若该项目表现出更多公共物品的特征，则可考虑由区域政府主导，反之亦然。

其次，区域政府需要兼顾效率原则。一方面，准经营性资源兼具私人产品和公共物品的部分特征，实行企业供给可为准公共物品确立价格机制和优胜劣汰的竞争激励机制，能促进资源的有效配置。但是，市场配置机制存在着其自身无法克服的局限性。市场机制以各企业自身的局部利益为决策依据，其运行的结果往往与区域政府的宏观目标和民众的期望不一致。同时，准公共物品还具有公共物品的特征，若仅依靠市场机制，可能会扭曲准经营性资源的资源配置，使其得不到应有的发展。特别是在不完善的市场体系中，完全依靠市场机制配置将准经营性资源

[①] 王序坤：《准公共产品提供方式选择的依据》，载《山东财政学院学报》1999 年第 6 期，第 20~23 页。

转换为可经营性资源,可能会造成较大的效益损失。另一方面,政府供给是公共物品的有效供给方式,准公共物品虽然不是纯公共物品,但也具有纯公共物品的部分特征,因此政府的参与在一定程度上也能改进效率。区域政府拥有准经营性资源,其可以根据区域发展的需要、民众的需求,从更宏观的角度对准经营性资源进行有计划的配置,纠正市场机制的固有缺陷,提高资源的配置效率。但同时也需注意到,在政府参与权重较高的情况下,价格机制的约束和资源配置的竞争激励是缺失的。所以在进行具体措施的选择时,既要考虑政府配置机制的有效性,也要考虑引入市场机制调配资源。由区域政府和企业作为双重主体参与准经营性资源配置过程的方式实现了两种机制的相互补充,有助于资源配置效率的提高,是比较理想的。通过调整区域政府和企业参与的比重,对应不同的措施,可适应各种类型的准经营性资源。

再次,具体措施的选择还需依赖能力原则。由于准经营性项目需要有较高的投入成本,而成本负担的能力大小取决于区域政府所掌握的财力,即政府的财政收入,这也是区域政府提供准公共物品的经济基础。而政府所掌握的财力取决于地方的经济发展水平,这是制约成本承担能力的基本因素。经济发展水平越高,社会产品就越丰富,可供区域政府支配的财力就越大,相应的成本负担能力也会提升,这不仅有助于扩大准经营性资源的生成规模,也使得资源转换措施的选择范围更广、约束更少。

最后,宏观调控原则也是区域政府必须遵循的原则。区域政府应基于区域的宏观目标来考虑采取何种资源转换手段。区域政府旨在促进区域经济发展,确保社会整体效益的最大化,不受利润最大化原则的约束。同时,区域政府的参与能保证迅速集中优势资源,确保准公共物品的提供。而企业在参与时会受到利润最大化原则的约束,从而制约了供给规模。在区域政府与企业合作的模式下,准公共物品受利润最大化原则的约束较小,二者相互补充,有助于产品供给规模的扩大。不同的资源转换手段是实现区域宏观调控目标可借助的重要手段。对于社会、经济发展中具有基础地位的、需要优先发展的领域,政府首先参与开发是较为合适的选择。一方面,政府参与能保证准公共物品得到较充分的提供;另一方面,免费的公共物品能进一步刺激需求的扩大。但是,单一的政府供给可能造成供求失衡,在此基础上可引进政府与企业合作提供或由企业独立提供的方式，这有助于扩大供给规模。而对于一些需要适当限制的，或消费过度会遭受损害的领域，可以更多地发挥市场机制的作用。总之，可依据不同的措施调节准经营性资源的供求关系，从而实现区域的宏观调控目标。

综上所述，区域政府在现实经济情境中对准经营性资源转换措施的选择，不能仅以某个单一因素作为决策的依据，应从多个方面进行综合分析、全面考察，这样选择出来的手段方式才是比较理想的。然而，上述各原则并不是完全相融的，其间存在十分明显的矛盾，因为不同的原则会依据不同的出发点对区域政府提出各自的要求，所以在选择具体措施时还是要因地制宜，根据具体需求和条件协调各原则之间的矛盾，选取最优的方式。

第四节　理念制度创新对准经营性资源转换的重要作用

准经营性资源是资源生成的关键领域，区域政府能否在准经营性资源上发挥其应有的作用，取决于其是否具备创新的理念和丰富的政策工具。上文所述均是理论上政府在资源转换过程中应遵循的准则和可实行的措施，但在现实经济情境中，区域政府若想作出合理判断和选择，使各原则达到协调统一，使具体措施行之有效，则需要在理念上进行转型和创新。创新的经济理念是建立在对市场发展规律的正确把握和对经济理论知识的清楚认知之上的。从本质上讲，这是一种政府的思维模式。有无创新的思维模式，决定了区域政府是否具有与时俱进的理论品质，以及是否能达成超前引领的目标。随着社会的发展，传统的经济学理论逐渐显现出其局限性，而世界各国的经济发展对于政府创新的经济理念有更高的要求，这就是中观经济学以区域政府为研究主体的原因。主流经济学理论中对区域政府的关注较少，而实际中人们却期待政府做更多的事情。经济学理论的缺位，对于指导政府经济行为十分不利。中观经济学提出资源生成概念，引入三类资源，定义政府"有为"准则，力图破解政府与市场的关系之谜。这对于指导政府发展创新经济理念有重要的理论意义。

具体来说，在准经营性资源领域，区域政府的理念创新具体体现在以

下三点。

第一，区域政府的职能不止在可经营性资源、非经营性资源领域，还在准经营性资源领域。过去政府的职能多集中在非经营性资源领域，主要是保障民生经济，同时在产业经济上发挥引导管理作用。而随着城市的不断发展，丰富的城市资源也需要区域政府参与引导开发，这就需要政府转变固有的理念，参与到城市经济和准经营性资源的开发中。准经营性资源不充分的非竞争性与非排他性决定了区域政府必须在其中占据主体地位。区域政府不仅是资源生成的重要主体，还是资源配置的协助者和监管者。在资源生成阶段，由于部分项目具有高风险、高投入的特点，区域政府常常作为第一投资人；而在资源配置阶段，区域政府通过制定政策保障群众的利益以及市场的有效运行。

第二，准经营性资源领域可由区域政府和企业作为双重主体参与开发配置。在市场经济体制下，市场的主体有企业，还有区域政府。企业是市场创新发展的源泉，而区域政府的主要职能是为其提供良好的市场环境和社会环境，这就需要政府在产业经济和民生经济方面发挥应有的作用。而在准经营性资源领域，不管是由区域政府参与还是由企业和区域政府联合参与，都是一种资源配置的形式，目的是使生成性资源得到有效的配置。因此，区域政府不应该拘泥于公共物品只能由政府提供的观念，而应从区域经济发展、资源优化的根本目的出发，转变观念。在不违背民众利益和社会发展规律的前提下，可引入市场机制，吸引企业和社会资本的加入，结合多方力量一起去满足不断增长的公共需求。在实际生活中，对准经营性资源的生成开发仅依靠区域政府的力量，是难以满足社会的广泛需求的。无论是资金还是技术，区域政府都需要借助企业、借助市场或是第三方的力量。例如，中国部分教育资源属于准经营性资源，政府想推广优质的教育资源信息化，以普及到教育资源匮乏的偏远地区，故通过中国电信云计算等技术助力教育资源云平台建设。多家地方分公司与省教育厅达成合作，面向中小学提供多种在线教育应用，与教育厅共建公共教育与教学服务云平台；教育厅支持广东、上海、江苏、浙江、江西等分公司开发教育频道，以支持各类高质量课件的播放。可见，在区域政府主导下，企业的参与对于准经营性资源的开发配置起到了事半功倍的作用。

第三，准经营性资源是可经营性资源和非经营性资源的交叉领域，政府在推进准经营性资源生成和转换的过程中，需对自身职能有清晰的定位。然而在实践中，区域政府存在角色紊乱，定位不明晰的情况。以基本医疗保障领域为例①，作为准公共物品之一的医疗制度改革推行20年以来，政府出力最多，然而却收到最多的抱怨。这是源于政府对自身在准公共物品领域的职责不明，理念滞后。首先，基本医疗保障是具有外溢性的准公共物品，政府作为公共权力的主要载体，有义务向社会公平地提供这个保障。然而政府通过市场化策略来调节医疗资源的分配，造成了社会公平缺失的情况。不可否认，市场机制可以在一定程度上提高资源的使用效率，可借助"市场化"的本意是通过降低监督的交易成本来提高医疗资源的使用效率，而不是靠"摄取"社会资源以弥补医疗资源的不足。基本医疗领域涉及两个层面的问题：一是政府对于民生的基本保障，二是提高准公共物品的供给效率。而在该实例中，政府没有完成自身最基本的保障民生的职责，也未能在保证前者的前提下提高后者的水平。前者是政府的基本责任范畴，后者则体现了政府发挥资源生成的能力。区域政府的"有为"体现在民生经济、城市经济和产业经济三方面，缺一不可，不应采取牺牲某一方来实现另一方的策略。政府的初衷是通过市场化手段来解决"政府如何有效地使用有限的医疗资源"的问题，结果却对医疗领域的公平性产生了负面影响。在该实例中，政府显然未达成本章第三节中的公平原则。政府对准公共物品的供给不该只注重效率。效率本身具有明显的纯经济性和数量化倾向，它是一个量化概念，未顾及社会性的分配公平，有一定的局限性。因此，考虑到准公共物品具备一定的非竞争性与非排他性，区域政府应首先从准经营性项目的根本性质出发，关注公平原则，不仅考虑效率，还应注重效能。效能指"事物所蕴藏的有利的作用"，它强调数量与质量的统一、功能与价值的统一。换句话说，注重效能，能够让政府在保证效率的同时，与政府保障公平，促进民生经济发展的价值相统一。

　　随着本区域经济的不断发展，人们对各类基础设施和服务的需求日益增长。面对庞大的需求量，区域政府需建立一种有效的准公共物品供给机制，加快推进其发展以满足民众需求。在这个过程中，最重要的是实现理念上的创新。社会快速发展的同时，区域政府的角色和职能也在不断变

---

① 林挺进：《医疗改革中的政府角色》，载《社会观察》2006年第4期，第12～15页。

化。理念的创新是区域发展的动力之源,而区域政府作为区域发展的引导者和管理者,更需具备创新的理念,时刻厘清自身职责,在三类资源领域充分发挥自身作用。区域政府各类资源领域的职责不同,切不可顾此失彼,混淆职能,应与时俱进,从民众、企业、市场的需求出发,达到最优的资源配置,促进区域的可持续发展。

✵ 本章小结 ✵

本章详细阐述了准经营性资源的转换规则与最优界定。准经营性资源在城市经济乃至整个区域经济的发展过程中起到重要的促进作用。世界各国/各区域对于城市基础设施,即准经营性资源都有极大的需求。发达国家为更新升级老化的基础设施和刺激经济复苏,发展中国家为加速工业化和城市化进程,均推出了规模庞大的基础设施建设计划。因此,对准经营性资源转换规则的研究,有助于优化区域经济结构,提高城市经济发展效率。

本章首先介绍了区分三类资源的基本性质——竞争性与排他性。可经营性资源或私人产品具有排他性和竞争性,非经营性资源具有非排他性和非竞争性。而准经营性资源在性质上介于非经营性资源和可经营性资源之间,具有部分竞争性和部分排他性。根据准经营性资源的性质,参与开发调配的主体也是多元的。除区域政府外,企业等非政府主体也能在准经营性资源领域发挥重要作用。于企业而言,参与准经营性资源配置或是提供准公共物品,仍然是出于对私人利益的考量。因此,考虑到准经营性资源具备一定的公共物品性质,区域政府需要制定和完善相关的制度。

然后,本章对准经营性资源向其他两种资源转换的规则进行了深入讨论。指出准经营性资源(准公共物品)在现实经济情境中是转变为可经营性资源(私人产品)还是非经营性资源(公共物品),是由世界各国/各区域的市场经济发展程度、政府的财政收支状况和社会民众的认知程度决定的。并以公式化的形式反映各变量对准经营性资源向其他两种资源转换程度的边际影响。

进一步地,本章列举了对准经营性资源即城市基础设施的投资、开发、运营和管理方式的具体举措。由于区域政府经济行为的目标是使其财政收入最大化,为实现此目标,世界各国/各区域政府通常会采用独立投资、租赁式投资、合伙式投资、股份式投资、社会性投资和其他方式投资等。另外,在实际经济运行中,政府还会通过收费权、定价权等手段,运用建设—经营—移交(BOT)、建设—转让—经营(BTO)等方式实施特许经营权的资本运营。政府还会根据各准经营性资源即基础设施项目的不同特点和条件,采取不同的资本运营方式,如采用 PPP 方式建构股权载体,或以 PPC 形式作为开发模式。各国在准经营性资源转换的实践中采取的措施各不相同,但原则是一致的。如英国在 20 世纪 90 年代兴起了 PPP 模式,即政府与社会资本的合作模式,随后成为西方国家广为流行的一种准公共物品供给新模式。美国则通过进行准公共物品供给模式的市场化改革来减少社会福利预算的膨胀,利用市场去克服政府公共选择机制的限制。

在实际中,选择何种措施实现准经营性资源的转换,需要根据项目的特性和条件进行权衡。首先需考虑公平原则,其次需兼顾效率原则,再次需依赖能力原则,最后需遵循宏观调控原则。而这四个原则并不是完全相融的,其间存在十分明显的矛盾,因为不同的原则是依据不同的出发点对区域政府提出各自的要求,所以在选择具体措施时还是要因地制宜,根据具体需求和条件协调各原则之间的矛盾,选取最优的方式。

最后,本章指出区域政府能否在准经营性资源上发挥其应有的作用,取决于其是否具备创新的理念和丰富的政策工具。在现实经济情境中,区域政府要作出合理判断和选择,使理论和实践达到协调统一,需要在理念上进行转型和创新。具体体现在:第一,明确区域政府的职能不止在可经营性资源与非经营性资源领域,还在准经营性资源领域;第二,准经营性资源领域是可由区域政府和企业作为双重主体参与开发配置的;第三,准经营性资源是可经营性资源和非经营性资源的交叉领域,政府在推进准经营性资源的生成和转换过程中,需对自身职能有清晰的定位。随着社会的不断发展,区域政府的角色和职能也在不断变化,因此,理念的创新是区域发展的动力之源。区域政府作为区域发展的引导者和管理者,在三类资源领域应充分发挥自身作用。对于可经营性资源,即产业经济,应遵循市场配置资源的原则,发挥其作用。区域政府应按照"规划、引导;扶持、调节;监督、管理"的原则去安排配套政策。对于非经营性资源,即公共物品、民生经济等企业达不到的领域,区域政府应责无旁贷地全面承担起责任,提供、调配、管理和发展此类资源,维持其基本保障。

思考讨论题

1. 请简述竞争性与排他性的定义。
2. 请阐述准经营性资源与可经营性资源、非经营性资源的区别与联系。
3. 请阐述准经营性资源转换为可经营性资源还是非经营性资源受到哪几种因素的影响,并列出公式。
4. 请列举出实际中准经营性资源转换的具体措施。
5. 请列举出区域政府选择转换措施的原则。
6. 请指出在准经营性资源领域,区域政府的理念创新具体体现在哪些方面。

第三章　城市基础设施建设

　　城市基础设施是衡量城市发展的重要标志，城市经济的增长通常伴随着基础设施的完善与升级。城市基础设施包括交通、通信、能源动力、医疗、教育、休闲娱乐设施等，都与居民生活、企业生产息息相关。作为城市发挥服务功能的必备条件，基础设施对于城市的产业建设、空间布局有重要作用，其决定了城市经济是否能可持续、高质量发展。随着城市规模的扩张和居民生活需求的多元化，城市基础设施的承载能力逐渐难以适应城市的发展需求，而落后的城市基础设施和低效的建设运营水平必将成为制约城市发展的瓶颈。基础设施与城市现代化相伴而生，相辅相成。世界知名城市普遍具有配套完善的城市基础设施体系，能够适应城市功能的升级。同时，完善的基础设施能够不断吸引各类要素集聚，使产业发展更具潜力、居民生活更加便捷，为城市发展增添后劲。

　　既然城市基础设施是城市存在和发展的基本条件，那么如何令其适应城市演进的方向，不断更新升级，是各国/各区域政府需要重点解决的问题。在第一章，我们提出了准经营性资源在资源生成领域的重要地位和作用，特别是其多元主体的合作机制可提高建设和运营的效率。城市基础设施是准经营性资源的重要组成部分，在大多数情况下，我们讨论的准经营性资源主要就是指城市基础设施。理论上，准经营性资源可由政府与企业共同开发配置，可通过一定条件下的资源转换促进区域经济进一步发展，这对于现实经济情境中的城市基础设施建设有很大的启发。最初，城市基础设施建设完全由区域政府承担，政府率先启动大规模的基础设施建设，助力城市经济腾飞，并为其奠定长久发展的基础。这些年中国经济社会的快速发展与基础设施建设的大力投入密切相关，便捷的交通、发达的通信、充沛的能源让城市充分发挥其增长极的作用，辐射与带动周围地区，让各区域的发展有了翻天覆地的变化。随着时代的演进，经济增长速度已不再是发展的首要目标，经济结构转型、

居民生活水平提升是未来发展的主要趋势，因此，为了满足多元化的目标需求，城市基础设施应在新的起点上实现新的跨越，而最有效的途径是引入市场机制。基础设施不仅需要大规模的投入，日后的维修管理也需要长期的规划和运营。在城市发展速度较快的今日，区域政府的财政水平难以支撑全部的建设投入，同时，有较大部分基础设施可以交由企业建设经营，以避免低效率运作。那么，政府与企业如何采取高效率的合作模式，共同建设基础设施，开发准经营性资源，就是区域政府需要极力解决的问题。

可以说，基础设施建设是城市经济发展的命脉，规划并引导其发展是区域政府的首要经济职责。本章主要围绕区域政府如何参与并引导城市基础设施建设展开，深入分析基础设施建设实际中政府与企业可采取的合作方式。

本章从世界各国城市经济演进过程出发，在总结各国的发展经验基础上指出政府在三类资源领域大有可为；进一步引出城市基础设施建设中政府的优势与不足，深入阐述政府与企业建设城市基础设施的合作方式——PPP及其内涵与特征，并重点分析其涉及的委托代理问题；通过对PPP模式在各国的发展及中国PPP模式的应用实例的分析，提出政府与企业在合作中的风险分担机制，并指出政策创新是政企合作的必由之路。

第一节　世界各国城市经济演进

随着经济社会的不断发展，世界各国城市经济都经历了不同程度的转型。为与国家/区域发展相适应，城市更新步伐不断加快，其对周围地区的辐射作用日渐显现，城市经济已成为国家经济发展的新引擎。实际上，各城市的转型之路并非一帆风顺，既有成功的经验，也有失败的案例。此外，城市转型均有其动因和契机，并不完全是政府主动超前的行为，也可能是落后的城市建设水平与经济发展、民众需求相差过大而引致的被动转型。在转型的道路上，城市各要素、各主体相互影响，对城市的发展产生了巨大的作用。Porter就指出推动经济发展的因素主要是劳动力、投资、

创新和财富四类。① 城市经济结构、主导的要素类型会随着这四类推动要素的变化而改变。下文通过研究各城市的转型路径和关键因素,并以美国、英国、法国、德国、日本、韩国、印度、中国等国家城市经济演进历程为例,为世界各国城市解决经济转型所遇到的问题和突破瓶颈提供有力的经验借鉴与启示。

一、美国城市经济发展过程

美国纽约作为一座世界级城市,全球资本之都,在经历金融危机的洗礼后,凭借着新兴产业与技术革命的契机,调整产业结构,向以高新技术行业为主导的创新型城市发展,取得了令人瞩目的成就。纽约虽然拥有世界一流的高校和研究机构,有培育创新的良好土壤,但长期以来在高技术产业的发展上却不及波士顿、硅谷等区域。2008 年金融危机的到来让纽约政府意识到以资本为核心要素的经济发展模式已不再适应当下的发展需求,技术创新、思想理念创新才是未来城市经济增长的核心动力。在转型过程中,纽约政府通过出台多方面的政策引导产业转型,提升转型的效率和质量,并配备高质量的基础设施,为纽约的经济转型奠定重要基础。目前,纽约已成为美国发展速度最快的高科技城市之一,其高科技经济发展空间"硅巷"(Silicon Alley)迎来了新一轮机遇。

纽约城市经济的演进,是一条由生产要素驱动到投资驱动,再到创新驱动发展的鲜明轨迹。17 世纪初,曼哈顿商贸的繁荣发展为纽约聚集了大量资本,也为其制造业发展提供了充分的资本条件。19 世纪中叶第二次工业革命后,纽约制造业抓住机遇,依赖充足的生产要素迅速发展,在 19 世纪末,其已成为美国重要的制造业中心。伴随着人力成本、空间成本的上涨,大量制造业从纽约迁出,纽约制造业逐步进入衰退期。

20 世纪七八十年代,纽约政府将经济重心转向服务业,进入投资驱动的发展阶段。1969—1989 年,纽约生产性服务业就业人数占比从 25% 上升至 31.6%,社会服务业就业人数占比提高了 6.3%。其中金融服务业的发展最为显著,1990—2000 年,金融业与商务服务业占整个服务业的比重上升了 5%,并为纽约创造了大量的就业岗位,促进了经济

---

① M. E. Porter, "Clusters and the New Economics of Innovation Competition," *Harvard Business Review* 76, no. 6 (1998): 80.

的进一步增长。①

随着金融危机爆发,全球各主要城市均受到了严重冲击,纽约的金融业更是遭遇重创,经济发展止步不前,失业率居高不下,迫使纽约进行新一轮的城市转型。以资本驱动的增长路径是纽约长期以来经济发展的核心,但过分依赖资本又导致经济结构出现"虚拟化"问题。为走出困境,纽约政府寄希望于科技创新,将创新定为未来城市的核心竞争力。2009年,纽约政府发布《多元化城市:纽约经济多样化项目》,随后又启动"东部硅谷"发展计划,并在2015年发布的新十年发展规划《一个新的纽约市:2014—2025》中再次明确了"全球创新之都"(Global Capital of Innovation)的城市发展定位。而政府大力支持的"众创空间"计划,通过搭建创业服务平台,培育了一大批中小型科技创新企业,营造了大众创新的良好氛围,成为纽约创新经济发展的重要助推器。随着政府规划的出台、科技投入的增加,创新经济为纽约带来了新的动力。2008—2015年,纽约新增了1000多家初创企业,主要集中在互联网应用技术、社交媒体、智能手机及移动应用软件等新兴科技领域,其中有一半以上的公司获取了投融资,并成为美国的知名企业和上市公司。2010—2015年,纽约高科技行业的就业增长率高达33%,是同期就业总体增幅的4倍多,高科技行业逐步发展为纽约的核心增长领域,其每年能为纽约提供54万个工作岗位和1300亿美元经济产出,分别占纽约工作岗位的12.6%和经济产出的13.8%。随着科技产业的迅速发展,高科技企业和初创企业吸引了大量的风险投资,2003—2013年,纽约风险投资交易数暴涨了157.9%,是硅谷的5倍。一系列高科技巨头也纷纷在纽约开设业务中心和研发机构,包括Facebook、谷歌、Twitter、微软、雅虎等。美国"东部硅谷"、世界"创业之都"已成为纽约新的城市标签。②

在纽约城市经济转型发展的过程中,政府的几个关键举措起到了重要引领作用。第一,纽约政府具有很强的洞见性,能够超前引领城市的发展,在区域竞争、城市竞争中长期保持纽约国际金融中心和一流城市的地位。在重要的历史节点上,政府能够抓住机遇,大刀阔斧地进行产业结构

---

① 左学金、王红霞等:《世界城市空间转型与产业转型比较研究(第2版)》,社会科学文献出版社2017年版,第162页。

② 盛垒等:《从资本驱动到创新驱动——纽约全球科创中心的崛起及对上海的启示》,载《城市发展研究》2015年第10期,第93页。

改革，抢占发展先机。不仅政府具有前瞻性，企业也始终站在全球行业发展的前沿，共同推进城市经济的升级和发展。第二，政府积极引导产业合理布局，提升产业转型效率。联邦政府和纽约地方政府通过多项政策有效调节、扶持产业经济发展，助力城市产业结构转型。虽然纽约的制造业经历了由盛转衰的过程，但政府保留了新型制造业并推动其高端化发展。在保证实体经济的基础上推动金融业、商贸服务业进一步发展，令产业布局更趋合理和多元化。具体举措包括：制订产业结构调整计划，增加研发投入，鼓励传统产业向高端化转型，通过增加政府购买、政府信贷等形式扶持传统制造业创新升级。第三，建立了便捷高效的基础设施，为纽约吸引高素质人才提供重要保障。城市的转型发展离不开高科技人才的支持，若城市能提供高质量的生活基础设施、完善的市场基础设施以及创新设施，保障人们安居乐业、企业有序运营，它将拥有可持续驱动经济增长的强大引擎。纽约政府通过改造管线、建立免费公共无线网络，实现信息普惠和信息共享。在建设信息化设施的过程中，纽约政府还与国际商业机器公司（International Business Machines Corporation，IBM）等公司合作，共同建设创业平台"数字纽约"网站，为企业提供实时有效的信息资源。政府与企业合作建设新型信息化基础设施是十分高效的选择，也是多元主体共同作用，推动城市经济发展的重要体现。

二、欧洲城市经济发展过程

本小节以英国、法国、德国的主要城市或区域作为欧洲城市经济演进过程的主要代表，深入分析欧洲城市经济发展和转型路径及政府在其中做出的关键举措。

英国的城市经济转型以伦敦为主要代表。伦敦位于英国东南部，泰晤士河贯穿其中。作为英国的政治、经济、文化中心，伦敦拥有全球最大的黄金交易中心，期货、现货和期权交易中心，能源交易中心，外汇交易中心等，是世界金融之都。伦敦的城市经济发展过程主要有两方面的重要特征：一是从制造业向金融服务业，再向创意产业转变的路径；二是十分重视低碳发展。

伦敦的产业转型始于19世纪中叶。自19世纪初，伦敦第二产业就业人口快速下降，至1861年，第三产业就业人口比重已达61%，从工业为主导的城市正式转型为以服务业为主导的城市。到19世纪70年代，伦敦已成为当时世界上最重要的国际金融中心，金融服务业获得了长足发展，但制造业和重工业仍然是伦敦的第二大产业。随后近百年的时间里，伦敦的经济结构并未发生明显变化，但1929—1933年的经济大萧条、金本位全球货币体系的解体以及纽约、东京等城市服务经济的崛起一度动摇了伦敦金融服务业在世界的地位。此外，重工业的发展对伦敦的城市环境造成了巨大的破坏，工业污染严重，城市的发展进入瓶颈期。1970年，伦敦的人口总数在经历了近20年的下降期后，劳动力严重短缺，伦敦经济面临着转型的巨大压力。从20世纪70年代至20世纪末，伦敦开始"去工业化"调整，主要是以金融、贸易、旅游等第三产业替代传统工业制造业。在转型初期，伦敦制造业从业人员急剧减少，仅1961—1988年就减少了100万人。同时，金融保险、商务服务等生产者服务业则得到空前的发展，从业人员比重也从20世纪60年代末的不足70%，增加到80年代末的80%以上。[①] 金融业的发展不仅是伦敦经济的支柱，更对英国经济的增长起到了重要的牵引作用。然而，伦敦政府也认识到金融服务业经过了这么多年的发展，增速放缓，需要进一步规划城市产业结构以优化升级，并据此提出了"创意产业"。自1997年以来，伦敦创意产业不断发展，其增长速度甚至超过总体经济。文化创意产业在英国的地位十分重要，而伦敦的创意产业是英国之首。其中电影、电视、广告营销、音乐表演和可视艺术等行业是创意产业的主要行业，已经成为仅次于金融服务业的第二大支柱产业。

此外，伦敦在发展城市经济的同时十分注重低碳经济的发展，是世界低碳化发展的引领者，也是世界最早提出低碳发展战略的城市。伦敦政府颁布的《应对气候变化的行动计划》提出，要通过绿色家庭计划、绿色机构计划以及改变交通方式等方法达到减排目标，实现低碳化发展。例如对社会住宅节能改造、建设大型可再生资源发电站、大力投资公共交通，鼓励使用低碳交通工具和能源等。早在2001年，伦敦的绿色开放空间占比已超过60%，为城市的可持续发展和居民生活提供了重要保障。直至今日，伦敦仍然是全球最具经济实力的城市之一，在经济、文化、科技、生态环境等方面都保持良好的表现。

---

① 李国平：《从经济转型到应对大城市病　全球城市的共同挑战》，载《光明日报》2019年1月24日，第14版，见光明网，https：//m.gmw.cn/baijia/2019-01/24/32399645.html。

第三章　城市基础设施建设

纵观伦敦城市经济的发展道路，伦敦能够抓住时代的机遇，适时推动城市转型发展，从世界工业制造中心转变为世界金融中心，并适时推动创意文化产业战略发展，提出低碳发展计划。可见伦敦政府在城市发展的方向和顶层规划上把握准确、调整迅速。同时，为保证产业的顺利转型，伦敦政府还注重城市环境、交通、产业配套设施等基础条件的完善，为城市经济的发展提供了重要助力。

法国巴黎是欧洲的第五大城市，是一座具有悠久历史和丰富文化的世界名城。巴黎从一个传统的工业城市成功转变为以现代服务业、文化产业为主导的国际大都市，与其转型路径的选择息息相关。伴随着城市经济结构的变化，巴黎的城市功能、经济增长方式、发展理念等均得到相应的转型，使其成为一座充满创新力量、以时尚和设计等文化产业闻名全球的城市。在巴黎探索城市经济发展的道路上，城市各主体紧密合作，以创新为核心动力，不断促进经济结构的优化升级。

巴黎的转型主要分为三个阶段[①]：第一阶段从18世纪末至20世纪初中期，主要是从农业城市向工业城市转型；第二阶段从20世纪中后期延续至21世纪初，从以工业为单一主导产业的经济结构转向以创新文化产业等多产业为主导的经济结构；第三阶段从21世纪初至今，从以服务经济为主的城市逐步转型为低碳、公平、包容的和谐城市。

在第一次转型期间，1789年的法国大革命为巴黎带来了各种新思想、新文化，为这座城市注入了一种敢于革新的精神，为日后巴黎的城市经济转型和规划奠定了思想基础。此外，19世纪，巴黎的铁路和运河交通为其制造业和工业发展提供了极大的便利，金融服务业不断跟进，为城市下一阶段的优化升级提供了重要助力。

在第二次转型期间，政府做了多方面的工作，包括大力推动城市交通系统建设，制定一系列有利于时尚产业发展的优惠政策，完善城市规划，促进各区域均衡发展等。多方面举措实际上体现了巴黎政府对城市三类资源的开发配置能力。首先，在交通基础设施方面，作为城市发展的必备条件，巴黎的交通系统早在20世纪70年代即开始扩充并逐步向现代化、便利化、网络化发展，它不仅连接了巴黎郊区，还与铁路网的主要干线相

---

① 左学金、王红霞等：《世界城市空间转型与产业转型比较研究（第2版）》，社会科学文献出版社2017年版，第96～106页。

连。这体现了巴黎政府在准经营性资源领域的开发配置能力。其次，巴黎政府根据未来产业发展和转型的需求，制定并实施了一系列有益于时尚产业发展的政策，包括推出税收优惠和减免措施，鼓励企业投资，建立"政产学研"机构等。政府通过产业政策引导助力巴黎文化产业的发展，体现其在可经营性资源领域的重要作用。最后，巴黎政府对区域发展制定了详尽的规划。1961年，巴黎政府建立了地区规划整顿委员会，以减轻巴黎的人口压力，改善民众生活水平。巴黎通过建立卫星城，大力发展各区域经济，提供就业机会，扩大住房供给、改善地区环境等举措保障了整个城市经济社会和环境均衡发展，体现了政府在非经营性资源领域基本托底的保障作用。

在第三次转型期间，巴黎政府提出《新巴黎规划》《巴黎大区2030战略规划》，二者的共同目标在于将巴黎建设为绿色、和谐、创新的城市，并通过全面强化城市交通网络体系、协调经济增长与自然环境的矛盾等举措，助力巴黎实现新的转型发展。

可以说，巴黎的经济发展道路，印证了区域政府在三类资源领域的重要作用，其高效的决策能力和准确的判断使巴黎蜕变为一个现代化大都市。巴黎政府通过各类产业政策引导规范产业发展，不断加深产业创新和文化创新，促进城市经济转型。而在提升效率的同时，巴黎政府始终不忘以人为本、人与自然和谐共处的原则，以不断改善民众生活为重要目标，通过完善教育、住房、医疗等社会保障体系，全方位提高城市居民生活质量。当然，城市经济的演进是多元主体共同参与的结果，巴黎经济的成功转型并非区域政府的单一作用，而是区域政府、企业、社会民众共同参与、紧密协作的成果。

德国鲁尔区（Ruhr Industrial Base）是以采煤工业起家的工业区，曾经是德国重要的工业区。相比上述城市的经济发展道路，鲁尔区单一的经济结构使其转型之路更加艰难。在转型期间，北威州政府制定了一系列转型目标，引领区域整体调整和优化，并通过发展新兴产业、促进产业结构多元化、扩展城市功能等举措推动区域经济结构优化。如今，鲁尔区的经济转型取得了显著成效，为世界老工业区的转型升级提供了重要经验。

鲁尔工业区经济转型的道路基本围绕其工业发展而变化。在此期间，鲁尔区经历了煤炭资源开发带来的快速发展期（1850—1939年）、煤炭资源枯竭带来的经济衰落期（1945—1987年）以及产业升级转型的振兴期

（1987年至今）。19世纪中叶，鲁尔区以煤炭、铁等行业为核心，迅速发展为德国的能源基地和重工业基地。作为资源型城市，鲁尔区的发展难以持久。20世纪50年代末到60年代初，鲁尔区相继爆发煤业、钢铁产业危机，经济持续衰落，环境质量进一步恶化，城市发展也陷入瓶颈。从1987年开始，鲁尔区进入区域振兴期，通过区域一体化、产业结构多元化、生态保护和修复等多项优化举措，促进产业结构调整，从以重工业为主导的结构，转变为以煤炭和钢铁生产为基础、以信息产业为龙头、产业多元发展的新结构，助推经济走出低谷，真正度过了经济转型的"阵痛期"。

鲁尔区作为百年工业老区，长期以来依赖以煤、铁为主的重工业，产业结构单一的弊病影响深远，导致其转型之路比其他城市更加漫长。北威州政府在鲁尔区转型过程中发挥了其作为区域引导者，带领区域可持续发展的重要作用。一方面，北威州政府为鲁尔区制定了总体的转型目标、产业布局调整目标和相应配套目标。例如，1968年北威州政府出台的第一个产业结构调整方案《鲁尔发展纲要》明确了以技术引导传统产业转型发展的方向。另一方面，北威州政府因地制宜，并未一味追求新兴产业建设而荒废原有的工业基础。相反，鲁尔区通过清理整顿，保留了许多原有的产业基础，并积极主导产业结构多元化，同时鼓励企业也向多元化发展。正是鲁尔区多年在经济转型发展上的不懈努力，才让它逐步走上可持续发展的道路。

三、亚洲城市经济发展过程

本小节以日本、韩国、印度、中国的主要城市作为亚洲城市经济发展的典型代表，重点关注区域政府在城市基础设施等领域的关键举措，及其对城市经济转型的作用。

日本东京作为亚洲最发达的城市之一，在亚洲经济中占据核心地位。东京的城市发展过程主要是围绕产业转型和城市空间优化展开。其中，产业转型主要是从制造业向服务业和高新技术产业转型。20世纪60年代后，日本经济快速发展，产业结构发生变化，制造业产值比重呈逐年下降趋势，同时生产性服务业迅速发展，成为东京经济的主导产业。随着知识经济时代的来临，东京依靠丰富的创新资源和教育资源，积极发挥通信、软件、生物医疗等高新技术产业的集聚效应，向创新驱动阶段发展。

在东京产业转型的过程中，生产成本上升、环境污染、人口过度集中等问题一度限制了城市发展的步伐，东京政府通过基础设施建设以及融合市场和社会的力量，成功迈入新的发展阶段。具体而言，推动东京经济转型的关键举措包括：优化城市空间布局，构建首都都市圈；完善交通基础设施，促进各要素的流动和集聚；扶持中小企业发展，推进民营化改革，放松企业进入通信、电力、交通运输等准经营性资源领域。我们重点关注东京政府在准经营性资源领域做出的重要举措。在交通基础设施建设上，东京政府给予高度重视，不仅投入规模巨大，在每一次城市发展规划中也遵循"优先公共交通""交通先行"的原则，致力于使交通体系发挥最大的作用。目前，东京市区之间、东京和周边城市之间已经形成了以轨道交通为主、高速公路为辅的客运网络体系。这一交通体系很大程度上促进了生产要素的自由流通以及区域之间的协同。此外，在其他准经营性资源领域，政府也进行了大力改革，引入市场机制，提高了产业发展的效率。企业拥有较为前沿的技术，特别是中小企业在创新方面有巨大的潜力。因此，政府十分注重中小企业发展，通过"产学官合作"促使中小企业成为产业转型的中坚力量。例如，东京推出的"科学技术基础计划"本质上就是促进"产学官合作"的创新系统建设计划。可以说，城市多元主体分工合作，建立长久有效的合作机制，是创新主导的城市经济阶段必然的选择。

韩国首尔的城市经济转型之路伴随着产业结构的演化和城市功能的扩张。政府在城市发展过程中制定了明晰的城市规划和产业结构优化方向，并提供了强有力的政策支持，让首尔经济保持活力，城市职能不断提升。

首尔的产业结构从最初的以农业为主到制造业主导，再到制造业高级化和现代服务业主导，发展路径与上述其他城市类同。首尔的产业转型伴随着城市空间和职能的扩张。20世纪70年代中期，韩国实施工业集聚发展促进城市经济增长的战略，首尔制造业发展步入黄金期。但随着生产成本的增加，制造业开始大规模转移。同期，首尔的人口自由流动政策和巨大的就业市场吸引了大量人口涌入，为服务业的发展提供了市场，但也为城市带来了巨大的压力。20世纪80年代末，过高的生产要素成本、人口压力、交通堵塞、环境污染等问题限制了首尔的进一步发展。其间，首尔制造业向服务业转型速度加快，1986—1997年，首尔第三产业产值占GDP比重已近50%。同时，知识密集型产业，特别是电子信息行业成为产业发展的新方向。为了缓解城市压力，遏制"大城市病"的进一步恶化，首尔政府大力推进外围卫星城建设，初步形成了以首尔为中心的都市圈体系。1997年亚洲金融危机的爆发重创了首尔经济，为促进经济复苏，首尔政府将产业发展重心引导至高科技产业领域，促进产业结构高级化发展，大量高新技术型企业落地首尔，包括著名的三星、现代以及LG（Lucky Goldstars）等企业都在首尔设置了服务中心。

在首尔城市经济转型过程中，政府提供了强有力的支持和引导。在发展早期，新兴产业的市场发展还不完善，首尔政府为扶持产业起步，通过各项政策引导、调节市场机制，促进重点产业的发展。在制造业向服务业转型期间，首尔政府出台了一系列政策，包括制造业单位迁出政策、新工业城市开发政策等。随着市场机制逐步建立健全，政府会减少对市场的直接调控手段，此时政府的职能更多集中在为城市提供完备的基础设施和良好的政策环境上。首尔在20世纪70—80年代一直遵循交通、通信等关键基础设施先行的原则，修建了完善的通信设施，并完成了铁路的电气化。到了20世纪80年代末期，首尔大力推进卫星城建设，但由于缺乏配套的基础设施，人口导出效果并不理想。随后政府迅速完善公共基础设施，畅通了中心城区和卫星城之间的交通，实现了首都圈的功能提升。此外，首尔通过大力建设工业园区引导产业集聚发展，为企业提供良好的经营环境。

相对于上述城市，印度的城市经济发展进程较为缓慢。直到20世纪中叶，印度才加快城市转型的步伐，不断推进城市化进程，促进城市经济增长。德里、班加罗尔是印度城市经济转型的典型代表，其产业结构的变迁和城市功能的变化反映了印度城市经济演进过程中的特征和存在的问题。

德里作为印度的首都，是印度的政治文化中心和交通中心。德里分为新德里和旧德里两部分，新德里位于德里南部，与旧德里相隔一座德里门。德里最初以小型工业和家庭手工业闻名，随后机械和电子工业等现代化工业也相继成立，形成了以生产电子产品、汽车部件和电器设备等为主的制造业中心。近年来，德里在保留制造业、工业基础的同时，大力发展服务业。目前，德里的信息、金融、旅游、文化教育等产业都取得了较快发展。同时，为解决德里城市发展的需求，政府提出卫星城战略，旨在避开高成本的城市旧城区改造，重点建设外围新区。卫星城的产业基础设施和配套环境较为完善，促进了新兴产业的快速发展，但其公共基础设施水

平仍然较低，交通不便、拥堵等问题亟须改善。

班加罗尔被誉为印度的"硅谷"，是一座集工业、商业、教育为一体的城市。作为印度科技研究的中心枢纽，其拥有印度历史最悠久的大学和研究所以及多所国际大型IT公司，是印度最具活力的城市之一。班加罗尔的崛起，与其产业结构转型息息相关。1958年，德州仪器公司在班加罗尔建立了一个设计中心，为其他跨国IT企业的入驻提供了平台。而20世纪80年代兴建的电子城是班加罗尔产业发展史上的里程碑，电子城的蓬勃发展助力班加罗尔成为全球第五大信息科技中心。此外，班加罗尔政府为IT产业的发展提供了有力的政策支持，并于1999年成立信息科技部——当时世界上少有国家专门设立IT部门。信息产业的发展需要高技术人才的支持，班加罗尔政府通过企业、政府、高校及科研机构共同参与的产学研联合机制为IT行业培养人才，保障拥有源源不断的人才资源。

印度的城市经济发展过程中的产业政策十分具有借鉴意义。早在1984年，印度政府便制定了《计算机软件出口、开发和培养政策》，随后其在推进IT软件业的政策举措上都十分积极。班加罗尔政府更是在IT产业发展的早期便准确预判到这一朝阳行业的巨大前景，因此不仅采取产业政策扶持引导IT业发展，对其相关基础设施和市场环境也十分重视。例如推出涉及知识产权保护的各项法律法规，如2000年的《印度信息技术法》等。

但是，在信息产业繁荣发展的同时，印度的城市功能仍有较大的欠缺。这主要表现在两方面：一是城市居民的生活质量缺乏保障，失业、收入分配差距、贫民窟、环境污染问题始终未能缓解；二是政府未能支撑起城市公共基础设施的投资建设，使得印度的城市发展受到落后基础设施的掣肘。可以说，在保障民生方面，印度的大城市仍有不足，即便是在信息产业十分发达的班加罗尔，当地大部分居民也未能享受到城市经济发展的成果。同时，印度的环境污染问题仍十分严重，特别是首都德里的空气污染问题。据《印度斯坦时报》（*Hindustan Times*）报道，2020年印度空气污染最严重的10个地点，有7个在首都德里，空气污染第二严重的地区即位于西北德里的贾汉吉普里区（Jahangirpuri），其平均$PM_{2.5}$达131微克/立方米。在城市公共基础设施建设方面，印度城市的基础设施建设水平与其高科技产业的发展水平并不相当。在信息产业繁荣发展的同时，城市的供水和卫生设施、交通设施情况却并不乐观。铁路设施无论从规模和质量上都比较匮乏,市区内多数道路级别较低,对居民的出行造成了较大影响。造成这种现状的一个重要原因是政府的财政水平不足,难以承担大量基础设施的投资建设。同时,政府缺乏有效的激励手段去吸引企业参与公共基础设施供给,导致基础设施建设的长期缺位。

从三类资源的角度来看,印度城市经济发展的困境源于政府未能均衡开发配置三类资源。各大城市将重心放在可经营性资源领域,大力推进产业经济发展,但却忽视了政府在非经营性资源领域的基本托底、保障公平的重要职责。在准经营性资源领域,政府优先建设产业经济所需的配套基础设施,生活基础设施和交通基础设施建设不足,也未能充分引导市场机制在准经营性资源领域发挥作用。对于城市经济发展而言,政府在三类资源领域均需发挥应有的职能,缺一不可,其中民生经济更是政府需要首先满足和发展的。

中国自改革开放以来,城市经济发展成就斐然。众多城市向着工业化、信息化、城镇化、市场化、国际化的目标不断进发,取得了令人瞩目的成就。下文以长三角城市群为例,阐述中国城市经济演进的过程。

长三角城市群包括上海市和江苏、浙江、安徽三省。上海凭借其优越的地理位置和金融基础成为整个城市群的经济中心,各省市通过发展交通基础设施内引外联,并依托上海这一贸易金融中心向海外发展,形成了工业主导、出口导向的外向型发展模式。在中国改革开放的几十年间,长三角区域经历了从农业经济向工业经济,再到工业与现代服务业协同发展的经济转型过程。从 1978 年到 1991 年,长三角区域产业结构调整更趋工业化。其中江苏省和浙江省的第一产业比重持续下降,第三产业占比逐年上升,第二产业比重变化不明显。江苏省三次产业结构比例从 1978 年的 27.6∶52.6∶19.8 转到 1989 年的 24.5∶49.7∶25.8,① 即从"二一三"型调整为"二三一"型产业结构。浙江三次产业结构比例从 1978 年的 38.1∶43.3∶18.7 变成 1990 年的 24.9∶45.1∶30.0。② 而上海作为长三角城市群经济转型的先锋城市,自 1978 年起就保持"二三一"型产业结

---

① 浙江省统计局、国家统计局浙江调查总队编《浙江统计年鉴 2008》,中国统计出版社 2008 年版。
② 江苏省人民政府:《改革开放 40 年江苏经济结构调整成效显著 转型升级步伐加快》,见江苏政府网,http://www.jiangsu.gov.cn/art/2018/10/31/art_34153_7859226.html?from=singlemessage。

构，总体呈第二产业比重持续下降，第三产业比重逐步上升趋势。上海三次产业结构比例从1978年的4.0∶77.4∶18.6转变为1990年的4.3∶63.8∶31.9，第三产业比重有较大提升；2000年，三次产业结构比例达到1.3∶47.6∶50.6，[①]二、三产业占比基本持平，呈现出从工业主导转向现代服务业与工业协同发展的变化趋势。

自1992年以来，长三角区域经济产业结构持续优化，同时，为推动产业经济、区域经济的整体发展，长三角大力推进市场化改革。在这个过程中诞生了一批富有活力的市场主体，并随着市场机制的完善，资源在区域中的配置速度加快，效率得到了极大提升，真正形成了全方位开放的外向型经济。

目前，长三角区域正处于向创新经济转型阶段。经历了改革开放40多年的经济转型，长三角奠定了良好的产业基础，并仍在持续升级优化。2020年，上海三次产业结构比例为0.3∶26.6∶73.1，浙江为4.4∶43.1∶52.5，江苏为3.4∶40.9∶55.8，安徽为8.2∶40.5∶51.3。[②]从产业结构来看，上海呈现"三二一"结构，浙江、江苏、安徽处于现代制造业与服务业并行的发展阶段。此时，依赖要素和投资主导的经济发展模式驱动力明显不足，难以满足现阶段城市、区域经济发展的需求。因此，长三角区域将重心转移至创新型经济，通过科技、政策、理念的创新推动经济转型升级。目前，长三角地区交通基础设施快速发展，大大缩短了城市之间的距离，区域竞合关系良性发展，区域一体化优势日益明显。

长三角区域是中国改革开放的前沿阵地，其城市经济转型的成功与国家和地方政府多方战略布局紧密关联。首先，国务院为长三角区域的发展制定了多项规划和战略，包括《长江三角洲城市群发展规划》《长江经济带发展规划纲要》等，十分注重长三角各城市的统筹发展，包括城乡统筹发展和各省市间的竞合关系优化。其次，政府遵循市场规律，积极发挥市场机制配置资源的重要作用。通过理念上的革新，长三角各城市政府从政府主导、包揽一切的做法转变为与市场运作紧密结合。除保障民生的非经营性资源领域外，政府将可经营性资源完全交由市场运作，并鼓励企业进入准经营性资源领域，合作开发和配置准经营性资源。最后，政府十分注

[①] 上海统计局编《上海统计年鉴2005》，中国统计出版社2005年版。
[②] 国家统计局编《中国统计年鉴2021》，中国统计出版社2021年版。

重长三角区域一体化均衡发展。值得说明的是，此处的均衡并非完全平均的发展模式，而是以梯度均衡模式推进区域一体化发展。实际上，长三角各主要城市经济水平和所处的发展阶段并不完全一致，呈阶梯态势。上海作为长三角中心城市，处于由投资驱动向创新驱动转变的经济阶段，以金融、信息科技等现代化服务业和新兴产业作为主导产业，而江苏、浙江、安徽的主要城市与上海仍有一定的差距。在这一现实背景下，政府应基于自身发展阶段和特点，紧跟先发城市步伐，根据自身资源禀赋和优势选择合适的主导产业，推进城市经济转型发展。在长三角区域协同发展的同时，产业结构趋同、竞争激烈等问题仍然存在，因此，在竞争中寻求合作，形成竞争与合作并存的良性关系是实现区域一体化的关键所在，也是城市经济发展的重要目标。长三角各地方政府之间通过平等磋商，积极开展制度对接，大力推进区域合作，从基础设施建设、能源产业、旅游等方面扩大到信息共享、社会保障、文化等全方面的合作，形成了由决策层、协调层和执行层共同组成的多层次合作机制体系，为长三角区域经济的协同发展提供了重要保障。

除长三角城市群外，粤港澳大湾区、京津冀城市群等主要区域也经历了由要素、投资驱动到向创新驱动迈进的经济发展道路。其中深圳更是展现了从无到有、"沧海变都市"的完整过程。本书第七章将深入讲述深圳案例，并以三类资源作为切入点，阐述区域政府在推动城市经济发展过程中的重要作用。

四、世界各国城市经济转型发展的经验

上述城市和区域是当今世界最发达、最具经济实力的城市和区域，它们的发展代表了城市经济未来的演进方向。纵观其城市经济转型的道路，普遍体现出一些基本的规律特征。研究并借鉴这些规律，对于全球各城市探索城市经济的转型发展方向具有重要的意义。

总体而言，处于城市经济发展前沿的各大城市，具有如下特征。

第一，产业结构转型路径相似。各大城市产业结构主要经历了四次转型：从农业经济向工业经济转型，从工业主导向服务业主导或工业与服务业并行转型，从传统服务业向服务业高端化转型，从现代服务业主导向高科技新兴产业、创新经济、共享经济转型。以纽约、伦敦、巴黎为代表的美国、欧洲城市一直处于产业结构转型的领先地位，也是最早从制造业主

导的产业结构体系向服务业转型的城市。例如伦敦早在19世纪中叶就进入服务业主导的产业发展阶段，并从传统服务业不断向高端化、现代化转型。迈入21世纪后，随着信息技术的发展，全球各主要城市向创新驱动型经济发展阶段迈进，各国通过多项政策举措制定创新发展战略，推动技术创新，带动城市转型发展。可以说，各发达城市产业结构发展路径相似，主要是源于城市经济发展需求的变化。城市规模的扩张、要素成本的提升对产业发展提出了新的挑战。因此，产业结构变迁的背后，本质上是城市经济不断演进和发展的过程。

第二，区域政府能够明确城市所处的发展阶段，通过引导、规划，助力城市经济转型。在上述各城市经济发展的过程中，政府能够准确把握城市目前所处的经济发展阶段以及该阶段的主要驱动要素，并为迈入下一阶段打下坚实的转型基础。上述城市中，绝大部分从要素驱动向投资驱动、创新驱动转型的过程都伴随着长期的产业结构调整、城市布局优化等。例如，德国鲁尔区作为曾经的世界重要工业区，由于产业结构单一，对煤、铁等自然资源有极高的依赖性，经济转型之路十分艰难。政府为助力鲁尔区迈入新的发展阶段，通过战略布局，以技术促进产业多元化发展，并积极实施生态保护等多项措施来提升区域软实力。同时，政府因地制宜，以原有工业为基础，积极发展新兴技术产业，减少产业结构优化过程中的摩擦和损失，用温和而有力的举措推动城市渡过转型难关。像鲁尔区这样的重工业区或工业城市，曾为经济社会的发展做出过重要贡献，但其对自然环境的破坏、对自然资源的过分依赖，同样限制了城市经济的进一步发展。部分城市难以跨越城市转型的关卡，经济增长乏力。因此，政府需要在城市经济转型过程中积极发挥引导协调作用，促进城市从要素驱动阶段迈入投资、创新驱动阶段。

第三，能够充分发挥市场机制在资源配置领域的主导作用及政府在三类资源领域的资源生成作用，即实现有效市场与有为政府的有机结合。实际上，上述城市能够在城市经济演进过程中顺利度过转型阶段，与其积极发挥市场与政府的共同作用密不可分。完善的市场体系和积极有为的政府组合是推动城市经济发展的核心动力，而这一点也是本节重点讨论的核心内容。下文将从有效市场与有为政府的三个层次及其组合模式进一步论证城市经济发展中二者的关系。

城市经济的发展必然以成熟的市场经济体系为目标。从迄今世界各国比较成熟的市场经济来看，其特征主要包括：完善的市场体系，有效的产权保护和契约的实施，发达的资本市场、民主与法治等。而中观经济学所定义的成熟的市场经济即"强式有为政府"与"强式有效市场"的结合，它包含上述特征，是由各国的经济实践探索总结出的最佳模式，也是实现各国经济增长的必由之路。在说明有为政府与有效市场的组合之前，首先需定义二者的三个层次。

一方面，针对世界各国市场体系发育和成熟程度的不同，按现代市场纵向体系六个子系统（市场要素体系、组织体系、法制体系、监管体系、环境体系、基础设施）功能实现的状况来划分三个层次的有效市场，分别为：弱式有效市场，即只存在市场要素体系和市场组织体系的市场；半强式有效市场，即在具备市场要素体系和市场组织体系的基础上，又逐步建立了市场法制体系和市场监管体系的市场；强式有效市场，即在半强式有效市场的基础上，建立并完善了市场环境体系与市场基础设施的市场。①

强式有效市场拥有最完善的市场体系，能够最大程度地发挥资源配置作用。虽然在某一领域或某一发展阶段，这六个子系统的功能、结构不够健全，市场也仍然能维持运转，但其脆弱性将埋下隐患，极可能导致市场失灵而引发经济危机。

另一方面，根据各国政府对可经营性资源、非经营性资源和准经营性资源的调配，把有为政府划分为三类：弱式有为政府，即只关注非经营性资源的调配及相关政策配套的政府；半强式有为政府，即只关注非经营性资源和可经营性资源的调配及相关政策配套的政府；强式有为政府，即不仅关注非经营性资源和可经营性资源的调配与政策配套，而且参与、推动准经营性资源的调配和政策配套的政府。

目前世界上的经济体存在多种组合模式。例如，大部分中低收入水平国家属于"弱式有为政府+弱式有效市场"模式，而市场经济发展程度较高的美国属于"半强式有为政府+强式有效市场"模式。纽约在城市经济转型过程中十分注重市场的力量，但政府的积极推动也不可忽视。纽约政府通过制订产业结构调整计划、扶持传统制造业创新升级、建立完善的基础设施体系等方式助力城市抢占发展先机。此外，中国属于"强式有为政

---

① 陈云贤：《市场竞争双重主体论：兼谈中观经济学的创立与发展》，北京大学出版社2020年版，第256～259页。

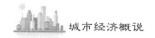

府+半强式有效市场"模式,仍需进一步完善市场竞争秩序、市场信用体系和市场基础设施。

目前,所有这些国家或区域与"强式有为政府+强式有效市场"模式(成熟的市场经济)相比仍存在一定差距,而这一差距就是各国经济增长的潜力所在,也是城市经济发展过程中需要着重完善的部分。

进一步地,本节将结合世界各国城市经济演进的实例,详述区域政府在三类资源领域的作用。

首先,区域政府在可经营性资源即产业经济领域积极引导扶持,充分发挥市场的资源配置作用,包括依据城市特征确定产业转型方向、出台政策引导产业结构升级、鼓励技术进步、发展民族产业等等。在城市经济发展过程中,产业结构是动态变化的,即使目前的产业结构已经处于一个比较高级的阶段,未来仍有可能出现新的技术冲击,打破现有的平衡,促使产业结构向下一阶段转型。而在这个过程中,政府实施的政策十分关键。政府若扶持新兴产业则会加速产业转型,若过分保护传统产业则会推迟转型的步伐,德国鲁尔区、印度班加罗尔都是最好的佐证。同时,在区域政府制定产业规划的过程中,需依据本城市或区域的优势合理布局。每个城市所处地理位置不同,拥有的自然禀赋、劳动力资源等均有所差异,因此,宜最大程度地发挥本区域的优势产业,在发展新兴产业的同时带动传统优势产业创新升级。此外,由于市场主体以利润最大化作为主要目标,在政策的引导下,企业为扩大利润空间,将自发调整生产方向,进入新兴领域,产业则随之转型。然而,一个新行业的诞生,会伴随新业态、新规则的产生。例如互联网行业在其快速发展过程中,出现了电商、在线医疗、共享经济等新模式,但也伴随着数据滥用、侵犯用户隐私等问题,需要政府不断规范和管理其发展。因此,在新兴市场发展的过程中,政府需不断调节、监督、管理市场的发展,为产业经济的可持续增长奠定重要基础。

其次,区域政府需要不断开发及完善准经营性资源,特别是城市基础设施领域,同时根据区域发展条件引入市场机制,提升建设效率。在大部分城市发展的过程中,容易出现"城市病"的症状。人口膨胀、交通拥挤、环境恶化、资源紧张限制了城市的进一步发展。因此,对空间的重构是许多城市的选择。例如巴黎、首尔等城市建立卫星城以吸纳新增城市人口,缓解城市压力。而在这个过程中,基础设施的建设至关重要。巴黎政府通过建立完善的网络化交通系统,为巴黎的产业扩散与转移提供了必要的保障，同时加强对卫星城的基础设施建设，为市民提供良好和便利的生活条件。德国鲁尔区在产业转移的过程中同样面临着区内交通负荷过重、区外连接脱节的问题。北威州政府在1968—1973年通过大规模的交通规划对已有线路进行改造，加强水陆联运，推进南北向交通线路的建设，形成了统一的交通体系，有效改善了工业区与城市的分隔问题。相对而言，印度在大力推动信息产业发展的同时未能兼顾城市基础设施建设，城市的交通设施和生活设施水平较为落后，对居民的生活、对城市经济的进一步发展都产生了较大的负面影响。城市基础设施是经济发展、城市功能扩张最重要的物质基础。面对如此庞大的需求，政府作为基础设施投资建设的主导者与管理者，应尽力完善基础设施建设，并不断探索新的机制与模式，提高投资建设的效率。而最重要的举措便是依据区域发展方向、财政状况、资金流量、企业需求和社会民众的接受程度与承受力等因素来确定是否可引入市场机制，与企业合作开发准经营性资源，以满足日益增长的基础设施需求。东京在经济转型过程中便积极推动民营化改革，放宽企业进入通信、电力、交通运输等准经营性资源领域的准入条件。

最后，政府应按照"社会保障、基本托底、公平公正、有效提升"的原则提供公共物品，以不断提高居民生活水平作为城市经济发展的重要目标。以人为本应是一座城市发展的核心原则。在推进经济发展的过程中，各城市或区域政府应责无旁贷地承担起提供和发展非经营性资源的责任，兼顾公平与效率，促进城市协调发展。在世界各发达城市发展的过程中，让居民享受经济发展的成果，不断完善住房、教育、医疗等社会保障体系，提高居民生活条件，是城市发展的核心目标，也是城市经济可持续增长的重要保障。部分城市政府侧重于效率，而忽视了在非经营性资源领域的开发和配置职责。长久来看，这必将导致城市发展失衡。而政府促进民生经济的发展，不仅在于保证公共物品的提供，还需进一步促进公平，缓解两极分化问题，促进区域共同富裕。

综上所述，世界各先进城市经济的发展历程具有普遍的规律与特征，对于目前各国城市的发展有重要的启示意义。城市经济转型没有止境，只要社会仍在不断发展，城市经济转型就会永远地持续下去。目前，随着信息技术的快速发展，各国加快建设智慧城市，推动发展模式向创新驱动转变，这对城市经济各主体，尤其是对区域政府提出了新的挑战。可以说，每一次城市转型的背后，都有区域政府的有序推动和大力支持。城市经济

的建设发展是一项复杂的系统工程，需要政府、企业、社会民众等多元主体的共同努力、协同参与。积极调动市场在资源配置中的重要作用，发挥政府在资源生成领域的开发配置作用，是推动城市经济转型发展的核心动力。随着未来城市规模的持续扩张和居民生活文化需求的上升，城市基础设施的承载能力及其功能将难以满足城市发展的需要。区域政府作为准经营性资源的主要参与者，如何调动多方主体的力量共同参与基础设施建设，是需要解决的重要问题。

第二节　城市基础设施建设中政府的优势与不足

分析城市基础设施建设中政府或企业等多元主体的供给优势与不足，需从准公共物品理论入手。城市基础设施属于准经营性资源（准公共物品）的重要范畴，准公共物品中的政府供给效率与优势等问题同样适用于城市基础设施建设。准公共物品可以由多元主体供给，包括政府、企业和非营利社会组织等，各主体供给的效率不同。提供方式主要有公共提供、市场提供和混合提供。不同供给机制在准公共物品的供给和生产中所具有的特征和发挥的效用存在差异，因此，不同主体参与的供给机制是相互补充、相互作用的。其中，政府和企业是准公共物品供给的主要参与者，二者作为单一主体供给准公共物品的方式，分别代表了非市场化机制和市场化机制。两种机制存在各自的优势与不足。

政府供给准公共物品的优势主要有三点。

第一，保障社会公平。政府作为单一主体供给准公共物品，消费者可以免费受益。因为纯公共物品具有非竞争性和非排他性，社会公众可以均等地获取和消费公共物品。而在市场供给下，对准公共物品的消费取决于消费者个人的收入水平。低收入者无法负担起准公共物品的消费，有损社会公平。政府作为区域的管理者，保障民生经济的发展是最基本的职责。部分准公共物品"纯度"较高，需求规模大，但市场收益低，受利益驱动的企业极少提供这类准公共物品。同时，纯公共物品对于缓解收入分配不公、缩小贫富差距、实现机会均等具有重要意义，因此政府对此义不容辞。

第二，符合区域宏观发展目标。不同供给主体的供给动机和目标是不同的。政府供给是从区域整体发展和保障社会整体效益出发，而企业是以利润最大化作为参与供给的准则。市场是逐利而短视的，大部分企业关注的是眼前的利益而非长远的布局。特别是中小企业面临政策环境、市场波动的风险，短期内是否存续都未可知，很难投入长期的规划布局中。例如，企业对热门产业"一哄而上"，在有限的用户和资源中畸形竞争，导致产业发展在商业化领域打转，技术发展止步不前，消费者利益也受到损害。而政府作为区域的"掌舵者"，掌握着城市大量的信息资源，对区域各方面的建设和发展形势有全面的把握，能够迅速集中优势资源，将资源投入最需要的地方，保证准公共物品的供给。可以说，区域政府发展准公共物品主要以宏观目标及公众利益为指引，避免了短视行为造成的效益损失，有利于区域经济可持续发展。

第三，加速新兴领域发展。基于新一代信息技术的新型城市基础设施仍处在发展的初期阶段，开发难度大、投资风险高、应用场景有限，相关产业起步速度较慢。亟须发展的新兴技术行业入场门槛高、不确定性强，单纯依靠市场的力量难以突破产业发展的限制。而政府能够集中优势资源，给予新型基础设施相关产业充分的资金支持，引导扶持其发展。从需求侧来看，政府发展城市经济，为"新基建"的落地应用提供了多样化的场景，增加了公众对新型基础设施的需求。从供需两侧，为产业的进一步发展提供新动力，加速新兴领域的崛起。

尽管政府供给模式有很大的优势，但单一的供给机制也存在不少的限制。一方面，政府本身并不具备技术，对市场的变化也不敏感。与传统基础设施不同，新型基础设施的相关技术多数由企业研发开展。若政府作为单一主体，很难开展新型基础设施的建设工作。同时，政府并不直接面对市场，对市场的动向把握不准，影响其发展准公共物品的决策能力。另一方面，区域政府需要兼顾区域发展的方方面面，而财政实力有限，仅依靠政府供给，难以满足区域发展的需求。尤其是在城市经济发展的关键时期，城市基础设施在数量和质量上的双重保障，对区域经济的结构优化、转型发展可以起到奠基性作用。

而企业作为单一主体供给准公共物品，与政府供给相比差异较大，其主要优势体现在如下三点。

第一，竞争较为充分，资源利用效率高。企业供给准公共物品，可为准公共物品确立价格机制和优胜劣汰的竞争激励机制，能有效提高资源配置效率。市场能够调节经济活动，平衡供需，在一定程度上避免供给过剩

或过度消费的问题。而在政府单一供给时,由于消费者可以免费获取,公共资源可能被过度使用。此外,对于市场不敏感的政府,在预估公众对准公共物品的需求时也可能出现偏差,造成过度投资、资源浪费等问题。而实行市场供给,有助于资源配置效率和利用率的提高,市场竞争机制将促进供给质量不断提升。

第二,拥有前沿技术,对市场动向把握准确。企业的另一优势在于其作为市场主体,对市场发展和机遇具有敏锐的嗅觉,许多创新性的技术和服务均来自企业。随着新一代信息技术的发展和普及,越来越多的企业加入信息技术的研发当中。在中国各大城市,众多互联网企业、高新技术企业通过信息技术对城市进行智能化的改造和提升,也为传统行业带来了新的机遇。而信息技术的发展也为政府转型提供了抓手,借助现代信息网络技术,建立更加开放和协同的政府。然而大多数区域政府本身是不具备技术的,政府管理所需的各类信息化基础设施通常来源于与企业的合作。而"新基建"的核心要素正是创新的技术,没有企业的参与,没有新技术研发突破,城市基础设施的转型升级必将受阻。

第三,提供多样化产品,满足民众美好生活需求。市场上消费者的需求是多元化的。企业为满足用户需求,常常会提供差异化、多样化的产品,以便拓宽业务,在各领域占有一席之地。而政府供给准公共物品更多是提供同质化的物品,让每个人可以均等地享有和消费该类物品。随着社会经济的不断发展,居民生活水平逐步提高,人们对于基础设施的需求已不止于保障基本生活水平,甚至不同地区的居民对于基础设施的要求也是差异化的。面对越来越多元化的需求,如何精准识别及有效供给是一大挑战。相对于区域政府,企业直接面对市场,掌握更多的用户消费数据资源,能差异化、精准化地识别消费者需求,为其提供多样化的准公共物品,满足居民美好生活需求。

与政府单一主体供给相比,市场机制的优势主要体现在其高效配置资源的能力上。但是,市场配置机制存在着其自身无法克服的局限性。具体而言,企业受利益驱动,其自发的经济行为带有一定的盲目性,可能会造成市场扭曲、畸形发展,尤其是在准经营性资源领域。准公共物品具有部分的非竞争性和非排他性,由效率至上的市场供给可能会造成公共资源的损失,挤占纯公共物品的发展,从而加剧社会不公的现象。同时,在市场供给下,较高的收费排斥了一部分消费者,既减少了个人需要的被满足程度,也降低了社会公共需要的被满足程度,造成社会福利损失。特别是外部效应较大的准公共产品,市场提供引起的福利损失将会更大。[①] 特别是企业对自身局部利益的追求缺少全局观和长远的发展观,其运行的结果往往与区域宏观发展目标相悖,有时会令产业发展陷入进退两难的窘境。这对于区域经济的可持续发展是十分不利的。

综上所述,不难发现政府单一供给的不足恰好是市场供给的优势,而市场机制的缺陷则由政府供给进行补足。二者的合作供给,不仅发挥了市场配置资源的优势作用,还为保障社会福利、促进区域经济长远发展提供了源源不断的动力。实际上,政府与企业在准经营性资源领域的合作由来已久,特别是在一些国家或地区的供水、供电、交通、环境卫生等领域得到了广泛的应用,而且合作形式多元,充分展现了政企合作在准经营性资源领域的潜力。目前,中国准经营性资源即城市基础设施还处于供不应求的状态,然而财政实力有限、建设资金缺乏是区域长期存在的问题。长期来看,城市基础设施投资比重不足必将影响区域经济的可持续、高质量的发展。若由政府单独完成城市基础设施的投资、建设和管理,无法填补城市发展对基础设施需求的巨大缺口。因此,引入私人部门参与,发挥市场机制的力量,共同开发建设城市基础设施已成为必然的选择。

第三节 PPP——政企合作模式探讨

在政府与企业合作提供准公共物品的过程中,二者形成了相互依存与合作的关系。无论政府的职能如何变化、企业的技术手段如何进步,在准经营性资源领域,政府与企业一直以合作的形式紧密相连、相互协调。在城市基础设施不断发展的过程中,政府与企业的合作关系也因为环境的变化而不断变化,但其目标总是朝着改进资源配置效率的方向前进。政府的主要目标是保证准公共物品和服务的供给水平,而企业以利润最大化为原则,二者共同开发建设城市基础设施。目前常见的合作方式有 PPP 模式、

---

① 王序坤:《准公共产品提供方式选择的依据》,载《山东财政学院学报》1999 年第 6 期,第 20 页。

财政补助、公私合营企业等。其中,财政补助是为了支持某些与公共利益相关的项目及其群体,政府部门在财政上给予帮助,如拨付给企业用于购建固定资产或进行技术改造的专项资金,鼓励企业安置职工就业而给予的奖励款项,拨付企业的粮食定额补贴,拨付企业开展研发活动的研发经费等。财政补助还包括现金给付、低息贷款、借贷担保、免税和出口退税等众多形式。而公私合营企业主要兴起于美国,美国的大部分城市在进行房地产开发与交易时,都与开发商、基金会或非营利合作组织经营,成立公私合营企业。其中PPP模式是本章重点介绍和讨论的内容。

一、PPP模式的内涵和特征

目前PPP模式在全球范围内得到广泛应用,是政府与企业合作采取的主要方式。PPP内涵丰富,目前学术界尚未有统一的定义。从广义概念来看,PPP即政府和社会资本合作模式,是公共基础设施中的一种项目运作模式。在该模式下,鼓励私营企业、民营资本与政府进行合作,参与基础设施建设。PPP模式可以定义为,公共部门(政府)与私人部门(社会资本)以提供特定准公共物品或基础设施为对象,通过特许经营合约,让私人部门所掌握的资源参与提供准公共物品和服务,彼此之间形成的一种伙伴式合作关系,其合约明确了公私双方的权利和义务,并确保合作各方达到比预期单独行动更为有利的结果。① 在这个过程中,政府与企业形成了"利益共享、风险共担、全程合作"伙伴合作关系,政府可以减缓财政支出压力,企业承担的投资风险更轻。

相对于其他政企合作模式,PPP模式中的政府和企业都是全程参与的,因此双方合作的时间更长,信息也更对称。PPP以市场竞争的方式提供服务,在准公共物品和服务领域,政府会采取竞争性方式选择具有投资、运营管理能力的社会资本,双方按照平等协商原则订立合同,由社会资本提供公共服务,政府依据公共服务绩效评价结果向社会资本支付对价。可以说,PPP不仅是一种融资手段,还是一次体制机制变革,涉及行政体制改革、财政体制改革、投融资体制改革。

PPP模式形式多样,包含介于政府单一供给与企业单一供给之间的所有形式(见表3-1)。

---

① 张一楠:《中国城市公用事业PPP模式研究》,吉林大学2020年博士学位论文。

第三章　城市基础设施建设

表 3－1　PPP 模式①

分类	合作模式	含义
外包	服务协议（service contract）	公共部门与企业签订服务协议，由企业提供某项公共服务
外包	设计—建设（DB）	企业按照协议约定设计并建造基础设施，建成后交由公共部门经营管理
外包	设计—建设—主要维护（DBMM）	企业承担设计、建造和建成后的主要维护
外包	经营和维护（O&M）	企业与公共部门签订协议，代为经营和维护基础设施
外包	设计—建设—经营（DBO）	企业承担设计、建造和经营管理，但不涉及公共产权的转移
特许经营	转让—经营—转让（TOT）	企业租赁或购买已有基础设施进行经营，期满后转交给公共部门
特许经营	建设—租赁—经营—转让（BLOT）	企业与公共部门签订长期租赁合同，由私企进行投资、建设，并在租赁期内进行经营获取利润。合同期满后移交公共部门
特许经营	建设—拥有—经营—转让（BOOT）	企业进行投资、建设和经营，在特许期内具有项目所有权，特许期结束后移交公共部门
私有化	购买—建设—经营（BBO）	企业购买现有基础设施，更新扩建后经营，并拥有永久经营权
私有化	建造—拥有—经营（BOO）	企业进行投资、建设，并拥有永久经营权，接受公共部门的监督

不同的 PPP 模式下，政府参与程度高低、参与环节都有所不同。其中，外包类活动企业参与程度较低，项目的所有权和经营权都属于政府，包括签订服务协议，由企业担任设计建设工作等。此类型合作方式适用于准经营性资源向非经营性资源转换的项目，该类项目公共性强，需由政府

---

① 王岩、叶子菀：《PPP 模式下项目参与方的合作关系》，载《中国电力教育》2008 年第 S2 期，第 54 页。

65

主导管理。私有化方式是企业参与程度较高的方式,当项目私有化,企业即拥有项目的永久经营权,政府主要发挥监督管理职能。此类型合作方式适用于准经营性资源向可经营性资源转换的项目,可引入市场机制,由企业主导发展。而特许经营类型中,企业在特许期内对项目拥有经营权,此时政府和企业的关系与企业投资情况、参与程度息息相关。由于该模式下政府与企业需保持长期的合作关系,涉及投资、收益、风险、责任等多方面的优化问题,政企合作关系更为复杂,因此厘清他们之间的关系与利益目标至关重要。

此外,PPP模式具有三大特征。①

第一,伙伴关系。这是PPP最为首要的问题。政府与私人部门要形成伙伴关系,必须保证两者的项目目标一致。如政府购买企业的商品和服务、给予授权之类的举措并不能表明伙伴关系,或者说,这并不是政企伙伴关系的本质。在保证一方利益的同时满足另一方的需求,才是合作关系长久存在和延续的核心。

第二,利益共享。利益共享并不是简单的利润分配。由于PPP本身具有一定的公益性质,因此利益最大化不能作为项目的总体目标。但私营部门主要以利润为导向,政府需要控制私营部门在运营项目过程中形成超额利润而损失项目的公益性。在与企业或其他私营部门分享利益的过程中,应保证企业能获得相对平和、长期稳定的投资回报,并共享PPP的社会成果。利益共享是伙伴关系的基础之一,也是维持伙伴关系的主要驱动力。

第三,风险共担。伙伴关系作为与市场经济规则兼容的PPP机制,利益与风险也有对应性,因此风险共担也是伙伴关系存续的重要基础之一。可以说,大部分企业或政府机构都是风险厌恶(规避)者。即便是具有冒险精神的企业家,也会出于利益考量而选择规避风险。具体而言,政府会在合作过程中尽量承担自己有优势的伴生风险,而让企业承担的风险尽可能小。而企业也会根据自身的风险承担优势,降低双方面临的风险压力。正是这种风险共担机制,使PPP模式区别于其他公私合作关系。一个明显的例子是,在隧道、桥梁、干道建设项目的运营中,如果因一般时间内车流量不够而导致私营部门达不到基本的预期收益,公共部门可以对其提供

---

① 《ppp模式的三大特征》,见中国政府采购网,http://www.ccgp.gov.cn/ppp/zs/201506/t20150612_5411394.htm。

现金流量补贴，这种做法可以在"分担"框架下，有效控制私营部门因车流量不足而引起的经营风险。

综上所述，PPP 模式可以实现较高的经济效率，有助于增加基础设施项目的投资资金来源，提升基础设施服务的供给质量，是城市基础设施领域政企合作伙伴关系的最主要模式。在准经营性资源领域，区域政府如何看待、处理和维护政府与企业的合作关系，对于资源配置有重要意义。由于二者在合作过程中面临的风险、设定的目标都有所不同，若不采取正确的合作方式，反而会降低效率、浪费资源。区域政府作为准经营性资源开发生成的主导者和引领者，如何在保证区域宏观发展目标的同时吸引企业加入城市基础设施的投资建设中，对于城市经济的发展至关重要。要深挖准经营性资源即城市基础设施建设领域中的政企合作关系，可以将 PPP 模式下政府和企业的合约关系作为切入点，研究政府和企业在目标函数不一致、信息不对称的情况下如何定位，需遵循何种原则，来达到合作共赢的目标。

二、PPP 模式下的委托代理问题

在 PPP 模式中，若政府与企业目标函数不一致、信息不对称，可引入委托代理模型探讨处理政府与企业的合作关系。委托代理理论是过去 30 多年里契约理论最重要的发展之一。其理论创始人包括 Wilson[1]、Ross[2]、Mirrlees[3]、Holmström[4]、Grossman 和 Hart[5] 等。

委托代理理论是探讨在利益冲突和信息不对称环境下，委托人如何设计最优契约以激励代理人的理论。[6] 内容包括双边委托代理理论、多代理

---

[1] Robert Wilson, "The Structure of Incentives for Decentralization Under Uncertainty," *La décision: actes du Colloque International sur la Décision* 2 (1967): 287–307.

[2] Stephen A. Ross, "The Economic Theory of Agency: The Principal's Problem," *American Economic Review* 63, no. 2 (1973): 134–139.

[3] J. A. Mirrlees, "The Theory of Moral Hazard and Unobservable Behaviour: Part I," *The Review of Economic Studies* 66, no. 1 (1999): 3–21.

[4] Bengt Holmström, "Moral Hazard and Observability," *The Bell Journal of Economics* 10, no. 1 (1979): 74–91.

[5] Sanford J. Grossman and Oliver D. Hart, "An Analysis of the Principal-Agent Problem," *Econometrica* 51, no. 1 (1983): 7–45.

[6] David E. M. Sappington, "Incentives in Principal–Agent Relationships," *Journal of Economic Perspectives* 5, no. 2 (1991): 45–66.

人理论、共同代理理论、多任务代理理论等。

委托代理理论遵循以"理性经济人"假设为核心的新古典经济学研究范式,以下面两个基本假设为前提。①

第一,委托人和代理人之间利益相互冲突。委托代理理论中,委托人和代理人都是经济人,行为目标都是实现自身效用最大化。在委托代理关系中,代理人付出更多的努力就可能有更好的结果,然而,委托人最关心的结果,代理人却不感兴趣;代理人最关心的其所付出的努力,委托人也没有直接的兴趣。委托人的收益直接取决于代理人的成本(付出的努力),而代理人的收益就是委托人的成本(支付的报酬)。因此,委托人与代理人相互之间的利益是不一致的,甚至是相互冲突的。由于利益的相互冲突,代理人便可能利用委托人委托的资源决策权来谋取自己的利益,即可能产生代理问题。因此,委托人与代理人之间需要建立某种机制(契约)以协调两者之间相互冲突的利益。

第二,委托人和代理人之间信息不对称。委托代理理论还假设委托人与代理人之间的信息是不对称的。即在委托代理关系中,委托人并不能直接观察到代理人的工作努力程度,即使能够观察到,也不可能被第三方证实;而代理人自己却很清楚其所付出的努力水平。但委托代理理论认为,代理结果是与代理人的努力水平直接相关的,且具有可观察性和可证实性。由于委托人无法知道代理人的努力水平,代理人便可能利用自己拥有的信息优势谋取自身效用最大化,从而可能产生代理问题。代理人努力水平的不可观察性或不可证实性意味着代理人的努力水平不能被包含在契约条款中,因为契约即使包含了这一变量,如果出现违约,也没有第三者能知道代理人是否真的违约,从而无法实施相应条款。因此,委托人必须设计某种契约或机制诱使代理人选择适合委托人利益的最优努力水平。

除上述两个基本假设外,大部分委托代理模型都假设代理人是风险规避型的,而对委托人,则有可能是风险偏好、中性或风险厌恶型的。在委托代理关系中,当利益相互冲突而信息对称时,委托人与代理人就能找到最优策略(契约)解决代理问题;当利益没有冲突时,即使信息不对称,代理问题也不存在;而当委托人与代理人的利益相互冲突且信息不对称时,代理人的"道德风险"随之产生,其可能从自身效用最大化出发,利

---

① 刘有贵、蒋年云:《委托代理理论述评》,载《学术界》2006年第1期,第70页。

用信息优势损害委托人的利益，即产生代理问题。由于信息不对称和委托人、代理人利益冲突的普遍性，代理人的道德风险事件屡见不鲜，代理问题普遍，委托代理理论不仅具有理论意义，更具有现实意义。

虽然委托代理理论涉及的分支众多，但解决委托代理问题的根本逻辑是一致的：委托人为了实现自身效用最大化，将其所拥有（控制）资源的某些决策权授予代理人，并要求代理人提供有利于委托人利益的服务或行为。代理人也是追求自身效用最大化的经济人，在利益不一致和信息不对称的情况下，代理人在行使委托人授予的资源决策权时可能会受到诱惑而把自己的利益置于委托人利益之上，从而损害委托人的利益，即产生代理问题。由于代理问题的存在，委托人必须建立一套有效的制衡机制（契约）来规范、约束并激励代理人的行为，以减少代理问题、降低代理成本、提高代理效率，更好地满足自身利益。其基本路径如图3-1所示。

图3-1 委托代理基本路径

上述过程是在委托人与代理人建立了委托代理关系的基础上进行的。而要建立委托代理关系，必须具备两个基本约束条件。

（1）参与约束条件（IR）。委托人支付给代理人报酬带来的效用应不低于代理人从事其他事务所获得的效用（保留效用）。如果低于这一效用，代理人就不会参与该契约，委托代理关系不成立。这一条件构成了委托代理分析的参与约束。

（2）激励相容约束条件（IC）。在信息不对称的情况下，委托人要使契约可以执行，必须考虑代理人自身的利益。委托人期望的努力水平也必须符合代理人自身的利益。即委托人为实现自身效用最大化而要求的代理人努力程度也要使代理人自身实现效用最大化。激励机制可以约束代理人的行动，降低道德风险产生的可能。

换句话说，委托代理问题就是在激励相容约束和参与约束两个条件下寻求最优结果，得到最优的契约，让代理人的努力水平符合委托人的利益。

双边委托代理问题是委托代理理论的经典模型,下面对双边委托代理问题模型进行具体介绍。

委托人和代理人的收益函数分别为 $v(x-w(x))$ 和 $u(w(x))-c(a)$。其中,a 表示代理人的努力程度,且 $a \in A$,A 为代理人的努力程度合集。x 为最后的产出(产量、利润等),x 的分布函数和密度函数分别为 $F(x,a)$ 和 $f(x,a)$。代理人选择更高的努力水平会得到更高的产出,即分布函数的一阶随机占优条件为 $F_a(x,a) < 0$。同时,代理人努力带来的负效用为 $c(a)$,且 $c'(a) > 0$,说明努力越多带来的负效用也就越大。$w(x)$ 为委托人给予代理人的激励合同。

委托人的问题是,要设计一个激励合同 $w(x)$ 来激励代理人付出努力,并最大化自己的期望收益。因此,双边委托代理问题就可表述为如下模型:

$$\max_{w(x),a} \int v(x-w(x))f(x,a)\mathrm{d}x \quad (3-1)$$

$$\mathrm{s.t.} \int u(w(x))f(x,a)\mathrm{d}x - c(a) \geq \underline{U} \quad (\mathrm{IR})(3-2)$$

$$a \in \arg\max_{a'} \int u(w(x))f(x,a')\mathrm{d}x - c(a') \quad (\mathrm{IC})(3-3)$$

其中,IR 为参与约束,表示代理人参与该项目取得的期望收益大于代理人的保留效用 $\underline{U}$;IC 为激励相容约束,指委托人在保证自身实现效用最大化的同时要令代理人也能实现效用最大化。

采用拉格朗日乘数法可对上述委托代理模型求解。通常我们先考虑理想化状态,即信息对称情况下效用最大化的解,并与信息不对称情况下的解进行对比。在信息对称情况下,委托人可以观察到代理人的努力水平,可直接根据代理人的努力水平给予报酬,因此不需要激励相容条件。从式(3-1)与式(3-2)可得

$$\frac{v'(x-w(x))}{u'(w(x))} = \lambda \quad (3-4)$$

其中,λ 为拉格朗日乘子。

而在信息不对称情况下,努力水平只有代理人自己知道,委托人无法观察到,则式(3-4)未必成立。当委托人是风险中性的,由于其无法观察到代理人的努力水平,代理人会尽可能最小化自己的努力来最大化自己的效用,因此激励相容(IC)条件就十分有必要。这实际上反映了效率与

激励之间的取舍。根据拉格朗日方法，我们可以得到信息不对称情况下的最优解为

$$\frac{v'(x-w(x))}{u'(w(x))} = \lambda + \mu \frac{f_a(x,a)}{f(x,a)} \quad (3-5)$$

其中，μ 为激励相容条件的拉格朗日乘子。

同时，我们可以证明 $\lambda > 0, \mu > 0$。这说明，在信息不对称情况下，委托人由于无法观察到代理人的努力，存在一个效率损失，即是"次优"的结果。在信息对称情况下，是可以达到帕累托最优的，而信息不对称时，无法达到帕累托有效，代理人需要与委托人共担风险。

综上所述，委托代理模型中，委托人可以选择合适的激励合同来让代理人的努力水平达到其想要得到的期望收益所需的水平。而单一委托人和单一代理人的委托代理模型仅仅是委托代理理论中最基本的模型，随后发展的多代理人理论、多任务代理理论更为复杂，但却更接近于现实。

在政府与企业合作关系中，政府通过对合同的设定来鼓励或约束企业的行为，让企业能够保证准公共物品供给的质量。应用委托代理理论理解，政府作为委托人，企业作为代理人，二者合作的风险来源于信息不对称，更多时候政府处于信息劣势的一方。因此，在二者博弈的过程中，虽然政府可以通过对企业生产开发准公共物品的全过程进行监督管理，但更主要的是以企业的产出来衡量企业的努力水平。政府的目标是保证准公共物品的供给规模和质量，这需要企业发挥自身的积极性，付出足够的努力水平。要达到这个目标，就需要给予企业足够的激励与报酬。企业"在商言商"，以利润最大化作为行动准则，而政府需要保障公共利益，不能给予过高的报酬而损失社会效益，也不能给予过低的报酬以致企业努力水平过低。在政府与企业的委托代理关系中，企业受到参与条件约束和激励条件约束。

参与约束，是指企业除参与政府主导的准经营性项目外，还可以参与其他经济活动。在付出和投入相同的努力水平下，企业会选择收益更高的项目。因此，政府为了让企业参与到准经营性项目中，必须保证企业的收益不低于其能够在其他市场经济活动中获得的收益，保证企业有保底的利润。换句话说，政府需允诺企业一定水平的回报，企业才会选择参与准经营性项目。

激励相容约束，是指在一个激励合同下，企业会在所有可能的行动集

合中选择能使自己收益最大化的行动。理论上,企业只有在选择该努力水平后取得的收益大于其他市场机会取得的收益才会做出这种选择。政府为了保证企业准公共物品的供给水平,需要提供满足激励相容条件的报酬。

在满足上述两个条件后,政府还要追求公共利益或区域利益的最大化。在委托代理模型中,政府和企业都能从中获益。二者参与项目的初衷不尽相同,但共同目标是总收益最大化。项目的总收益提高,双方能分享到的收益也更高。然而,企业要提高总收益,需付出更多的努力,投入更多的企业资源。同时,总收益提高后,利益分配是否能符合企业的预期,这都是影响企业选择努力水平的因素。因此,政府需要在满足参与条件与激励条件约束的前提下最大化公共总效益。

委托代理理论作为一个强有力的分析框架,在许多经济和社会现实问题中运用广泛。如公司股东与经理的委托代理关系,国企中国家与国企经理的委托代理关系以及债权人与债务人的委托代理关系。然而在实践中,理论模型和现实环境是存在差异的,我们不能直接将基本模型应用于复杂的现实情况。例如,在PPP模式中,若风险完全由政府承担,会产生"道德风险"问题,既无法调动企业的积极性,也无法提高准公共物品的供给效率。在实际PPP项目中,政府与企业通常需要遵循风险共担原则,按照合作各方的相对优势来合理分担风险。面对开发建设过程中的不确定因素,企业和政府具体应该如何承担,分别承担哪些部分,都需要细致的条款和方案指导。一份规范的PPP协议涉及多方面的内容,除了须解决企业最关注的保底利润问题,还涉及风险分担、利益分配等问题。因此,基本的委托代理模型很难刻画出政府与企业关系的全部细节。但委托代理理论确实为我们研究政府与企业在准经营性资源领域的开发配置提供了分析思路和理论基础,有助于我们研究政企双方的合作关系与定位分工。

PPP作为城市公共基础设施项目建设运营的一种主要模式,涉及政府与企业、民营资本的合作,很多学者应用委托代理理论、博弈理论等来解释PPP领域中政企合作的相关问题,得出了许多富有启发性的成果。其中委托代理理论在政企关系的研究中应用广泛。在PPP模式中,企业是政府的合作伙伴,也是政府这个"委托人"的"代理人"。如何有效解决政府与企业间的委托代理问题,是PPP项目能否顺利融资、开展建设、持续运营的关键。王俊豪、金暄暄指出PPP模式实际运行中涉及复杂的契约关系,以政府和民营企业的契约关系为核心。由于政府和企业双方的目标不一致,在 PPP 合作过程中,企业可能会采取机会主义行为而出现严重的契约治理问题。因此,若要鼓励民营企业参与城市基础设施 PPP 项目,应给予其较大的股权比例,并形成政府和民营企业股权契约相互制衡机制。① 宋子健等根据 PPP 项目特点,对政府与社会资本双方间的委托代理关系进行分析,通过厘清 PPP 项目风险成本测算的影响因素,对一般意义、信息对称和信息不对称三种情况下的风险成本测算模型进行求解和分析,并基于引入的实际案例对模型进行了检验。研究结果表明,引入声誉机制、可用性付费和运营维护服务费与绩效考核结果完全挂钩等措施可降低项目风险成本,推动 PPP 项目规范发展。② 肖万、孔潇基于委托代理理论构建了两阶段委托代理模型、绩效激励模型,从收益分配机制与激励机制出发,分析了社会资本的最优努力水平与最大期望效用,定量研究了政府对社会资本补贴与分成比例之间的关系。结果显示,社会资本付出的最优努力水平能够优化公私双方的利益分配,降低政府补贴比例与分成比例,实现项目综合效益的最大化。③

除委托代理模型外,其他博弈模型也常用于解释 PPP 领域中各方的博弈关系。龚强等提出,地方政府出于维护和提高公共福利的目的,有动机待社会资本进入后,利用 PPP 合约的不完全性对 PPP 项目进行行政干预(如调低公共物品的收费价格),其后果是社会资本利益受损,这是社会资本作为公共物品提供者所面临的"公共物品负担"。该文基于地方政府与社会资本的博弈模型,揭示了在不同发展阶段地方政府推广 PPP 模式的不同最优策略。结果指出,当前地方政府的最优策略是通过合理界定自身权力边界,减少地方政策的"时间不一致性",唯此才能提高社会资本的进入激励,让 PPP 模式缓解地方财政压力、保障公共物品供给的重要作用得以充分发挥。④ 王军武、余旭鹏关注风险分担策略选择问题中容易被忽视的风险关联问题,从演化博弈与风险关联的角度出发刻画了应分担风险损

---

① 王俊豪、金暄暄:《PPP 模式下政府和民营企业的契约关系及其治理——以中国城市基础设施 PPP 为例》,载《经济与管理研究》2016 年第 37 卷第 3 期,第 62~68 页。
② 宋子健等:《基于委托代理理论的 PPP 项目风险成本研究》,载《管理评论》2020 年第 32 卷第 9 期,第 45~54、67 页。
③ 肖万、孔潇:《政府补贴、绩效激励与 PPP 模式的收益分配》,载《工业技术经济》2020 年第 39 卷第 12 期,第 3~12 页。
④ 龚强、张一林、雷丽衡:《政府与社会资本合作(PPP):不完全合约视角下的公共品负担理论》,载《经济研究》2019 年第 54 卷第 4 期,第 133~148 页。

失，并将之引入轨道交通 PPP 项目风险分担演化博弈模型中，根据复制动态方程研究策略选择问题的演化过程，得到不同情形下的演化稳定策略。结果显示，风险分担系数、风险控制成本、基础收益等 9 个因素都会影响双方的策略选择，并着重指出，是否考虑风险关联可能会导致最终的演化结果有所不同。[①] 胡振华等从政府和社会资本博弈视角出发，从 PPP 项目实操层面测算政府静、动态支出情况，比较政府采用 PPP 模式的内在驱动；构建企业收益－成本函数，比较企业参与 PPP 项目前后的得益情况，并分析了基金公司引入 PPP 的必要性，探讨各方诉求及合作的可能性。[②]

综上所述，政府和社会资本合作（PPP）模式中政府与企业的关系在学术界得到了广泛的讨论。该模式已成为推进新型城市化进程、完善加强城市基础设施建设的重要制度安排。近年来，PPP 模式在中国受到高度重视并得到大力推广。在 PPP 规模迅速扩张的同时也伴随着项目风险难以度量、风险分担机制不合理、PPP 项目竞争不充分、运作不规范、政府监管不到位等问题。而这些问题的根源就在于政府没有充分把握住 PPP 模式下政府与企业的关系及双方在运营建设过程的分工和定位。可以说，准经营性资源领域是政府与企业作为市场双重主体共同参与的交叉领域。PPP 作为应用于准经营性资源领域实践的主要合作模式，最重要的是对政府和企业间合约关系的设定。这是 PPP 模式的核心要素，是其他合约关系成立和维系的前提。在上述文献中，风险分担、收益分配是学者们关注的重点，如何基于政府与企业的博弈关系找到 PPP 模式的最优策略，实现公私双方综合效益最大化，是研究中仍需要重点突破的问题。

三、PPP 模式在各国的发展

英国是公认的全球范围内最早实施 PPP 的国家之一。在伦敦，私人企业供水已经有 400 多年的历史，企业之间相互竞争，不断提高居民的用水质量，而政府对私人企业很少加以管制。而到了 1908 年，英国私营系统全部国有化，直到 20 世纪 80 年代初又被民营化，私人企业供水得以恢复。从私营到国营再到私营，经历了一个轮回。可以说，英国是 PPP 的先

[①] 王军武、余旭鹏：《考虑风险关联的轨道交通 PPP 项目风险分担演化博弈模型》，载《系统工程理论与实践》2020 年第 40 卷第 9 期，第 2391～2405 页。

[②] 胡振华、孙巧、靳海攀：《政府寻径与企业寻利在 PPP 中的驱动及保障研究》，载《工业技术经济》2021 年第 40 卷第 8 期，第 70～77 页。

驱、倡导者，同时也是PPP的促进者。除供水外，英国早在18、19世纪，就有商人对通过伦敦桥的车辆、行人和船只收费，并联合成立收费信托机构，负责收费公路的筹资、建设、维护和经营。

近年来，英国所采用的PPP模式可粗略分为两大类，一类是特许经营，另一类是私人融资计划。其中，由使用者付费的称为特许经营；由政府付费的称为私人融资计划。1992年11月，英国正式发起私人融资活动PFI（private finance initiative），首先在中央政府中运用，后来扩展到地方政府和国民医疗服务制。英国应用PFI的项目涉及领域非常广泛，在交通运输、卫生保健、教育、文化、行政设施、情报信息、国防等领域均有采用。自1992年正式实施PFI以来至2010年2月，英国共完成667个项目的签约，涉及金额560余亿英镑。其中大部分项目都已经完成融资封闭并进入实施运营阶段。英国的PFI项目取得了显著的成效，89%的项目按时完成，没有任何一个项目使政府的建设成本超支。而在引入PFI项目之前，有统计数据表明，70%的项目不能按时完成，73%的项目超出预算。英国PFI/PPP项目是政府管制下项目运作规范性的典范。由于PFI/PPP项目具有多样化、创新性及复杂性等特征，政府必须与时俱进，确保匹配相关的政策措施来保证市场竞争性和私人部门创新性，如采用竞争性对话的方式。在PFI/PPP项目实施过程中，英国十分注重对监管体制的相应改革，包括完善法律、建立监管机构和加强社会监督等，并根据实际情况不断作出发展、调整。①

近年来，PPP模式在加拿大发展迅速，无论是市场活跃度还是发展模式，都是世界一流水平。自从2008年全球金融危机以来，加拿大的PPP市场持续活跃。加拿大PPP委员会发表的白皮书就毫不讳言地指出，加拿大是全球PPP模式最佳实践的主要来源。最初，PPP在加拿大的发展主要是以不列颠哥伦比亚、亚伯达、安大略和魁北克为代表的省一级政府在推动，主要在教育、交通、医疗领域采用。经过多年的摸索和经验积累，目前已形成了独具特色的加拿大模式。

与英国政府为缓解财政约束而引入私人资金不同，加拿大政府似乎一开始就看到了PPP对促进经济增长和创造就业的巨大作用，因此从一开始

---

① 贾康、孙洁：《公私伙伴关系（PPP）的概念、起源、特征与功能》，载《财政研究》2009第10期，第4、5页。

就出资参与项目。2007年,政府设立"PPP基金"和加拿大PPP局,由后者负责协调基金的使用。通过五轮项目征集,该局将全部12.5亿加元的基金投资于20个项目,并撬动60多亿加元的私人资金,使PPP在全国6个省区、13个市得到推广。这也部分解释了为何金融危机以来该国的PPP市场仍然相当活跃。2013年,联邦政府设立新的"建设加拿大基金",计划在未来10年调动140亿加元用于支持各级政府的基础设施建设,以促进经济增长、创造就业和提高生产率。此举进一步提振了地方政府参与PPP项目的热情,保证了不断有新的参与者加入PPP市场,也加大了PPP对私人部门的吸引力。[①]

美国水务、交通最初也主要由私人提供和修建。1800—1900年,美国的自来水厂数量增长很快,最初主要由私营企业供给,后来由于市政当局与企业在消防用水合约问题上产生了分歧,公有制成分增加了,到1900年时已经有一半为公有。美国最早由私人修建的道路位于宾夕法尼亚州,于1794年建成,采用道路收费制度。但在美国,当收费公路获得特许建设权的时候,就已经设想有朝一日它会回归国有,它们中的大多数被废弃或者被收费公路的所有者以公平和公正的价格转让出去。可以说,美国虽然有PPP发展的巨大市场和潜力,但PPP发展的进程十分缓慢。同时,美国各州对于PPP模式的理解和认识也不同,其中得克萨斯、佛罗里达、弗吉尼亚等州PPP发展在全美领先。

在中国,公私合作的形式很早就出现在生活中,只是未形成如PPP一样的理论范式。在中国改革开放以后,外商直接投资(foreign direct investment,FDI)成为中国基础设施建设的重要资金来源,为BOT模式的引入创造了条件。1994年,政府主管部门选择了5个BOT项目作为试点,涵盖水厂、电厂、高速公路等项目。随后,政府出台了一系列政策推动PPP模式发展。2013年以来,为进一步推进市场化进程,一系列PPP相关政策密集出台。如2014年5月,财政部成立政府和社会资本合作中心,中心主要承担PPP工作的政策研究、咨询培训、信息统计和国际交流等职责。2015年4月,中华人民共和国国家发展和改革委员会、中华人民共和国财政部、中华人民共和国住房和城乡建设部、中华人民共和国交通运输

---

① 中国政府采购网:《PPP的全球现状与国别经验》,见中国政府采购网,http://www.ccgp.gov.cn/ppp/gj/201608/t20160804_7140434.htm。

部、中华人民共和国水利部、中国人民银行联合发布《基础设施和公用事业特许经营管理办法》，鼓励和引导社会资本参与基础设施和公用事业建设运营，提高公共服务质量和效率，保护特许经营者的合法权益。2017年，《关于规范政府和社会资本合作（PPP）综合信息平台项目库管理的通知》对不适宜采用PPP模式、前期准备工作不到位等7种情况的PPP项目进行了集中清理；2019年出台的《政府会计准则第10号——政府和社会资本合作项目合同》规范了政府PPP项目合同的确认、计量与相关信息列报，反映了PPP项目中政府的权利和义务；2020年发布的《关于加快加强政府和社会资本合作（PPP）项目入库和储备管理工作的通知》提出将进一步加快PPP项目入库管理效率。2013年以来的PPP政策主要是为PPP行业的规范化提供完善的制度保障，助力其稳步健康发展。

2014年以来，中国PPP市场规模逐步壮大，稳中有增。2021年6月，累计在库PPP项目10126个，投资额15.7万亿元。累计签约落地项目7422个，投资额12.1万亿元，落地率73.3%。累计开工建设项目4514个，投资额7.0万亿元，落地项目开工率60.8%。在2021年上半年，签约落地项目投资大幅增长，开工建设项目投资显著增长。上半年签约落地项目新增331个，投资额7006亿元，同比增加2696亿元，增长62.6%。中西部地区新增项目多，上半年在库项目投资额净增量前五位的地区分别是广西、重庆、四川、新疆、山西。交通运输、市政工程项目居前。上半年在库项目投资额净增量前五位的项目是交通运输（2337亿元）、市政工程（896亿元）、城镇综合开发（160亿元）、教育（150亿元）、生态建设和环境保护（110亿元）。且PPP项目财政风险在安全区域内。全国2740个有PPP项目入库的行政区中，2718个行政区PPP项目合同期内各年度财政承受能力指标值均在10%红线以下。①

从中国PPP发展状况来看，许多新增项目集中在中西部地区。相对于东部沿海地区，中西部地区的经济发展水平较为落后，对于基础设施建设的需求大。而政企合作的PPP项目对于满足中西部区域大规模的基建需求、促进区域经济发展具有重要意义。另外，在城市建设发展中，为社会生产和居民生活服务的城市基础设施直接影响着城市经济发展状况，而

---

① 财政部政府和社会资本合作中心：《全国PPP综合信息平台项目管理库2021年半年报》，2021年8月27日。

PPP模式给城市基础设施发展提供了有效的途径。通过政府与企业合作参与公共项目的开发建设，弥补政府财政实力的不足，满足城市的多元发展需求。目前，中国PPP项目投资领域也主要集中在交通运输、市政工程、城镇综合开发、教育、生态建设和环境保护等方面，有助于进一步优化城市发展结构，创建创新型城市。可以说，PPP项目是政府开发准经营性资源这一交叉领域的重要抓手，是资源生成的具象化。

综上所述，各国在发展PPP模式的过程中，取得了许多成功的经验和成果。这对于区域政府把握PPP模式未来的发展方向有重要的参考意义。

首先，各国政府通过给予政策支持，激发地方政府与企业参与PPP的热情。PPP项目的开展需要政府给予多方面的政策支持，包括税收、金融政策等。由于部分PPP项目周期长、投入高，企业需要承担较大的风险，若没有明确的政策支持，很难吸引企业进入准经营性资源领域。例如，加拿大政府为解决基础设施老化等问题，大力推动私人资本进入公共服务、基础设施领域，在PPP发展的初期就投资参与。除联邦政府推出多项政策举措外，地方政府也为PPP的发展付出了相当多的资源，采取各种政策推进PPP项目在各领域的运用和发展。加拿大的PPP市场是目前世界上最先进和繁荣的PPP市场之一，这与加拿大政府对PPP市场的引导和政策、资金支持是分不开的。

其次，完善相关法律法规，推进PPP制度改革。各国政府非常注重对PPP的立法支持。完善的法律、法规和制度是企业进入基础设施领域的重要保障。通常PPP项目投资金额巨大，合作周期较长，加剧了项目实施过程中可能面临的不确定性和风险。为保证PPP项目如期完成，并有序运营，需要对PPP模式有规范性的指引，制定完善的制度和法律法规来保证PPP模式的规范运行。同时，PPP项目参与主体众多，且同一主体具有多元职能，涉及复杂的法律关系和责任归属，对合法性和合规性的要求进一步提高。英国政府在发展PPP模式的过程中就十分注重对法律法规的完善和监管机制的形成。可以说，只有支持性的政策还不足以支撑PPP市场的壮大，规则和制度才是PPP长远发展的基石。考虑到PPP涉及面较为广泛，需要制定全国统一的基本规则和法律作为保障，这对于提高私人资本参与的积极性和PPP项目的顺利落地有重要意义。

最后，形成有效的管理平台，保障PPP项目有效运行。PPP项目立项、建设、运营的整个生命周期较长，涉及多元主体管理、跨部门协同等问题,因此,管理 PPP 项目需要以高效的信息平台为支撑。在信息化大趋势下,建立数据化的 PPP 项目管理平台有助于政府、企业掌握 PPP 建设运营的动态情况,并作出进一步决策。中国建立的全国 PPP 综合信息平台对于 PPP 模式的推广应用和规范实施发挥了重要作用。该平台目前已经形成了统计分析、信息公开、项目管理、交易服务等关键功能,中国各级政府的 PPP 项目逐步入库。平台为各区域政府、市场主体提供了获取 PPP 项目信息的渠道,有利于提升多主体在下一步的项目调整和决策中的效率。最重要的是,PPP 项目平台不仅是为单一主体提供,而是对参与 PPP 的多方开放,包括政府、企业、民众等。这有利于促进信息对称,降低区域政府与企业的沟通成本,推进 PPP 市场健康可持续发展。

总而言之,PPP 模式作为建设基础设施和服务的一种成熟的运作模式,对于各国准经营性资源的开拓与发展有重要的促进作用。从国际经验来看,PPP 模式起源较早,随着社会经济的不断发展,其运营模式也在不断完善。从英国、加拿大发展 PPP 模式的经验来看,政府扮演的角色至关重要。其中,加拿大政府高度重视 PPP 的发展,投入了大量的资源发展 PPP 模式,而英国政府在推进 PPP 的过程中,始终重视 PPP 体制和法规的建设,设立专门的管理部门对各类项目进行管理。中国的 PPP 虽然起步较晚,但扩张速度较快,政府建立的全国 PPP 综合信息平台为协调多方主体利益提供了保障。

虽然 PPP 模式在各国已经有了长足发展,但仍然存在许多问题,主要体现在跨部门、跨主体的交叉管理上。采用 PPP 模式的初衷是通过明确专业的分工来提高整体的效率,但这必然伴随着部门割裂的问题,即开发、运营、管理等阶段并不完全由同一主体承担,因此在 PPP 的整个阶段中,各主体之间往往有着较高的协调需求。如何让多方达成共识,形成信任,共同推进项目,需要完善的机制设计,也需要明确各主体在其中的优势与分工。各国的管理经验给了我们许多启示,积极借鉴各国宝贵的经验,有助于提高我国 PPP 模式的效率。在实际中,PPP 项目面临着多方主体的目标、利益和风险上的冲突,有较大的失败概率。这本质上反映出政府与市场有着难以捉摸的关系。在经济学的发展历史中,政府与市场的关系从未有定论:有许多的经济学说从各个角度对其进行解释,但至今仍未有一个完美的定义。伴随着城市经济的繁荣发展,政府与企业的关系也在动态中前进。多方主体如何协同共进是 PPP 模式的永恒话题,特别是政府与市场主体、政府与企业的关系，协调二者的目标与利益是 PPP 成功的重要保障，可以说 PPP 模式是政府与企业在准经营性资源领域合作的一个缩影。因此，在 PPP 模式的不断实践中，可以进一步发现政府与企业关系理论上的突破点，为 PPP 模式以及政企合作的改革提供新的思路。

四、中国 PPP 模式应用实例

近年来，中国为应对社会需求多元化和供给效率不高等问题，在全国范围内大力推广 PPP，各地方政府积极响应，使 PPP 项目取得了实质性发展和飞跃。随着数字经济的不断发展，数据科技类 PPP 项目不断涌现，如新疆维吾尔自治区阿克苏地区的数字阿克苏地理空间数据服务平台建设 PPP 项目、湖南省湘西土家族苗族自治州的凤凰县智慧城市建设 PPP 项目、福建省泉州市公安智能交通系统工程（一期）PPP 项目等。

其中比较具有代表性的是新疆维吾尔自治区阿克苏地区的数字阿克苏地理空间数据服务平台建设 PPP 项目[①]。该项目于 2018 年获得财政部批准，进入第四批政府和社会资本合作示范项目名单，平台建成后将为阿克苏地区建设智慧城市、发展数字经济提供有力的技术支撑。该项目总体目标是建立适应阿克苏地区智慧城市建设所需的数字阿克苏地理空间数据服务平台，从而为"智慧阿克苏"的发展提供信息化基础设施保障。大数据与云平台的建设是一个长期且具有挑战性的工程，项目在建设过程中将持续更新升级，扩大应用服务，以全面支持政府、企业和公众对时空信息服务的需求。阿克苏时空信息基础设施建成后，可实现跨区域跨部门之间的资源整合，并为各部门、各行业之间的业务协同与提供决策支持。可以说，数字阿克苏地理空间数据服务平台是新一代信息技术发展和数字城市实现向智慧城市转型发展的必然产物。该项目的具体目标是建立阿克苏地区高精度地理空间基准，采集阿克苏基础地理信息数据，并整合采集的地理信息数据建设信息数据库，开发阿克苏时空信息云平台及时空大数据中心，聚合调度阿克苏地区多部门、多行业的时空动态信息，为大数据分析服务提供基础支撑。该项目是阿克苏地区紧跟智慧城市建设浪潮的重要助

---

① 《新疆维吾尔自治区阿克苏地区数字阿克苏地理空间数据服务平台建设 PPP 项目》，见财政部政府和社会资本合作中心官网，https://www.cpppc.org:8082/inforpublic/homepage.html#/projectDetail/dbbe828538e54c6b83f4e21787b25a10。

力。一方面，阿克苏地区地域辽阔、自然资源丰富，统筹与完善阿克苏地区的地理信息数据有利于提升区域的建设规划水平，破解行业与部门间的"信息孤岛"问题，维护地区的安全与稳定；另一方面，提供信息消费服务能够促进智慧产业的发展，为阿克苏地区建设智慧城市奠定基础。

在该项目中，政府与企业采取BOT（建设—运营—移交）运作模式，合作企业包括中冶集团武汉勘察研究院有限公司、中科遥感科技集团有限公司等。双方确定了30年的合作期限，除了3年建设期，合作企业还将拥有27年的特许经营权，到期需将项目资产整体完好、无偿地移交给政府或政府指定机构。在上述章节中，我们注重政府与企业合作方式的理论阐述，而在实际项目运作过程中，需要对项目的交付、融资、收费、可持续性等问题作详尽规定。在该项目中，中选的社会资本入股占比为90%，政府出资为10%。政府主要承担对PPP项目公司的监管职责，并在涉及公众利益、社会稳定、国家安全的事项上拥有一票否决权，避免项目对公众利益的侵占。同时，政府与项目公司签署PPP项目合同，规定企业的合理利润收益，包括企业对外开展信息化服务获得的经营收入、政府提供的可行性缺口补助等。

该项目建设的数据服务平台属于准经营性资源领域，其中涉及的核心数据等的所有权归区域政府，但在项目运营期间的使用权和收益权归合作企业。政府通过设定建设、运维、经营绩效三方面的绩效考核机制，激励项目公司创新技术，提升服务质量。而企业在运营大数据服务平台的过程中，在政府的管理下有效使用数据资源为政府各管理部门、企业及有需要的社会公众提供实时动态的信息服务资源，同时也为自身的生产和发展寻求新的路径，在数字经济大潮来临之时实现"弯道超车"，实现了政府与企业的"双赢"。总体来看，在政府与企业合作建设开发准经营性资源的过程中，政府侧重项目的顶层设计与监督管理，企业以创新技术建设信息化基础设施，共同完成对大数据服务平台的投资建设，打造"智慧阿克苏"，既提升了城市公共服务的质量，也为企业高质量发展提供了数据资源，让区域政府与企业在建设智慧城市的过程中共同发挥引领作用。

另外，交通运输项目是中国PPP项目中投资最多的领域，也是各区域内外联通、城乡互联的重要基石。近年来，城乡一体化进程对交通运输能力提出了更高的需求。其中，湖南省常德市临澧县设立城乡一体化智能交通PPP项目①，将其作为解决城乡交通运输问题的重要抓手，为城乡一体化建设提供通行保障。临澧县位于湘西北，澧水中下游，其东、西、南三面环山。随着临澧县农村经济的快速发展，现有的农村道路状况远不能满足其物流需求。物流系统的限制已经制约了临澧县支柱产业的发展。因此，城乡一体化智能交通项目的建设对于临澧县发展乡村经济、改善居民生活质量、促进城乡一体化进展有重要作用。一方面，城乡公交一体化有助于解决临澧县城市公交与农村客运二元分割的难题，搭建起城乡连接的智能交通枢纽，充分发挥城市对乡村的辐射作用；另一方面，交通基础设施的完善与提升，有利于临澧县物流智能化水平的提高，有效提升交通运输效率，进一步增强区域产业竞争力。

具体而言，该项目包括4个子项目，分别为公路建设、社会停车场建设、城乡公交一体化建设和物流智能平台建设。该项目由政府与社会资本方共同组建SPV（special purpose vehicle）公司，采取BOT的运作方式负责4个子项目的建设与运营。在项目的运营期内，除使用者向企业付费外，项目合作企业可通过"可行性缺口补助"的方式收回投资并获得合理的回报，并在指定期满后将项目资产设施无偿、完好地移交至政府相关部门。在整个PPP项目建设运营期间，政府与合作企业风险共担，根据双方风险管理能力的优势与侧重合理分配风险，既减轻了企业的风险负担，也提高了政府准公共物品的供给效率。市场化运作的高效率也是PPP模式相对于传统模式的优点之一。

上述PPP项目中均进行了"物有所值"评价，公开了物有所值评价报告。在澳大利亚PPP发展模式中我们已经提及，物有所值评价本质上是判断是否采用PPP模式代替政府传统投资运营方式，来提供公共服务项目的一种评价方法。我国财政部为推动PPP项目物有所值评价工作规范的有序开展，借鉴国际经验，于2015年12月推出《PPP物有所值评价指引（试行）》。并指出实践中缺乏充足的数据积累，难以形成成熟的计量模型，物有所值定量评价处于探索阶段，各地应当依据客观需要，因地制宜地开展物有所值评价工作。

---

① 《湖南省常德市临澧县城乡一体化智能交通PPP项目》，见财政部政府和社会资本合作中心官网，https://www.cpppc.org：8082/inforpublic/homepage.html#/projectDetail/361b07c295984975acaf5a5d78c475d0。

PPP 模式的引入虽然能在一定程度上弥补政府财政实力有限、建设不足的问题，但并非所有基础设施与服务均适宜采用 PPP 模式。就算是适合采用 PPP 的项目，也要先考察区域政府、合作企业的情况以及区域总体发展目标，再来决定是否引入 PPP。"物有所值"评价是在实践中应用最广泛的评判标准。该评价体系由行业主管部门、第三方专业机构和专家共同完成，包括定性评价与定量评价两部分。① 定量评价是在假定采用 PPP 模式与政府传统投资方式产出绩效相同的前提下，通过对 PPP 项目全生命周期内政府方净成本的现值（PPP 值）与公共部门比较值（public sector comparator，PSC）进行比较，判断 PPP 模式能否降低项目全生命周期成本。目前实践中以定性评价为主，定性评价包括全生命周期整合程度、风险识别与分配、绩效导向与鼓励创新、潜在竞争程度、政府机构能力、可融资性六项基本评价指标。

第一，全生命周期整合程度指标主要考核在项目全生命周期内，项目设计、投融资、建造、运营和维护等环节能否实现长期、充分整合。例如，临澧县城乡一体化智能交通 PPP 项目引入了充分的竞争机制，选择了具有较强技术和经济实力的企业，县交通局将项目部分设计、建设、投融资、运营维护等环节交给项目公司负责。引入专业的运营管理团队能够有效整合相应资源。

第二，风险识别与分配指标主要考核在项目全生命周期内，各风险因素是否得到充分识别并在政府和社会资本之间得到合理分配。上述两个项目均对政府方和社会资本方之间的各类风险因素进行了清晰识别和优化分配，详细的风险分配框架将在下节介绍。

第三，绩效导向与鼓励创新指标主要考核是否建立以基础设施及公共服务供给数量、质量和效率为导向的绩效标准和监管机制，是否落实节能环保、支持本国产业等政府采购政策，能否鼓励社会资本创新。临澧县智能交通项目规定社会资本严格按照国内一流标准建设城乡交通设施，保证工程质量，严格设定污染排放标准，将项目建设为便利城乡居民出行、促进城乡融合发展的优质项目。而数字阿克苏项目不对合作企业的实施细则作过多限制，而是为其提供创新机会，鼓励其不断应用新技术、创新管理方法。

---

① 金融司：《关于印发〈PPP 物有所值评价指引（试行）〉的通知》，见中华人民共和国财政部官网，http://www.mof.gov.cn/gp/xxgkml/jrs/201512/t20151229_2512409.htm。

第四,潜在竞争程度指标主要考核项目内容对社会资本参与竞争的吸引力。仍以临澧县城乡交通项目为例,一方面,该项目符合国家、地区的战略要求,对于城乡发展有重要助力作用,发展前景良好;另一方面,该项目收益能力较强,除了使用者付费,项目企业还将获得财政补贴,进一步提高了企业参与本项目的积极性,能够吸引较多的企业参与竞争。

第五,政府机构能力指标主要考核政府转变职能、优化服务、依法履约、行政监管和项目执行管理等能力。PPP项目中政府的职能转变是区别于传统项目的核心要求,在数字阿克苏项目中,区域政府是否能保证相关配套设施的供给维护和对合作企业的监督管理是衡量该评价标准的重要依据。

第六,可融资性指标主要考核项目的市场融资能力。对于国家发展的重点项目,市场对其认可度更高,投资意愿更加高涨。如交通行业,特别是建设城乡交通的项目,在经营性收入不能覆盖的成本部分将由区域政府为其提供相应补贴,使项目运营收益有较强的保障,更易获得市场的投资青睐。

综上所述,中国PPP市场发展迅速,已成为调结构、惠民生的重要力量。中国PPP模式起步较晚,在其跨越式发展的过程中,对项目的规范化提出了更高的要求。目前,在全国PPP综合信息平台项目库中可以及时查到PPP项目的进程和物有所值评价报告、可行性研究报告等,项目过程更加透明有序。但与英国、澳大利亚、加拿大等国家成熟的PPP模式相比,中国在PPP项目规范化上仍有很长的路要走。同时,城市经济结构的变化、技术的革新对众多基础设施PPP项目提出了新的要求,需要拥有信息化前沿技术的民营企业参与其中。中国PPP市场仍存在风险分担不合理、民营资本参与率低等问题,亟须对市场环境与制度进行规范化改革。PPP模式顶层设计的完善,对于扩大市场参与主体,增强市场信息,促进PPP模式规范、健康发展有重要意义。

第四节 政府与企业合作机制——风险共担

政府与企业合作准经营性项目的最终目标是提高准公共物品的供给效率,为社会提供高质量的城市基础设施。对于区域政府而言,企业加入准经营性项目能为其带来效率与技术的提高;而对于企业而言,参与开发配置准经营性资源也是一种新的尝试,对于企业开辟新领域有重要意义。企业的逐利性使其在项目建设运营过程中会不断地尝试技术、管理上的创新来降低项目的建设成本,由此产生的技术外溢成果将惠及参与项目的多方主体以及使用者。然而,从政府与企业的委托代理关系中可以看出,政府与企业的目标并不一致,政府从区域发展的宏观目标出发,兼顾公平与效益,而企业追求利益最大化。准经营性项目常常伴随着较高的风险,双方的目标差异导致二者在合作过程中侧重的风险领域不同,这就为制订政府和企业之间的风险分配机制提供了可能性。而合理的分配机制能够为准经营性项目保驾护航,增强企业参与项目的信心。因此,政府需要对项目过程中的风险进行识别并分类,同时根据政府与企业的管理能力与防范能力,将各类风险进行合理分配。

首先,需要对项目风险进行识别与分类。项目风险可分为外部风险与内部风险。外部风险指来自市场、社会、自然环境变化等外部环境的风险,这部分风险可根据双方风险承担的优势进行合理分配,具体包括:市场风险、政策变动风险、经济风险、社会认知风险、区域竞争风险、不可抗力风险、内部风险、政企合作方式选择风险、信息不对称风险、多元主体管理风险等。

市场风险是企业与政府均面临的一大风险,其中企业作为市场的重要主体,需承担市场波动带来的直接影响。特别是市场供需关系和价格变化时有发生,例如项目运营期间出现需求不足或供给过剩的风险,就可能导致企业无法获得预期收益。

政策变动风险是指政府政策的变动给行业带来的影响。此处的政策变动主要是来自上级政府的政策变化。在城市经济发展迅速的今日,经济政策也是动态变化的。根据现实的需求和行业的变化,政府可能会调整经济政策。例如政府对高新技术行业的补贴与优惠,而对部分产能较落后的项目会进行限制或减少资源分配。由于基础设施项目周期很长且技术日新月异,一个早期受到政策青睐的技术项目很有可能在中途被更迭的新技术替代,导致企业处于被动地位,面临发展和盈利的限制和风险。

经济风险主要包括通货膨胀风险、利率风险、汇率风险等,经济风险将影响公司未来现金流量值,对于企业盈利能力、公司价值有不可忽视的影响。

社会认知风险指公众对项目的认可度存在不确定性。例如,部分高能耗、排放量较大的项目会对周围地区的环境带来较大程度的影响,极易遭到公众的反对。特别是在经济发展水平较好的地区,居民对于生活环境和生活品质有更高的要求，对于环保的重视程度更高，对于一部分工业项目的态度也更加谨慎。政府作为区域的管理者，有责任承担社会认知风险可能给项目带来的损失，在前期项目设计的过程中需充分考虑区域环境保护及公众的意愿。

区域竞争风险是指在区域间产生的竞争风险。特别是在相邻区域间，若存在相似项目的竞争，可能会导致原有项目收益的减少。具体来说，当一个新项目在一个区域落地后，除了能够为本区域的居民提供产品和服务，也会为相邻地区的公众提供服务。这势必会挤占相似项目的需求与利益。特别是对于部分新兴项目，相邻地区会竞相建设，而率先建设完成的区域则能够获取更大的市场和利益。面对区域政府竞争的风险，政府需要加强对项目的管理，加快推进项目进度。

不可抗力风险是指不能预见、不能避免并不能克服的客观情况产生的风险，具有客观上的偶然性和不可避免性，主要包括自然环境破坏风险，如地震、台风等，也包括一部分社会现象。

内部风险是二者合作博弈过程中产生的风险，主要发生在项目的建设运营过程中，可从二者的合作机制设计出发，减少此类风险。具体包括政企合作方式选择风险、信息不对称风险、多元主体管理风险等。

政企合作方式选择风险是指合作方式选取与变化为项目带来的不确定性风险。根据政府与企业参与程度、参与环节的不同，政企合作方式可以采取外包、特许经营、私有化等多种方式。合作方式选择的风险主要体现在两个方面，一方面，企业参与程度更高的合作方式，对企业自身的要求也更高，不仅需要密切配合区域政府，还要协调多方主体，需要投入大量的企业资源进行管理，从而挤占了企业投入其他项目的机会。这需要企业对自身的实力有充分的认知，因为一旦项目出现问题，势必会影响整个企业的经营。另一方面，许多项目在制定初期并不能判断其适合何种合作方式，只有在项目的不断推进过程中才能逐渐确定。然而政企合作方式的选择通常在项目的初期就已经定下，不匹配的合作方式可能为双方带来损失，导致项目进展缓慢，甚至面临失败的风险。同时，如果合作方式变更，也可能打破企业的既定计划，而影响其经营状态。

信息不对称风险是指区域政府委托企业建设开发准公共物品的过程中，无法观察到企业建设运营的全过程，企业出于自身利益目标，有可能刻意隐藏一些偏好或信息，以致政府无法了解项目建设的真实情况，加大了项目失败的风险。

多元主体管理风险是指准经营性项目参与主体众多而带来的风险。多元主体除区域政府和项目企业外,还包括银行等金融机构、保险公司、项目能源和原材料的供应者、项目产品和服务的购买者等。协调多方主体的目标和利益对政府来说是一大挑战。同时,随着参与主体的多元化、复杂化,目标不一致和利益冲突问题将愈发突出。

其次,针对上述外部风险与内部风险,政府与企业应根据各自优势分担风险。具体而言,风险分担应遵循如下原则:由对风险更有控制力的一方承担;由能够将风险合理转移的一方承担;由对风险承担最有效率的一方承担;由对控制风险有更大经济利益或动机的一方承担。这里的风险承担并非要求单一主体承担风险带来的所有损失,主要是让其承担风险的防范工作和主要损失。综合考虑政府与企业对上述风险的管理能力,优化风险分配。上述风险中市场风险、信息不对称风险主要由项目合作企业承担,而社会认知风险、区域竞争风险、政企合作方式选择风险、多元主体管理风险由区域政府承担,政策变动风险、经济风险、不可抗力风险由政府与企业合理共担。

基于风险共担原则,项目风险分配框架见表3-2。

表3-2 项目风险分配框架

风险类型	风险名称	风险分配方式与防范措施
外部风险	市场风险	主要由企业承担。企业直面市场,对市场波动更敏感。可通过市场调研、加强管理、优化管理结构等方式防范市场风险
	政策变动风险	政府和企业合理共担,可通过项目转型等方式降低政策风险的影响
	经济风险	政府和企业合理共担。可通过从政府得到信用许可、采用有选择的付款合同等方式降低风险
	社会认知风险	主要由政府承担,可以通过加大宣传与居民调研来降低相应风险
	区域竞争风险	主要由政府承担,加强对项目的管理及优化,加快项目落实进度
	不可抗力风险	政府和企业合理共担,由于不可抗力风险的偶然性和不可避免性,各方应尽量削弱风险造成的损失

续表 3-2

风险类型	风险名称	风险分配方式与防范措施
内部风险	政企合作方式选择风险	主要由政府承担，可以通过完善前期项目设计的合理性与合规性来规避该风险
	信息不对称风险	主要由企业承担，可通过加强信息披露、管制监督制度完善等方式来减低该风险
	多元主体管理风险	主要由政府承担，可通过明确各主体的定位与职责，建立长久有效的合作机制与制度来减少或规避该风险

在表 3-2 项目风险分配框架中，根据内、外部风险的特征，政府与企业所承担的风险不同。对于外部风险，其中市场风险主要由企业承担其防范工作。作为市场的重要主体，企业能够更加准确地预见市场的风险和变动，并能够及时、有效地进行调整以化解市场风险。而满足社会公众的需求是政府的主要目标之一，对于社会认知风险的了解与把控应由区域政府承担。区域竞争风险主要体现在区域政府的竞争上，应由竞争主体区域政府承担主要风险。政策变动风险、经济风险、不可抗力风险属于难易分散的外部风险，通常由二者共同承担。对于内部风险，实际上可通过建立合理有效的合作机制来降低其影响。其中，信息不对称风险虽然主要由企业道德风险引起，但区域政府可通过对项目建设质量提出绩效考核并监督实行来降低风险，也可建立项目信息管理平台，减少信息不对称程度。政企合作方式选择风险、多元主体管理风险均可通过有效、完善的项目设计来削减或规避。例如，政府可在项目顶层设计上明确各方主体的责任与利益，制定完善的规章制度与配套的法律法规，以协调与保障各方利益。若每种风险都能由善于应对该风险的主体承担，那么项目的建设过程将更有效率与保障。

综上所述，根据区域政府与企业各自在准经营性项目中的优势，可以实现有效的风险分担。政府与企业发挥各自己的优势，取长补短，形成互惠互利的长期目标，提高准公共物品的供给效率。具体来说，企业具有对市场的敏锐性及创新技术，是项目建设的主要参与者。而区域政府需要发挥两方面的作用：一是参与承担项目部分风险，为项目的发展提供相应的资源；二是发挥管理监督的职能。制定完善的法律法规，维护良好的市环境，监督和保障合约的严格执行。同时，区域政府在合作过程中需要对多元主体的定位有明确的认识，将二者的责任与其面临的风险相匹配，加强对合作关系的管理，形成持续健康的项目合作机制。

第五节　政策创新是政企合作的必由之路

政府与企业合作开发准经营性资源，建设城市基础设施，是促进城市经济发展的重要举措。政府和企业按照各自优势分工，企业具有先进的技术与丰富的市场运营经验，是项目建设的主导者，而政府也从过去的投融资、建设、运营等一揽子工作，转变为侧重项目的顶层设计、合作规则的制定以及对企业建设运营期间的监管考核工作。二者相辅相成，企业获取了相应的报酬，为自身发展开拓了更为广阔的空间，政府在提高供给效率的同时保障了公共利益，共同促进城市基础设施的高质量发展。但要保证准经营性项目的成功，仍需要政府实行有效的规制，最重要的是为企业提供完善有效的政策环境。

以 PPP 项目为例，中国自 2014 年起，从国务院到财政部、国家发改委等部委，再到地方政府，陆续出台了一系列支持、扶持 PPP 模式发展的政策意见，政策扶持不断加码，助力 PPP 模式在中国的推广应用。区别于传统由单一主体运作的思维，PPP 模式借助市场的力量，整合政府与企业的资源，创新优化准公共物品的供给模式，对于相关产业的创新发展，基础设施的建设升级有重要助力。PPP 模式在国外已有一套比较成熟的体系，并在不断创新与完善。而中国市场本身就与国外存在较大的差异，各区域之间的项目运作模式也不尽相同，因此很难找到一个具有固定模式的 PPP 框架来应用在每一个项目上。在大多数情况下，需要综合考虑政府与企业自身的财政状况与经营水平，因地制宜、取长补短，探索对其而言最适合、最优化的 PPP 模式。可以说，在准经营性项目的合作中，政府是关键的引导者，企业是项目建设和运营的中坚力量。政府对于项目的设计与规划保证了项目的稳定性与合理性，而企业的技术与创新思维决定了项目的质量和高度，特别是在新型基础设施领域，信息技术企业的作用更加突出。如何建设良好的政策环境，鼓励企业创新，保障多方主体的利益，是区域政府必须要思考的问题。在准经营性项目中，区域政府可遵循如下原则完善项目合作的政策环境,实现政策创新。

首先,需明确准经营性项目中可采用的政策工具类别,有效选择政策工具。政策工具的分类有多种标准。Woolthuis 等将政策工具按照政府运用资源的不同划分为权威型、信息型、财政型和组织型;[①] Rothwell 和 Zegveld 在研究技术产业创新政策时根据政策影响的不同层面,将政策工具划分为供给型、环境型和需求型。[②] 考虑到政府在政企合作项目领域主要起引导、保障和推动作用,此处借鉴 Zegveld 和 Rothwell 对政策工具的分类,将准经营性项目中的政策工具划分为供给型、环境型和需求型三种类型。其中供给型政策主要体现在政府对于准经营性项目的直接投资,引导发展方向。由于准经营性资源开发难度大,前期收益低,企业很难作为第一投资人。此时需要政府通过资金投入与人才培养等多方面的举措,为项目的开启提供支持。例如加拿大政府在看到 PPP 模式对经济发展的巨大潜力后,一开始就出资参与项目,并设立"PPP 基金"为项目运营提供资金支持。环境型政策侧重于保障政府与企业合作的内外部环境,它对于项目发展具有长期而巨大的影响。一时的供给型政策虽然能够刺激政企合作项目的快速发展,但环境型政策才是保证项目质量与成功的关键。具体的政策内容主要包括规章制度的完善、风险分担与预防、信息披露、合作关系建设等。完善的环境型政策体系能为准经营性项目的发展提供有力的发展环境和条件。需求型政策是指政府通过增加或刺激市场需求来扶持项目的发展,降低需求不足的风险。

需求不足是项目面临的主要市场风险,区域政府作为项目的发起者,对于区域的宏观目标和公众需求应有一定的把握,在项目面临的使用者较少时,政府需要通过一定的政策,为项目发展提供需求拉动力。具体可采用政府采购和鼓励消费等形式。

其次,重点优化环境型政策工具,奠定政府与企业长久合作的基石。环境型政策创新为项目建设运营的全过程提供法律与规则上的保障,有助于提高企业自主参与的积极性。具体而言,环境型政策主要包括如下内容。

---

① Rosalinde Klein Woolthuis, Maureen Lankhuizen, and Victor Gilsing, "A system failure framework for innovation policy design," *Technovation* 25, no. 6 (2005): 609–619.

② Roy Rothwell and Walter Zegveld, "An assessment of government innovation policies," *Policy Studies Review* 3, no. 3–4 (1984): 436–444.

第一，健全的规章制度。由于政府在城市基础设施领域引入市场机制，可能面临私人利益挤占公共利益的风险。同时，企业作为项目的主要建设者，投入了较多的企业资源，其利益也需要得到保障。建立健全的法律和规章制度是项目良好运行的先决条件，例如，英国、加拿大政府均制定了全国统一的 PPP 政策文件，其中英国政府十分注重对监管体制的改革，认为对 PPP 项目的监督必须建立在强有力的治理政策和法规的基础上。除了制定统一的规章制度，其还对各个公共部门的目标以及职责和管辖权进行明确的界定，保证规章制度能够有序运行。比如在英国，管理 PPP 项目的主要是财政部和国家审计署，前者负责政策和问责制的支持，后者对项目绩效进行审核以及综合审查项目计划，两个部门分工协作，维护制度化的标准程序。[①] 正是因为有健全的法律体系和规章制度，部门间协同有序，权责清晰，才能够减少项目法律风险的产生，保证项目稳定运行。

第二，风险分担与预防机制。准经营性项目引入私人部门的重要考虑就是优化风险分配机制。不过在合作过程中，政府并非将所有风险都转移给企业，实际上，企业若承担了过重的风险，也是另一种低效率的表现，同时会打击企业参与准经营性项目的积极性。因此，构建合理有效的风险分配机制是十分必要的。由本章第四节可知，风险分担应遵循由更有控制力的、能够将风险合理转移的、对风险承担最有效率的以及对控制风险有更大经济利益或动机的一方承担。评判控制力或效率的指标主要包括拥有的资源、获取信息的能力以及专业知识水平等。此外，保证风险与收益的一致，将特定的风险分配给成本－收益占优势的一方也是重要的风险分配原则。《加拿大联邦 PPP 指南》对风险分配机制作出了详细规定，明确风险分配的关键依据是政府和社会资本方的资本与履约情况；在进行风险分配时，政府需要考虑社会资本方是否可以按照预期对特定风险承担责任。除了风险分配机制，对于风险的预防也是政府不可忽视的内容。美国弗吉尼亚州的《PPP 风险管理指南》强调风险预防需要得到持续的重视，除非该风险被消除或者影响降低。而企业的风险管理能力、承担风险意愿以及履约能力都需要格外重视。实际上，在政府与企业合作的全过程，均可能

[①] 吴森、徐小丰：《PPP 模式中的政府规制：西方发达国家的经验研究》，载《华中科技大学学报（社会科学版）》2018 年第 2 期，第 137 页。

出现不同程度及不同类型的风险。除了关注市场风险、政策变动风险、经济风险、社会认知风险、区域竞争风险、不可抗力风险等外部风险，政企合作方式选择风险、信息不对称风险、多元主体管理风险等内部风险也需警惕。相对于内部风险，外部风险更容易评估与定性，而内部风险难以提前预警。因此，在设立环境型政策时，需谨慎选择防范内部风险的政策工具。当然，目前针对内部风险的相关政策还比较少，对于如何量化内部风险并进行合理的风险分配，还有许多难以克服的现实问题，需要区域政府不断探索风险共担的新路径，通过政策创新，避免风险分配落入误区。

第三，信息披露。上文提到外部风险在项目设立过程中往往会被纳入考量并配套相应的防范措施，但在实际项目运营中，许多风险往往来自内部的建设管理。也就是在双方的合作过程中，信息不对称将埋下风险隐患。因此，对于信息披露要求的政策规定是十分必要的。一定程度的信息披露，项目运行管理的透明化对于提升政企合作的效率有重要作用，大大降低了双方的沟通成本。同时，信息披露的强制性要求并不只针对企业方，政府方也需要承担信息披露的义务和责任。英国政府就明确指出信息透明是PF2（Priverte Finance 2）机制安排的核心，并推出项目建设情况财年报告，对于具体项目也会有情况跟踪报告，以向社会公众提供更多的项目信息。其非常注重信息披露，认为保持对市场的公开透明有利于企业提前进行项目规划。具体来说，政府需要出版年度报告，报告中包含了所有股东和项目的财务信息，并在财政部网站上引入商业案例审批跟踪器，实时查询政府的审查程序和项目最新进展情况，及时发现项目进程中的潜在隐患。充分的信息披露不仅提高了社会公众对于城市基础设施项目的认知，有效降低社会认知风险的影响，也增强了企业参与项目的主观能动性与积极性。

第四，合作关系建设。准经营性资源领域与其他两类资源领域的最大差异就是由政府与企业作为双重主体共同参与。在项目建设运营的过程中，政府与企业除完成各自的职责外，必要时还需进行联合决策。实际上在项目推进的全过程中，伴随着政府与企业的沟通与协调。企业对市场动态把握较好，政府管理城市资源的配置，二者拥有的资源和掌握的信息都有所有不同，协作决策，信息、资源共享是十分必要的。在资源充足的时候，如何有效利用资源，避免低效合作，达到最优配置是区域政府必须考虑的问题。在实际项目的建设过程中，沟通协调机制的缺位导致项目停滞、失败的案例比比皆是，造成了极大的城市资源浪费。因此在合作过程中，需要保证充分的沟通与交流，确保在项目的全过程中都能够进行实质性的交流合作与信息共享。而在具体实践中，区域政府需要侧重对合作关系的解释与声明，制订详尽的沟通计划，提高沟通协调的频率，确保双方不产生误解，减少因沟通不畅导致的内部风险隐患。

最后，政策创新具有溢出性，区域协同合作将进一步提高创新力度。区域政府之间的政策存在策略互动机制，包括学习、模仿和竞争等。一个区域率先实行了新的政策并取得了一定成效，相邻区域或相似经济水平的区域很有可能会学习或借鉴。例如，各地为吸引高学历、高层次、高技能人才推出了包含多项福利的人才政策，即所谓的"抢人大战"，主要体现在放宽落户条件和提高补贴标准。如济南、杭州等地都为高端人才提供购房补贴，成都、郑州均放松了落户条件。可见政策创新本身就是具有扩散和溢出效应的，特别是对于距离相近、经济发展水平相似的区域。区域受到了来自其他区域政策创新的溢出，是否能够提升本区域的政策创新程度，还与该区域内部因素有关。准经营性项目的政策创新主要与当地的经济水平、社会认知水平及区域政府的财政状况有关。以PPP政策为例，PPP项目主要集中在城市基础设施建设领域，在经济水平较高的地区，公众对于基础设施和服务的需求规模大且需求多样化，为满足社会公众的需求，区域政府会格外注重PPP模式的完善与升级，更容易进行相关政策的创新。此外，PPP项目需要较高的启动资金与区域政府持续的投入和运营，这就要求区域政府保持良好的财政水平。前期区域政府主要由竞争驱动，为完善准经营性项目的发展环境、促进区域经济发展而争相进行政策创新的学习、模仿与竞争。但随着经济的不断发展，许多新兴的领域是没有经验可循的。比如采用新一代信息技术的新型基础设施，其技术更新迭代速度快，形态日新月异，对区域政府的政策与规则制定提出了新的挑战。面对新的问题，区域政府逐步进入由竞争与合作经济主导的经济增长阶段，各区域为开辟新的发展领域、应对新的问题，需要共同制定新的规范，实现跨区域的合作。可以说，区域间的协同政策创新，是一个多元主体共同学习的过程，并通过合作的深化进行有意义的政策创新。区域间的政策、理念、制度合作共享，能够迸发出新的活力，推动区域间的协同创新和融合发展。

综上所述，政策创新是区域政府创新的重要体现，对于政策工具的选

择与优化有助于更好地实现政策目标，为政府与企业合作准经营性项目提供必要的保障。准经营性资源领域的生成与配置不同于传统单一主体主导的可经营性资源与非经营性资源领域，对政策制定的要求更高，需要不断完善与创新政策。随着城市经济发展的不断深化，新兴领域层出不穷，仅依靠单一主体难以解决未知领域的难题，多元主体合作必将成为未来发展的方向。其中政府与企业作为市场的双重主体，对城市经济的发展起主导作用。区域政府通过政策创新，与企业建立优势互补、协同发展的紧密合作关系，将成为区域经济可持续增长的潜在动力。

✻ 本章小结 ✻

准经营性资源相对于企业主导的可经营性资源和政府主导的非经营性资源，由区域政府与企业作为双重主体共同参与。为满足民众日益增长的基础设施需求，区域政府通过与私人部门合作，引入市场机制，实现对准公共物品、城市基础设施的高质量供给。然而，准经营性项目的合作过程也对区域政府的职能转变提出了挑战。在非经营性资源领域，政府作为主导者，需要全权负责公共物品和服务的供应。此时，政府既是民生项目的建设者，也承担着对项目的监督管理职能。但在准经营性项目中，区域政府从过去的城市基础设施和公共服务的提供者变成了一个规划、监督的角色，不再是既当"运动员"又当"裁判员"的局面，这是政府职能转变的重要体现。

本章对准经营性资源中区域政府与企业的合作关系进行了深入的剖析，阐述了在准公共物品供给或准经营性项目中政府与企业各自的供给优势与不足。并进一步阐述了政府与企业的合作模式 PPP 的内涵及其在各国的发展情况，以及 PPP 模式下的委托代理问题。根据政府与企业各自的特征与优势，提出了二者在合作过程中的风险分担机制。

首先，本章详细阐述了政府和企业独立供给准公共物品的优势和不足。其中，政府作为单一主体供给准公共物品的优势有：保障社会公平、符合区域宏观发展目标、加速新兴领域发展。而企业供给的优势则体现在：竞争较为充分，资源利用效率高；拥有前沿技术，对市场动向把握准确；提供多样化的产品，满足民众美好生活需求这三方面。与政府供给相比，市场机制的优势主要体现在其高效配置资源的能力。然而市场配置资源也存在局限性，主要表现为社会福利的损失以及对公共资源的挤占。而政府与企业合作供给，不仅可发挥市场配置资源的优势作用，还可为保障社会福利、促进区域经济长远发展提供源源不断的动力。随着城市基础设施的需求缺口不断扩大，政府与企业合作参与城市基础设施的开发建设已成为必然选择。

其次，政府与企业在合作供给准公共物品过程中形成了相互依存、与时俱进的关系。政府的主要目标是保证准公共物品和服务的供给水平，而企业以利润最大化为原则，二者共同开发建设城市基础设施。目前常见的合作方式有：PPP模式、财政补助、公私合营企业等。其中PPP模式是本章重点介绍和讨论的内容。PPP即政府和社会资本合作模式，是公共基础设施建设过程中的一种项目运作模式，指公共部门（政府）与私人部门（社会资本）以提供特定准公共物品或基础设施为对象，通过特许经营合约让私人部门所掌握的资源参与准公共物品和服务的提供，彼此之间形成一种伙伴式的合作关系。在这个过程中，政府与企业形成"利益共享、风险共担、全程合作"的伙伴关系，政府可以缓解财政支出压力，企业承担的投资风险也更少。

PPP模式具体包括设计—建设—经营（DBO）、转让—经营—转让（TOT）、建设—拥有—经营—转让（BOOT）、购买—建设—经营（BBO）等。不同模式下，政府参与程度的高低、参与的环节都有所不同。区域政府作为准经营性资源开发生成的主导者和引领者，需要在保证实现区域宏观发展目标的同时吸引企业加入城市基础设施的投资建设中。而PPP模式下政府与企业的委托代理问题可作为研究政府与企业合作关系的切入点。在PPP模式中，政府与企业目标函数不一致、信息不对称，委托代理模型能够为目标不一致的委托人与代理人设计最优的激励合约。委托代理理论在许多经济和社会现实问题中运用广泛，然而理论模型和现实环境是存在差异的，我们不能直接将基本模型应用于复杂的现实情况。例如，在PPP模式中极易产生"道德风险"问题。因此，在实际的PPP项目中，政府与企业通常需要遵循风险共担原则，按照合作各方的相对优势来合理分担风险。

PPP模式在各国发展迅速。其中，英国是公认的全球范围内最早实施PPP的国家之一，英国十分注重对监管体制的相应改革，包括完善法律、建立监管机构和加强社会监督等，并根据实际情况不断作出发展、调整。

自 2014 年以来，中国的 PPP 市场快速发展，投资领域主要集中在交通运输、市政工程、城镇综合开发、教育、生态建设和环境保护等方面。各国在发展 PPP 模式的过程中收获了许多成功的经验和成果：一是各国政府通过给予政策支持，激发地方政府与企业参与 PPP 的热情；二是完善相关法律法规，推进 PPP 制度改革；三是形成有效的管理平台，保障 PPP 项目有效运行。虽然 PPP 模式在世界各国已经有了长足发展，但仍然存在许多问题。主要体现在跨部门、跨主体的交叉管理方面。在 PPP 模式中，多方主体如何协同共进是永恒的话题，特别是政府与企业的关系，协调二者的目标与利益是 PPP 成功的重要保障，可以说，PPP 模式是政府与企业在准经营性资源领域合作的一个缩影。此外，政府与企业合作的最终目标是为社会提供良好的准公共物品，而政府与企业目标不一致将导致二者在项目运行过程中侧重的风险不同。因此，政府需要对政企合作过程中自身与企业的定位有明确的认识，并将二者的责任与面临的风险相匹配，加强对合作关系的管理。

最后，建设良好的政策环境是政府与企业长久合作的基石。政策创新是区域政府推动与保障准经营性项目发展的重要手段。政策工具分为供给型、环境型和需求型三种类型，其中环境型政策工具是政府与企业长久合作的前提，需要重点优化。具体来说，环境型政策需要包括完善的规章制度、风险分担与预防、信息披露、合作关系建设等内容。此外，随着城市经济的不断发展，新兴领域层出不穷，面对未知的挑战，区域应协同合作，进一步提升政策创新力度。

思考讨论题

1. 请简述政府与企业各自在准公共物品供给领域的优势与不足。
2. 请阐述 PPP 模式的内涵和具体模式。
3. 请简要介绍委托代理模型。
4. 请简述各国 PPP 模式的发展历史。
5. 请简述 PPP 模式中物有所值评价的定性评价指标。
6. 请阐述准经营性项目中存在的风险。
7. 请阐述政府与企业在合作中分担风险时应遵循的原则。

第四章　城乡一体化发展

　　城乡一体化是城市化发展的一个新阶段。城乡一体化是将城市和农村看作一个整体，区域政府发挥调节作用，弥补市场在资源配置中的不足，对城乡发展进行统筹规划，改善城乡发展的二元结构，建立城乡统一的资源要素市场。通过区域政府对城乡资源的统筹调配，逐步形成农业现代化的发展格局，实现城乡一体化的可持续发展和经济快速发展。例如，中国近年提出的乡村振兴战略也是城乡一体化的重要一环。中国的城乡结构有其自身特征。截至2020年，中国14亿人口中农村人口占比近40%。[①] 对于拥有如此庞大农村人口基数的国家而言，促进农村发展、促进城乡之间协同建设是一个巨大的挑战。世界各国城乡一体化的经验为其他国家/区域发展提供了很多思路，各区域政府需根据自身特征与现实情况借鉴经验，制定适宜本国/本区域发展的城乡一体化规划。

　　随着生产力的发展，城乡居民的生产生活方式都发生了巨大的变化，城乡之间人口、技术、资本等多种资源要素相互流动和融合，逐步达成城乡间在经济、文化、生态、制度上的协调发展。对于城乡一体化这一重大社会变革，区域政府需转变发展思路，配备丰富的政策工具，进行体制和机制的创新，力争破除城乡二元结构，达成城乡一体化。

　　本章聚焦城市经济中的关键议题——城乡一体化发展。首先，从准经营性资源视角展开，介绍准经营性资源与城乡一体化发展，包括世界各国城乡一体化进程、中国城乡一体化举措、城乡一体化发展过程应遵循的原则和采取的措施，以及准经营性资源在城乡一体化发展中的作用。随后，本章重点关注农村公共物品即农村基础设施，围绕农村公共物品概况、地区和城乡间公共物品供给差异及影响因素，以及农村公共物品的供给模式

---

① 国家统计局：《中华人民共和国2020年国民经济和社会发展统计公报》，见人民网，2021年2月28日，http://finance.people.com.cn/n1/2021/0228/c1004-32038702.html。

展开,并给出区域政府发展农村公共物品的具体措施。

第一节 准经营性资源与城乡一体化发展

一、世界各国城乡一体化进展

城市化只是城乡一体化发展的一部分,要破除城乡统筹发展的诸多障碍,促进农村经济的发展同样重要。世界各国在解决城乡二元结构,探寻城乡一体化发展的道路上,有许多宝贵的经验。

美国通过多种途径给予乡村更多的发展机会。美国是世界上城镇化水平最高的国家之一,早在2000年,美国的城镇化率就达到82%,甚至有些都市密集地带达到100%。[1] 同时,在美国大都市周围,城市和乡村的界限比较模糊。

乡村居民的生活质量并不亚于城市居民。美国之所以能模糊城市和乡村的界限,做到城乡统筹发展,离不开联邦和各地立法机构在制度和体制设置方面所采取的适时的相应政策和立法监管,市场机制的调节在这个过程中也起到了不可忽视的作用。具体而言,表现在以下四个方面。[2]

第一,地方政府注重扶持中小企业。由于美国大多数小企业设立在城郊或农村,大多数劳动力受雇于中小企业,促进小企业的发展有利于拉近城乡之间的发展差距。小企业自身的研发能力、信息渠道和销售网络都不及大企业,需要区域政府提供帮助和扶持。同时,美国的乡村也会根据自身的自然资源优势来吸引城市企业前来投资,进一步带动农村经济的发展。

第二,通过制定相关法律政策、出台监管措施,美国在制度设置上为城乡一体化发展打下了良好的基础。美国为缩小城乡差别,保证乡村生活质量,保持城郊和乡村的医疗保险、养老、信息服务等公共服务标准与城市一致。在保证乡村居民生活质量的前提下,令乡村生活环境更加舒适,

---

[1] 《我国和美国的城镇化率还有多大的差距 美国的平均城镇化率已经达到了83%》,见世界网,2020年12月28日,http://down.yktworld.com/down/20201228085340164999.html。

[2] 陈如为等:《世界各国城乡一体化经验:美国城市乡村难分界限》,载《经济参考报》2010年1月21日。

第四章 城乡一体化发展

吸引更多人到乡村生活，一方面可以缓解城市的人口压力，另一方面给农村发展带来更多的机遇。

第三，在税收政策上向农村倾斜，支持农村发展。美国各州在消费税上向农村和城郊地区倾斜。对于大宗消费品，城市居民愿意舍近求远，到消费税更低的农村地区采购，给远郊和农村地区带来了消费和发展的机会。

第四，注重农村基础设施发展。美国农村基础设施建设主要有土地平整、梯田修造工程，道路桥梁等交通运输工程，灌溉防洪设施建设，垃圾处理、排污等环保设施建设，以及电力供应等诸多方面。[1] 农业是农村发展的支柱产业，由于美国农产品出口比重较大，主要面对全球市场，除把握国内市场信息外，掌握国外市场的动向以作出生产销售决策对农户而言也是十分必要的，因此美国政府多年来一直致力于发展信息化农业。除此之外，交通基础设施对于美国农村和远郊地区的发展也有重要意义。美国在农村公路发展中非常注重调动各方面的积极性，政府注重立法，公众积极参与，充分发挥市场的力量。在建设过程中注重环境保护，并强调管理效率和科技应用等。其中注重科学技术研究，是美国公路得以可持续发展的重要基础。美国特纳费尔班克公路研究中心（Turner-Fairbank Highway Research Center，TFHRC）和美国州公路与交通办公协会（American Association of State Highway and Transportation Officials，AASHTO）都是美国公路建设、养护、运营等发展的技术支持部门，不仅为美国高等级公路的建设、养护、运营提供技术支持，而且对低等级的农村公路也提供相应的技术支持。[2] 交通设施是农村经济发展的纽带，美国通过各交通基础设施的建设，促使经济和社会发展的机会沿着交通干线向农村和城郊扩散。

日本在20世纪前半叶曾因追求工业发展而造成城乡差距拉大等现象。在这之后，日本政府通过出台各项措施，从根本制度上破除城乡二元结构问题，实现了较为均衡的城乡一体化发展。具体措施有四点：

第一，建立统一的社会保障体系，令城乡居民享受同等的政治经济待遇。日本在房籍制度、社会保障和人员流动等政策上对城乡居民一视同

---

[1] 黄立华：《美国农村公共产品的供给及启示》，载《北方经贸》2007年第1期，第117页。
[2] 孙昌华、阴以雯：《农村公路基础设施发展模式的中外比较》，载《科技信息》2009年第9期，第717页。

仁，这种统一的社会保障制度和宽松的户籍制度是城乡居民相互流动的重要前提。日本的养老、医疗保险等是全国统一的，居民转移户籍几乎不受限制，进城务工农民享有与城市居民相同的社会保障制度，以保障劳动者就业。

第二，促进各类资源向农村地区流动，完善农村基础设施。造成城乡二元结构的原因之一是劳动力、资金等要素在城乡之间的流动壁垒难以破除，而日本建立了较为完善的农业耕地和农村住宅流转体制，在完善农村的基础设施、生活服务和文化娱乐等方面，鼓励城市居民来到农村居住或投资，而这部分资本和人员的到来给农村带来了资金并拉动了农村的消费，进而推动了农村经济的发展，促进城乡平衡发展。

第三，依托交通基础设施，重视城市化过程的总体布局，带动区域发展。在日本经济快速发展的时期，大城市人口也迅速扩张。1955—1970年，东京每年净流入人口达30万～40万人。但东京通过合理的城市布局，依托放射状、大容量轨道交通，在交通沿线各站点配套完善的居民区，让大量在东京工作的居民选择在距东京市中心数十千米的千叶县或埼玉县等地居住，避免出现城乡接合部等问题。有效合理的城市规划带动了城市及周边区域的发展，孕育了发达的经济圈。

第四，加大对农村公共物品的投入，保证公共物品供给的质量。日本对农村公共物品的投入很大，财政支持力度高。不仅有技术上的服务支持，也包括基础设施、公益事业，甚至文化、教育等，涵盖农业生产领域、流通领域和生活领域。其中，对于农业基础设施的供给和保障是重点，日本政府借助日本农业协同工会（简称"农协"）的力量，对组合成员的生产和销售等农业经营活动进行指导。通过农协快速、高效的信息系统，形成全国网络和反馈路线。农协统一组织农业公共利用设施，如大米加工中心、茶叶加工厂等，促进农业发展。[①] 此外，日本政府通过各种措施维持农产品的高价格，以保障农民收入，缩小城乡之间的收入差距，统筹城乡发展。

韩国的"新村运动"对于实现城乡一体化发展发挥了重要作用。韩国

---

① 匡远配、汪三贵：《日本农村公共产品供给特点及其对我国的启示》，载《日本研究》2005年第4期，第51页。

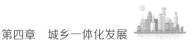

自1970年开始实施"新村运动"。① 最初是以加大农村基础设施建设，改善农村居民生活条件为主，后来逐渐延伸到大力发展农产品加工行业，提升了农村产业化水平。同时，在全国倡导精神文明建设，在借助新农村民间组织等多方力量下，把"新村运动"推向了高潮。1970年以后的30年间，韩国农业人口减少了990万人，而农业总产值增加了2767万美元；经过40多年的实践，韩国基本解决了城乡失衡问题，为城乡统筹发展作出了巨大贡献。"新村运动"的成功离不开政府在其中的主导作用，以及多方主体的协力，通过完善基础设施推进城乡一体化发展。具体表现在以下四个方面。

第一，政府在城镇化建设中起到引领和主导的作用，通过多项政策举措推进"新村运动"的发展。韩国政府首先通过制定相关法案来指导城乡的协调发展，并提供相应的法律依据和行动指南。20世纪70年代，韩国政府出台了一系列措施和政策，促进小城镇发展。而后，又于2001年推出《地方小城镇培育支援法》等，均为"新村运动"提供了法律保障和制度支持，并落实了严格的监督管理制度。

第二，完善交通基础设施，发挥大城市的集聚效益。在"新村运动"初期，农村的市场机制不完善，经济水平不高，政府首先投入发展农村基础设施和公共服务，为后期的协调发展打下良好的基础。随后，韩国通过推进城乡一体化的城市网络群带建设，建立完备的轨道交通令乡村与小城镇和大城市交通线对接，形成了包括首尔、仁川和京畿道在内的首都圈，充分发挥中心城市的辐射作用。同时，在农村地区，相应的交通条件、水电暖灯基础设施和教育、医疗、金融等公共基础设施均得到了较好的保障，拉近了城乡之间的生活质量和发展水平。

第三，鼓励民间资本参与，多元主体共同保障基础设施建设。基础设施作为准公共物品，具备一定的非竞争性和非排他性。韩国政府通过拓宽筹资渠道，鼓励民间资本参与基础设施建设，补贴承建的企业，借助市场对资源的配置力量，为城乡一体化发展提供了资金保障，推动了基础设施的大力发展。

第四，推进城镇文明建设，提高农村居民的文化水平和道德修养。韩国政府加大农村文化基础设施建设，鼓励城市志愿者队伍进入农村，与农

---

① 邓文钱：《韩国"新村运动"的成功经验》，载《学习时报》2013年12月17日。

村居民深入沟通交流，加深农村与城市之间的文化融合。这实际上是城乡文化和理念上的共享，提升了农村居民的认知水平，为城乡的融合发展提供了良好的智力基础。

法国在城乡一体化进程中也有着丰硕的经验和成果，巴黎及其周边地区就是全球大都市城市化的成功典范。法国致力于让城市"扁平化"，对城市内的楼层高度有所限制，因此被称为"最矮都市"。巴黎有意识地将城市分区，其中商务区和工业区设置在周边郊区，大学区、商业区仍留在市内，这在一定程度上缓解了交通设施的压力，相对降低了人口密度。同时，巴黎政府大力投资基础设施，兴建交通设施，如地铁线路、轻轨线路以及郊区环城高速公路，目的是扩大都市圈的辐射范围。除了通过交通基础设施来缩短城乡物理距离，巴黎政府还出台各种政策，建立健全社会保障体系，无论是城市或乡村居民，均可享受大致相等的福利待遇。而为了鼓励年轻人留在农村就业，避免农村出现"空壳化"和"老龄化"问题，法国政府提供无息贷款、补贴及培训等多种方式，为年轻人在农村地区就业提供方便。从巴黎的经验来看，一方面，政府通过城乡基础设施和城市规划让城市"扁平化"发展；另一方面，政府通过一系列社会保障政策和就业政策解决农村居民生活和就业的难题，保证他们在农村的生活水平。

除了成功的例子，在城乡一体化进程中面临困境的国家也不在少数。如越南在城市化进程中土地流失严重，大量耕地被房地产和高尔夫球场项目挤占。随着耕地的流失，农村居民失去了赖以生存的资源，就业问题也日渐突出，长此以往必然会成为社会发展的一大阻碍。

二、中国城乡一体化进程和举措

近年来，中国在城乡关系上取得了令人瞩目的成就。农村居民可支配收入增长率逐年提升，城乡居民的收入差距不断缩小，已形成了城乡协同发展的态势。同时，中国推进的大规模减贫行动也为中国农村地区的发展和经济增长提供了强大动力。截至2020年11月23日，中国832个贫困县全部脱贫。《中华人民共和国2019年国民经济和社会发展统计公报》显示，贫困发生率从2010年的17.2%降至2019年的0.6%。再到2020年全部脱贫（如图4-1所示），贫困县全部"摘帽"，绝对贫困历史性消除，中国为世界减贫事业作出了巨大贡献。由于贫困人群多集中在欠发达地区和农村地区，中国各地方政府采取多样化的手段，推进脱贫攻坚工作。在此过程中,中国完善了落后地区和农村地区的交通、信息、农业等基础设施状况,推进了农村医疗保障的建设,为经济发展挖掘了新的潜能。

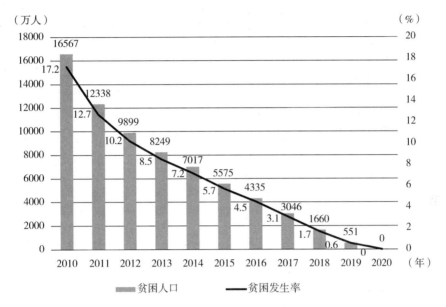

图4-1 2010—2020年贫困人口规模及贫困发生率

(数据来源:2020年数据来自《中华人民共和国2020年国民经济和社会发展统计公报》,2019年数据来自《中华人民共和国2019年国民经济和社会发展统计公报》,其余年份数据来自《辉煌70年——新中国经济社会发展成就(1949—2019)》。)

虽然中国在推进城乡一体化、促进农村发展的过程中取得了很大成就,但这种发展仍不够充分。这种不充分主要体现在五个方面。①

第一个不充分是城乡社会福利和公共物品供给不充分,特别是乡村公共物品供给不充分。目前仍有很多乡村地区在基础教育、公共卫生、医疗、养老、文化等方面公共物品供给严重不足,这是导致城乡发展不平衡和收入差距的重要原因。

第二个不充分是一些地区的法治环境建设和依法治理不充分,农村尤其如此。目前,农村的法治环境和依法治理仍很不充分,在涉及农村土地

---

① 王曙光:《农业农村优先发展与中国经济高质量均衡增长》,载《人民论坛·学术前沿》2020年第24期,第40~51页。

征用、农村城镇化和农户拆迁等问题上,其法治化水平需要大范围提升,法治意识需要进一步增强。

第三个不充分是社会信任体系与社会伦理建设还不充分。部分农村出现村风不良、乡村治理混乱、乡村社会失序等问题,极大地影响了农村未来发展和社会稳定。

第四个不充分是公平普惠的社会机制构建尚不充分,从而使得城乡身份差异带来公民福利差异。城乡医疗条件、教育水平和其他社会保障水平差距较大,导致了人和人之间关系的不平衡。

第五个不充分是文化建设尚不充分。总体而言,中国文化软实力与发达国家相比还有很大差距,而农村文化建设水平更是严重滞后。建设农村文化对于农村的长远发展有重要意义。

三、城乡一体化发展的原则

世界各国在推进城乡一体化发展的进程中,所采取的措施和配套政策根据所处区域的差异各有其特点,但其中部分手段措施和处理原则是一致的,主要表现在以下五点。

第一,大力投入基础设施发展,尤其是农村基础设施。实际上各国在推进城乡一体化发展时,最重要的问题是如何缩短城乡之间的差距,如何让城市的功能辐射农村。对此,各国主要从生活、农业、交通三方面的基础设施入手,保障农村居民的生活和生产,并通过交通基础设施搭建起城市和农村连接的桥梁。对于农村或周边郊区,多数以农业作为支柱产业,促进农业的发展也保证了农村居民的生活水平和收入来源。在农业方面,美国政府注重科学技术对于农业发展的变革,致力于信息化农业的建设,日本政府通过多项措施保证农产品的价格,借助于农协的力量发展日本农业。日本的人口密度是中国的数倍,其山地多而平原少,但在这种情况下,日本仍达到了高度城市化和城乡共同富裕的目标;日本本国的农业保证了其大米的完全自给和部分蔬菜自给。而中国在农业的集约化和精细化发展上还有较大的潜力。另外,相较于城市,农村有丰富的自然资源,对于区域生态环境建设和推动绿色发展有着重要作用,区域政府应明晰城乡资源禀赋差异,合理规划城乡发展,让城市的先进成果辐射农村,让农村的良好生态环境辅助城市建设绿色发展的新格局。

第二,多元主体共同参与,助力农村基础设施建设任务。传统的理论

第四章 城乡一体化发展

将农村基础设施的建设任务归于区域政府的责任范畴，认为这是区域政府在发展民生经济、兼顾公平与效率过程中的任务。随着社会的不断发展，农村基础设施的类型不断丰富，其建设任务和资金来源不再统归于区域政府，而是多层次、多主体的。例如，韩国鼓励民间资本参与基础设施建设，以拓宽投资渠道，同时补贴承建的企业，促进基础设施的发展。在美国的农村基础设施建设过程中，全国性的大规模项目由联邦政府或州政府负责，地方政府主要投资中等规模的项目，而路灯一类的小规模项目则由乡（镇）基层政府负责。同时，对于部分小规模项目，在区域政府的监督管理下，也可由农村居民个人或联合企业投资建设并自行经营管理。而这种多层次、多主体的制度安排不该仅停留在理论层面，而要真正地付诸实践。

第三，配套相关政策措施，促进资源向农村流动。由于城市对周边地区具有极化效应，城市的发展吸引周边农村或郊区地区的资源和劳动力的流入，不断地为城市的进一步发展积累有利因素，而对于失去年轻劳动力资源的农村地区，其发展愈发受到限制，这导致城乡之间的差距进一步拉大。经济发达的城市，在市场机制的作用下会形成自我发展的能力，不断为自身发展创造有利条件，而相对落后的农村，因难以通过市场机制获得市场优势资源的关注，发展举步维艰。而区域政府要完成城乡一体化的目标，仅依靠市场机制是难以达到的，必须要配套相应的政策，为农村发展提供有利的资源。韩国在"新村运动"中为促进小城镇的发展，出台了一系列政策措施，为小城镇的发展提供了法律保障和制度支持。相较而言，越南在城市化发展过程中只是一味地侵占农村的耕地资源，忽视了为农村输送资源，导致农村居民的就业困境、城乡发展的失衡。

第四，建立统一的社会保障体系，保证城乡居民获得同等待遇。缩小城乡居民之间的差异，促进人口的流动，减缓城市的压力，是促进城乡一体化发展的另一重要手段。近年来，中国农村人口流失严重，而在城市务工的农村人口很多时候享受不到城市的医疗保障。而解决这一难题的关键就是建立统一的社会保障体系。日本在人员流动和社会保障等政策制度上对城乡居民一视同仁，保证了农村居民的生活质量和社会保障水平。

第五，创新思想，促进城市与乡村的理念融合。城市的发展给乡村带来的不仅是科技技术上的普及，还有创新的思想和理念。相较于城市，农村地区文化设施较少，教育资源匮乏，文化水平和观念与城市存在一定差异。因此推进乡村文明的建设，促进城市与农村思想和文化上的融合十分必要。我们在论述准经营性资源的转换条件时提到，区域居民的认知水平对于能否将准经营性资源转换为可经营性资源有重要影响。提高农村居民的文化水平，能间接促进农村准公共物品的发展，推进农村基础设施的建设进程。在韩国"新村运动"中，城市志愿者进入农村与当地居民进行深入沟通交流，实际上就是一种城乡文化的融合，也是区域理念共享的表现。一个现代化、智能化的城市发展到后期，理念思想的共享有着不可小觑的作用，尤其是创新的思想。世界各国根据区域特征因地制宜，运用创新思路是城乡一体化进程中的重要举措。城市创新理念辐射至农村地区，可为城乡一体化发展奠定思想文化基础。

要实现城乡一体化，需要深刻的制度变革。上述措施是解决城乡问题的有效措施，但区域政府要能够将政策措施的力量真正地释放出来，还需从思想上、组织上进行创新，要有改革的魄力和勇气，从理念上、从制度上引领城乡发展，才能从根本上解决城乡二元发展的问题。目前，城乡协同发展面临诸多阻碍，如农村居民社会保障问题、农业发展问题、农村"空心化"问题等都是十分严峻且棘手的难题，这些问题没有现成的解决方法，是世界上很多国家共同面临的困境。区域政府要破除这类难关，需秉持创新改革的勇气和理念，采取行之有效的措施，才能真正实现乡村振兴，实现城乡一体化。

在上文提到的城乡一体化发展原则中，本书着重讨论区域政府对农村基础设施的投资建设问题。农村基础设施属于准公共物品范畴，即准经营性资源，是本书的主题，也是资源生成领域中最重要的生成性资源；是一个区域经济发展的重要动力，也是农村经济发展的重要切入点。

四、准经营性资源在城乡一体化中的作用

城乡一体化问题的关键就在于乡村的发展战略。党的十九大报告中提出以解决"三农"问题为根本出发点的乡村振兴战略。实施乡村振兴战略是党中央所作重大决策部署，是解决城乡发展不平衡、不充分等问题的重大任务，战略提出了"产业兴旺、生态宜居、乡风文明、治理有效、生活富裕"的总要求，以加速城乡融合。

在乡村振兴策略的推进下，中国各省市区域以整治农村人居环境为基本任务，统筹推进基础设施建设、环境绿化、公共服务等工作，城乡一体

化发展取得实效。然而目前农村基础设施水平仍然处于较低水准，基础设施的落后阻碍了农村产业的发展，资源也得不到有效配置，延缓了城乡一体化的进程。基础设施作为城乡间互动的重要桥梁，是城市与乡村之间要素流动的载体。城市在基础设施建设上具有领先地位，应发挥自身的辐射效应，加大对农村基础设施在交通、通讯、环境、医疗、教育等方面的建设投入，不断完善农村基础设施建设，实现城乡基础设施互利互补、和谐共生。这些城乡基础设施作为新的生成性资源，在经济学上具有基础性、非贸易性和准公共物品性。在乡村振兴和促进城乡一体化发展的背景下，这一类狭义城市资源（准经营性资源）是否能为城乡一体化发展提供新的思路？

在城乡一体化进程中，一体化建设速度虽有较大提高，但实际上农村的基础设施建设与城市相比仍有很大的差距。以广州市为例，广州市作为改革的前沿阵地，在实践城乡一体化方面一直走在全国前列。① 政府积极出台系列政策推进城乡一体化发展，如2006年出台《关于贯彻〈中共中央、国务院关于推进社会主义新农村建设的若干意见〉的实施意见》、2009年出台《关于加快形成城乡经济社会发展一体化新格局的实施意见》、2016年出台《关于印发广州市统筹城乡发展第十三个五年规划（2016—2020年）的通知》。广州一直致力于探索实现城乡一体化、完善农村地区公共服务体系的道路。同时，广州持续增加农村基础设施投入力度，改善农村发展面貌，主要体现在农村交通基础设施、居住环境和信息化基础设施三方面。在交通基础设施方面，早在2016年，广州市已实现"村村通公路"，覆盖率较10年前增长了0.4%，交通设施情况得到了较大改善。在居住环境方面，至2019年年底，广州市已全面完成"三清三拆三整治"目标任务，84.65%的自然村可达到"干净整洁"标准；69.49%的行政村可达到"美丽宜居"标准，90条行政村可达到"特色精品"标准。② 在信息化基础设施方面，广州在2016年实现"村村通电

---

① 李楠、蔡萍、张建武：《广州市城乡一体化的现状、问题及对策》，载《南方农村》2020第4期，第4~6页。
② 李斌、邓潇丽：《给力！广州69.49%行政村达到"美丽宜居"标准》，载《广州日报》2020年2月26日，https://baijiahao.baidu.com/s?id=1659612951186868333&wfr=spider&for=pc。

话",并在2020年实现全市20户以上自然村光纤全覆盖。① 虽然广州农村基础设施建设已取得一定成效,但仍存在许多不足,如财政投入有限、各类设施年久失修、日益增长的信息化基础设施需求难以完全满足等。

城乡一体化进程中的关键载体——基础设施,尤其是农村基础设施,属于准经营性资源的范畴。在广州市推进城乡一体化的进程中,出现了区域政府财政资金投入不足等问题。而准经营性资源可依据区域市场经济发展程度、政府财政收支状况和社会民众认知程度来进行转换,可引入市场机制参与其中,鼓励企业、社会资本适当参与。农村基础设施建设完全依靠财政支持,可能无法满足农村发展需求,若鼓励和支持社会资本参与农村基础设施建设,可以提高农村基础设施供给速度,加快城乡一体化建设步伐。同时,在智能城市快速发展的同时,也需加快农村信息化基础设施建设,提高农村信息化水平。这就需要具备创新信息技术的企业参与,通过加大农村通信基础设施的建设力度,促进城乡信息化建设均衡发展。过去农村基础设施更多是被归类于非经营性资源,作为保障人们生活水平、发展民生经济的一环。在城乡一体化的背景下,农村基础设施作为一种生成性资源也发生了动态变化,它不仅是保证农村居民生活的基本设施,更是链接城乡发展的重要纽带和基础。区域政府也应积极发挥农村基础设施这一生成性资源的潜在作用,为实现城乡一体化和探索乡村振兴发展战略提供新路径。

第二节 农村公共物品——城乡一体化重要抓手

一、农村公共物品概况

上文提到,农村基础设施过去常归属于公共物品范畴。农村公共物品是为促进农村发展、推动农业生产和满足农村居民生活需要而提供的社会产品或服务。② 主要包括道路、桥梁、电网、通信、大型农业基础、水利

---

① 朱绍杰、唐宸尧:《20户以上自然村 年内光纤全覆盖》,载《羊城晚报》2020年07月25日,第A01G版。

② 唐娟莉:《农村公共品供给效果评估研究》,中国社会科学出版社2018年版,第1页。

灌溉设备、生态林网建设，以及医疗卫生、基础教育和农业信息等公共服务。这里提到的农村公共物品实际上包含了公共物品和准公共物品的内涵，下文均以公共物品指代。随着城市经济的发展和城乡一体化的不断深化，部分农村社会产品或服务转变为具有部分竞争性或部分排他性的准公共物品。相应的，区域政府的职责也在不断变化。对于农村公共物品的供给问题，在区域政府治理模式变革的过程中，需要打破过去由政府独立参与的模式，构建政府、企业、社会多方参与的治理模式。该新模式在区域建设和发展过程中，能够有效地改善农村公共物品供给中市场缺位及市场失灵的问题，达到对准经营性资源的有效配置和利用。

从需求的角度来看，各地区农村居民对公共物品的需求是多样化和差异化的，影响农村公共物品需求的因素主要有三方面：一是农村的经济发展水平。农村居民对公共物品的需求与该地区发展水平密切相关，居民在达到基本生活水平后才会追求更高质量的生活条件，对公共物品的需求也会更高。因此，农村的经济发展水平越高，居民对公共物品的需求水平越高、规模越大。二是居民的认知水平、基本素质和消费观念。这主要会影响到居民对公共物品需求的规模、质量和水平。地区居民拥有更高的认知程度，对于公共物品质量的需求也会相应提高，而不纯粹是规模上的。三是农村居民的收入水平。居民收入水平与地区经济发展有着密不可分的关系，收入水平的高低直接影响居民对公共物品的需求大小。当农村居民的收入较低时，他们的需求以保障基本生活为主，对必需型公共物品有一定需求，对高标准的公共物品则需求较少；随着居民收入水平的不断提高，其对公共物品的需求也随之增长，特别是对发展型公共物品的需求。

一般而言，对于具备非竞争性和非排他性的纯公共物品，主要供给主体是区域政府。公共物品的供给与私人产品的供给存在较大差异，由于公共物品具备一定的非竞争性和非排他性，完全由企业或市场供给会导致无效率。而随着城市的扩张，其对周围乡村地区的辐射效应日益增长，农村公共物品或基础设施对于城乡之间的联结作用不断增强，需求也随之增加。此时，由区域政府独立提供农村公共物品容易产生资源浪费、资源配置不合理、损失社会福利的情况，同时可能使区域政府的财政负担过重，也不利于农村公共物品供给的进一步发展。因此，供给可以由多方参与，包括区域政府、企业、市场、村集体等。同时，区域政府在其中的职责和边界需要有明确的划分，而这一界限的确定需要有健全的公共财政制度相

配套,并与市场规律相协调。

然而,目前中国农村公共物品供给结构仍存在一定缺陷。主要表现为:第一,在投资建设农村公共物品时更愿意选择兴建时间短、成效快的基础设施,而不愿意选择部分见效慢、建设难度大,但具有长期重要作用的公共服务设施。第二,对于各乡村内部的准公共物品,区域政府往往会集中各方力量搞好建设,如农村的道路建设、自来水饮用工程、农田水利设施等,但对于那些具有较强正外部性的公共物品,却很少愿意主动提供。这是源于区域政府间缺乏合作,因此这类有外溢性的公共物品鲜少由区域政府主动提供。随着经济发展阶段的不断演进,区域会步入共享驱动阶段,此时需要各区域间协同发展,合作共赢才是这一阶段的"主旋律"。然而在现阶段,各区域间的合作仍然是薄弱的。第三,在新建项目的前期区域政府愿意参与投资,但对于后续的维修或其他服务则未能跟进。农村公共物品供给结构的不合理会对其发展规模和质量产生负面影响,阻碍农村经济、城乡一体化的发展进程。

二、地区和城乡间公共物品供给的差异及影响因素

各地区由于资源、历史等原因形成的地区差异,导致各区域经济呈现梯度差异发展的格局,相应的,地区间的经济实力和财政收入水平也有较大落差,最终致使各区域农村公共物品供给存在较大差距。如中国东西部地区表现出的地区差异。东部地区经济实力更强、经费充裕,相较而言,中西部地区经济发展水平较为落后、财政实力薄弱,导致公共财政资源短缺。因此,东部地区在农村公共物品的供给水平上要高于西部地区。多位学者也证实了中国不同地区间农村公共物品的供给能力存在差距。吴丹和朱玉春构建了多个具体指标来测度农村公共物品供给能力,采用地理信息系统(geographic information system, GIS)工具对中国农村公共物品供给能力的分布情况进行描述,发现中国各地区农村公共物品供给能力存在较大的差异。[①]

除了地区之间的差异,城乡之间的基础设施水平也有着明显的差距。城市拥有高质量的基础设施、快捷便利的交通,而农村的交通和基础设施

---

① 吴丹、朱玉春:《农村公共产品供给能力评价体系的多维观察》,载《改革》2011年第9期,第86～91页。

水平较为落后。近年来，随着中国对区域平衡发展问题和城乡二元经济结构问题的关注，对中西部地区的投入力度不断加大，财政资金也向农村倾斜，使得原来的地区、城乡非均衡发展状态有所改变，在农村公共物品供给上的差距有缩小的趋势。

对于区域间、城乡间的差异，不能片面地理解为一种失衡的发展结构。从中观经济学的角度来看，区域间发展不均的梯度结构是有其合理性的。第一，由于区域自身禀赋及政策措施的力度等因素，各区域经济发展水平不同，所处梯度自然也不同。而这种差异实际上是可以利用的。如何利用这种差异，实现区域之间生产要素的最佳组合？发挥高梯度与低梯度地区资源要素的最大效用，达到先发地区与落后地区的"帕累托最优"。长远来看，梯度发展既能促进发达地区增长，也能促进欠发达地区增长。这也就是所谓"先富带后富"。第二，梯度发展并不一定是最终结果。长期来看，梯度发展会呈现先扩大后缩小的总体趋势，因此，把区域差距的短期扩大当成梯度发展的最终结果，是短视的。不可否认，在早期，资源要素会向经济基础好的地区聚集，导致回流效应，拉大差距，但只要控制在一定范围内，不过度，还是会让欠发达地区经济向上发展的。第三，在认识到梯度发展格局合理性的同时协调各区域的均衡发展战略，是互补而非矛盾的关系。二者所强调的重点并不处于同一层面。梯度发展着眼于资源配置，协调发展着眼于区域间的公平。二者客观上存在着目标和手段的内在统一关系。只有在市场机制的作用下，梯度发展和协调发展之间的内在统一才可能实现。这种新的优势互补的区域发展战略，能够有效克服"政府失灵"与"市场失灵"，最大范围地促进市场边界与政策边界的重合。梯度均衡策略在遵循市场规则下，依靠自身禀赋，采取不同的政策措施，获取梯度优势。这种先发地区具备竞争优势，会吸引其他地区资源流入该地区，而协调发展又在一定程度上起到保证公平的作用，即在市场无法顾及的低梯度地区，由政府保障其公平。因此，农村公共物品供给水平的区域差异在短期内是合理的，而政府需要兼顾社会公平，防止低梯度地区要素过度流失。就如中国对中西部和农村地区的政策倾斜一样，在推进区域经济发展过程中，也必须注意促进区域之间的协调发展，达到梯度发展与协调发展的内在统一，既促进经济增长又实现社会公平。

从三类资源的角度出发，农村准公共物品兼具部分的非竞争性和非排他性，可根据公共物品的性质以及当地的经济发展水平、农村居民的认知程度和区域政府的财政收入情况决定其转换为非经营性资源（公共物品）或准经营性资源（准公共物品）。同时也决定了是完全由区域政府主导并承担还是引入市场机制，让企业作为另一主体参与供给。一部分农村准公共物品属于满足农村居民生活的必需品，如自来水饮用工程等，可由区域政府提供。对于农村信息服务等设施，可以考虑由企业提供，而政府作为监督者和管理者。在这个过程中，就需要区域政府转变观念、转变职能。由于财政收入是有限的，在农村准公共物品、基础设施的供给上难免存在不足的情况，而针对农村准公共物品的属性可以考虑引入市场机制，解决供给不足的问题，也为城乡一体化的发展奠定基础。

影响公共物品供给水平的因素有很多，各学者从不同角度出发得出了以下结论。韩华为、苗艳青指出人口密度、居民受教育水平、人均 GDP、财政分权和医疗体制改革等社会、经济和政策变量则是造成中国各地区公共物品供给效率差异的重要原因。[1] 续竞秦、杨永恒通过修正的 DEA 两步法测度了中国各省级政府公共服务供给效率，并指出各省之间存在显著差异，而财政自主权、区域人口密度、人均 GDP 等因素对供给效率有显著影响。[2] 同时，各区域的地理环境和人口禀赋等先天或历史造就的因素是区域政府不可控制的，这类因素对于地区公共物品供给水平也有不可忽视的影响，另外，地方政府的财政行为对于效率有着很大影响，提高政府治理的水平可以改善效率。[3] 张开云等认为公共服务供给能力的提升不完全取决于地方经济和财政实力，公民参与、社会组织、信息沟通、电子政务技术等社会和信息技术因素对于公共物品供给能力也有重要影响。[4] 同时，经济、资源、人口因素和政策因素也会影响各地区农村公共物品供给能力。其中，政策因素，包括国家政策和区域政府政策，与农村公共物品供给水平的高低有很大的关系。政策在一定程度上反映了区域政府在农村公共物品供给上的行为偏好。各地区供给水平的变化也可以反映出区域政府

---

[1] 韩华为、苗艳青：《地方政府卫生支出效率核算及影响因素实证研究——以中国 31 个省份面板数据为依据的 DEA – Tobit 分析》，载《财经研究》2010 年第 36 卷第 5 期，第 4～15、39 页。

[2] 续竞秦、杨永恒：《地方政府基本公共服务供给效率及其影响因素实证分析——基于修正 DEA 两步法》，载《财贸研究》2011 年第 22 卷第 6 期，第 89～96 页。

[3] 陈诗一、张军：《中国地方政府财政支出效率研究：1978—2005》，载《中国社会科学》2008 年第 4 期，第 65～78、206 页。

[4] 张开云、张兴杰、李倩：《地方政府公共服务供给能力：影响因素与实现路径》，载《中国行政管理》2010 年第 1 期，第 92～95 页。

在供给政策上的合理性和有效性。

综上所述，各学者对于农村公共物品供给效率的影响因素问题进行了多方理论和实践上的探讨，主要包括：区域自然资源禀赋、历史因素、人口因素、经济水平、城市化水平、区域政府财政实力、信息技术水平、政策因素。其中部分因素是区域政府难以控制的，而经济水平、财政实力、政策等因素是区域政府可以通过创新的政策理念来提高和完善的，尤其是政策因素。政策工具作为区域政府管理区域、引领区域发展的重要手段，最能体现出区域政府在超前引领上的作用。农村公共物品供给效率的低下甚至无效率，更多归因于区域政府在决策程序上的不规范，在管理和约束机制上的缺位。区域政府的政策选择和创新对于农村公共物品的发展具有重要作用，也有助于保护广大农村居民的根本利益，促进城乡一体化的深化发展。完善的政策对于公共物品的发展有较大的促进作用，如惠农政策、粮食补贴政策对于农户种植意愿的影响等。[①]

另外，如何衡量区域政府在提高农村公共物品供给效率上的政策是否有效也是一个值得考虑的问题。由于在不同时期出台的政策，其侧重点和政策目标都是不同的，不同特征的人群从政策中得到的受益自然也是不同的。因此，区域政府在提供农村公共物品并配套相应政策措施时，应从当地农村经济发展水平、农村居民生活需求以及农业生产的现实需要出发，才能让政策发挥其应有的效用。因为当地农村居民对于农村基础设施和服务的需求是动态变化的，要提高居民的社会福利水平，区域政府有必要以农村居民对于公共物品的需求为导向，不断进行动态调整。因此，衡量区域政府提供的公共物品和服务等是否符合预期目标，是否对当地农村的经济发展、农村居民生活水平的提高和城市一体化进程发挥了重要的促进作用，一个有效的途径就是评价区域政府提供的公共物品是否符合居民的需求。如根据对农村居民的调研数据得到具有不同特征的农户对农村公共物品供给效果的综合评价。通过实地调查取得的反馈可以在一定程度上反映区域政府在农村公共物品供给和政策层面上的有效性，可以从中挖掘问题，寻求更有效的路径。除此之外，代表地区发展水平和基础设施发展程度的经济指标也是反映区域政府供给水平的另一重要途径。

---

① 朱玉春、王蕾：《不同收入水平农户对农田水利设施的需求意愿分析——基于陕西、河南调查数据的验证》，载《中国农村经济》2014年第4卷第1期，第76～86页。

三、农村公共物品的供给模式

在农村公共物品供给和服务中,农村基础设施建设对于农村经济发展和城乡一体化建设尤为重要。基础设施是狭义的准经营性资源,它是一个地区经济发展的重要增长点。而农村基础设施的建设,不仅为当地居民创造了更加良好的生活环境,也为城乡一体化发展奠定了良好的基础。其中道路、邮政、电力、网络等基础设施的完善,可以为农村与城市的沟通交流提供便利,使农村居民能接收城市创新、多元的思想文化,在一定程度上提高农村居民的基本素质。随着社会的发展和经济的增长,农村基础设施建设不再局限于实现农业产业升级,更重要的是为农村居民的生产生活提供多方保障。完善农村基础设施建设,实质上是在保证农村居民生活正常有序进行,构筑城乡连接渠道的长期有效措施。基础设施的不完善,会影响当地的农村居民生活质量,拉大城乡发展差距。因此,区域政府要加快实现城乡一体化进程,需加强对农村基础设施发展的重视。其中包括大力发展农村交通、信息技术建设,完善相关信息网络规划,增强城市与农村的连接度,缩小城乡差距,达到提升城乡一体化发展进程的目标。城市的发展离不开基础设施的更新与完善,要搭建城乡之间的桥梁,缩短物理上的距离,建设交通基础设施是十分必要的。其中,农村道路建设对农村发展具有重要影响,对农村经济具有举足轻重的作用,不仅能促进农业的增长,对于农村非农部门也有较大的提升,能够产生较高的社会效益。基于农村道路在农村发展和城乡一体化的重要地位,区域政府在加强农村道路建设时,除了要严格监督道路工程的建设,更重要的是从制度上扶持农村公共交通的发展,为农村居民与城市的交流、物资的运输提供完善的交通设施,保证乡村交通设施建设的有效实施。同时,各城市正逐渐步入智能城市建设的轨道,要缩短城乡之间的距离,在农村信息基础设施建设方面也要加大投入力度,优化资源配置,建立完善的城乡信息服务体系,推动现代化农村的建设与发展。

上文就农村基础设施这一狭义的准经营性资源对于地区发展和城乡一体化进程的重要性进行了详细的论述。而区域政府在其中应如何发挥资源生成的作用并带动区域发展是首要考虑的问题。首先,面对准经营性资源这一具有部分非竞争性和非排他性性质的资源,是否该由区域政府一力承担其开发与配置?企业是否可以作为另一主体参与其中?答案是肯定的。

准公共物品可由区域政府或企业承担，也可由二者共同承担，在一定条件下可进一步转换为可经营性资源或非经营性资源。因此，考虑到农村的经济发展水平、农村居民的认知水平和区域政府的财政实力，在农村基础设施或准公共物品的供给机制上，可以有区域政府供给模式、市场供给模式、区域政府与市场联合供给模式。

（1）区域政府供给模式。农村基础设施的供给或生产全部交由区域政府相关部门直接承接，区域政府作为提供者和生产者，对农村生产生活和发展所需的准公共物品和服务进行直接生产和经营。这一模式要求区域政府对于准经营性资源进行有效的配置并配套合理有效的政策路径。对于所在区域农村经济发展水平较低、农村居民认知水平和接受能力较低的情况，由区域政府全权承担供给任务不失为一个较优的选择。在此模式下，区域政府对于生产何种类型的农村准公共物品，怎样生产以及如何对生产好的物品进行一次或二次分配等实际问题，需要对相关细则一一界定。对区域政府的管理能力和相关政策工具的选择能力提出了较高的要求，财政压力也相对较大。

（2）市场供给模式。在当地农村经济发展水平较高、居民认知程度较好的情况下，可采用市场供给模式，依靠市场自身的力量，由企业主导，让市场独立地完成农村准公共物品的供给。实际上，现实生活中存在许多具有排他性的农村准公共物品，是可以依靠市场规则来进行供给的。比较典型的有农村通信设施和电力网络等。企业通过向有需求的农户收取相应的费用，为其提供准公共物品或服务。在该模式下，区域政府需要遵循市场规则，适应市场化的发展趋势，制定相关的政策法规，使市场更好地发挥其资源配置的作用。

（3）区域政府与市场联合供给模式。在该种模式下，区域政府在遵循市场规则的条件下借助市场的力量来实现农村准公共物品的供给。不同于在市场供给模式下区域政府的作用，在政府与企业联合供给的模式下，区域政府的职能更多元。由于在实践中存在大量具有弱排他性的农村准公共物品，如农村生活卫生项目、环境治理项目等。通常这类项目难以在短期内盈利，使得生产者必须承担较高的市场风险。对于这类周期长、高风险且无法预计盈利水平的项目，企业不会首先参与，而是由区域政府作为第一投资人。同时，通过相关激励政策方式引导市场力量参与其中，供给农村准公共物品，如补贴政策、减税政策等。此外，区域政府也可通过政府

115

购买的方式，与企业签订提供准公共物品或服务的生产合同，通过市场交易实现农村准公共物品的供给。在政府购买的方式下，区域政府承担了主要风险，而企业作为生产者参与其中。由于涉及双重供给主体，区域政府与企业在供给过程中的关系对于农村准公共物品的供给效率具有较大影响。李雪松和李林鑫以农村饮水安全工程这一农村公共基础设施的重要组成部分为例，从其作为准公共物品的属性出发，建立了政府与私人投资者为主体的博弈关系，分析博弈各方投资农村饮水安全工程的收益和在现实供需关系下的收益格局。[①] 随着农村经济的发展和农村居民认知水平的不断提升，农村准公共物品的供给主体逐渐实现多元化，引入市场竞争来提高准公共物品的供给效率是未来的发展趋势。而如何协调多个主体，达到最优的资源配置效果是区域政府必然要面临的问题。

第三节　区域政府发展农村公共物品的具体措施

在推进城乡一体化发展的背景下，区域政府需把握住农村准公共物品这一突破口，探索城乡经济发展的新路径，具体而言，区域政府可采取以下四种措施。

（1）引入私人投资（民间资本）。在农村准公共物品领域引入私人投资，可在一定程度上缓解区域政府财政压力，并通过市场的力量推进农村各项公共物品和服务的协调发展。由于农村公共物品所需的投资规模较大，且具有较强的正外部性，因此在短期内投资收益较低、滞后期较长，具有较高的风险。而企业是以利润最大化作为目标的理性经济体，缺乏投资农村准公共物品的内在驱动力。区域政府要引导私人投资、引导企业进入，可以通过一些政策措施来吸引民间资本进入农村准公共物品领域，从而提高供给效率。可以采用的政策措施包括给予参与投资的私人或企业一些税收减免政策、放贷优惠政策等。同时，企业参与农村基础设施建设，促进乡村发展对于企业自身的名誉和发展也是有好处的。农村公共物品的投资所获取的投资收益相对来说较低，通过各类政策，可在一定程度上提

---

① 李雪松、李林鑫：《农村饮水安全工程供给机制的博弈分析》，载《生态经济》2011年第4卷第5期，第31～34、39页。

高企业的投资收益,促进企业或民间资本投资农村公共物品的积极性。

（2）管理机制创新。在对农村准公共物品供给的管理上,区域政府需要转变理念,实施管理机制的创新。由于城乡二元结构的长期存在,中国城乡之间的发展水平存在较大差距。农村的市场化程度低,基础设施落后,因此,过去农村的公共物品通常是由区域政府负责生产及管理的。随着中国市场经济的不断成熟,区域政府对农村发展的投入不断增加,企业对农村经济发展的关注度不断上升,农村准经营性资源领域的开发也具备了一定的社会经济基础。在传统理念下,农村公共物品的供给主体仅限于区域政府,而在城乡一体化进程不断推进的当下,城市开发与配置准经营性资源的理念同样可用于已具备充分条件的农村。区域政府应对农村准公共物品供给的管理机制进行创新,这种创新主要是理念和职能上的转变。理念上的创新主要体现在推进供给主体多元化、引入市场机制,而职能上的转变主要体现在区域政府对于提升准公共物品供给的效率以及管理能力的侧重。过去区域政府作为唯一主体投资建设农村公共物品,同为生产者与管理者,常常出现"球员与裁判是同一人"的困境,导致区域政府供给效率和管理效率的低下。而在多样化的供给主体下,区域政府更重要的职能是保证管理机制的合理有效,能对准公共物品的生产进行合理量化的绩效评估。由市场投资建设的农村准公共物品,区域政府需要建立投资主体责任制的管理平台,并配套相应的标准和法律法规对其进行监督,保证市场机制能够有效运行。

（3）多元主体参与供给。在城乡一体化发展的进程中,为进一步构筑城乡连接的桥梁,提升农村准公共物品供给的效果和水平,农村准公共物品供给主体需实现多元化。由于准公共物品具备部分的非竞争性和非排他性,可由区域政府和企业共同参与供给。过去农村基础设施基本依赖于区域政府的财政投资,资金渠道较为单一。然而各地区财政收入情况不同,部分区域财政实力有限,投入在农村公共物品上的资金不足,使得农村基础设施建设发展缓慢。在市场经济逐渐发展成熟的当下,可以在区域政府这一供给主体之外,积极寻找新的供给主体,逐步实现农村准公共物品供给主体的多元化。这样,一方面可以弥补单一供给主体在农村准公共物品供给过程中可能存在的缺陷和不足,另一方面可以令供给过程更有效率。若由区域政府作为单一供给主体,受限于财政实力,则可能无法满足农村发展对公共物品的众多需求。若仅由企业

作为单一供给主体,可能会导致部分对农村居民有较大益处但投资风险较高而盈利较少的基础设施没有企业承担,从而影响居民生活质量及农村发展。因此,在遵循市场运行规则的条件下,以区域政府为农村准公共物品供给的核心主体,加入企业、农村集体组织、非营利组织等供给主体。例如,对于一些具备一定转换条件的农村准公共物品,可以交由企业供给,实施用户付费制度,以提高供给效率。区域政府和企业是两个主要的供给主体,而农村集体组织、非营利组织等也可参与到农村准公共物品的供给过程中,填补区域政府与企业存在的不足,充分建立多元主题供给农村准公共物品的新路径。

(4)完善监督约束机制。在多元供给主体参与的情况下,对供给过程的监督和约束是区域政府的主要职责。这主要体现在两方面:一是在多方参与的情况下,农村准公共物品的投资资金来源非单一,对其使用情况和最终去向需进行有效的监督和管理。监督手段的基础是法律法规,区域政府可依据相关规定清晰界定各供给主体的权力与责任,明确资金的使用途径,完善多元化的监督反映机制。二是需建立完善的绩效指标体系以评估准公共物品供给情况。对于区域政府来说,成本的概念是较少被提及的,但要保证供给的效率,就需要有完善的指标体系作为约束评估。这类指标机制包括区域政府的管理能力和企业供给效率,通过建立多方位、多阶段、多层次的评估机制约束供给主体的行为,使资源得到最有效的配置。

✻ 本章小结 ✻

通过上述各节内容的分析,在推进城乡一体化发展进程中,基础设施的建设具有重要作用。城市和乡村的发展差距较大,相较于城市基础设施,农村基础设施的建设仍然落后。随着农村经济的不断发展,农村居民对于基础设施和服务的需求日益增加。城市基础设施的建设对于城市经济发展的促进作用十分显著,相应的,农村经济的发展也需要依托于完备的农村基础设施和服务。然而,目前的状况是,农村基础设施多被视为由区域政府无偿提供、无偿服务的公共物品,具有较强的正外部性;私人(民间资本)由于成本收益不对等,提供意愿较弱。但受限于区域经济水平和区域政府财政实力,地方对农村基础设施的投入十分有限,致使需求缺口越来越大。近年来,网络的普及让更多的农村居民接触到了更丰富的信息,他们改变自身生活环境的愿望也愈发强烈。在此情况下,区域政府要从理念上进行革新,探寻合适的、能有效增强农村基础设施建设的途径。

首先,农村基础设施属于农村准公共物品领域,除了由区域政府作为供给主体,企业也可作为供给主体共同参与。区域政府需要厘清农村纯公共物品和准公共物品的区别,部分对于农村居民生活十分必要且需要安全保障的公共物品,可由区域政府负责供给;而具备部分非排他性和非竞争性的农村准公共物品,可由多元主体参与供给,区域政府则起监督管理的作用。允许多元主体进入农村准经营性资源领域,可为农村经济的发展、城乡一体化进程提供新的经济增长点和增长路径。

其次,区域政府在允许多元主体参与的前提下,需进一步转变自身职能。传统经济学理论将区域政府的职能限于民生经济领域,主要是为区域民众提供公共物品,保障区域民众生活。中观经济学提出区域政府的"有为"应体现在三类资源上:对可经营性资源(主要参与主体是企业、社会和各类国内外投资者),区域政府应按照"规划、引导;扶持、调节;监督、管理"的原则去配套政策;对非经营性资源,即公共物品,区域政府应全面承担起责任,提供、调配、管理和发展此类资源,确定其基本保障;对准经营性资源,应根据区域发展方向、财政实力、经济水平和社会民众的接受程度等来决定其转换方向和提供方式。因此,对于农村准公共物品(准经营性资源),区域政府的职能应与面对非经营性资源时有所区别,不再是全权负责提供和调配,而是将一部分生产供给的职能外放给社会和市场,引入市场竞争机制。这一方面可以将区域政府不擅长的领域交由市场解决,另一方面也满足了农村居民多样化的公共服务需求。因此,宜针对农村基础设施所属的公共物品类型选择合适的供给主体参与,以提高供给效率。而区域政府的职能应更多地集中在管理机制和监督约束机制的完善和创新上。

最后,由于多元供给主体的复杂性,区域政府需配套合理有效的政策。对于新的解决思路和发展路径,区域政府应秉持超前引领的理念,根据实际情况实施创新政策,丰富政策工具。如农村准公共物品的供给过程需要区域政府与企业共同参与,政府委托市场或企业提供准公共物品。区域政府作为第一投资人和监督管理者,而企业更多是负责生产和供给。这样,二者之间就形成了委托代理关系。但在委托代理机制下,委托人和代理人都处于信息不对称状态,并且为了实现各自的利益最大化,可能会导

致使对方利益受损的现象发生，二者的信用就会因此受到损害。而在处理政企之间的关系上，区域政府还需要推出有效的政策和相应细则。面对准经营性资源领域新兴的政企关系，传统政策工具的作用是有限的，区域政府应与时俱进，创新有效的政策工具。

思考讨论题

1. 请阐述城乡一体化的定义。
2. 请列举世界各国城乡一体化发展应遵循的措施和原则。
3. 请阐述农村公共物品的定义。
4. 请列举影响农村公共物品供给的因素。
5. 请阐述农村公共物品的供给模式。
6. 请列举区域政府发展农村公共物品的具体措施，并尝试举出其他措施。

第五章 智慧城市开发

"智慧城市"作为世界各国城市发展的新主题,近年来得到广泛关注。城市化进程的加快给城市的建设、管理和运行带来了一系列潜在问题,使得城市经济发展受阻、生态环境建设失衡、城市运行失序。而随着信息技术的不断深化发展,城市可利用现代信息技术解决城市发展的诸多问题,实现精细和动态化的管理,这就是"数字城市"的由来。虽然数字城市对解决城市发展的部分问题可发挥重要作用,但仍然面临许多难题。以物联网、人工智能、云计算、大数据及5G等为代表的新一代信息技术的兴起,给城市的发展和演进方向指明了道路,提供了新的视野。而新一代信息技术所支撑的,是更高级的信息化城市形态——智慧城市。

智慧城市基于全面透彻的感知、宽带泛在的互联以及智能融合的应用,营造有利于创新涌现的制度环境与生态,培育面向知识社会的用户创新、开放创新、大众创新、协同创新,通过以人为本的可持续创新,实现从传统城市、数字城市走向智慧城市的演进。[①] 目前,对智慧城市概念的解读是多样化的。智慧城市常常与智能城市、生态城市、低碳城市等区域发展概念相交叉,也会被当作电子政务、智能交通等行业信息化的同义概念。实际上,上述概念都是智慧城市的一部分,只是一方面是从可持续发展和创新的区域发展角度解读,另一方面是从技术应用的角度解读。除此之外,也有观点强调智慧城市的关键在于人的参与。总之,智慧城市不仅仅是物联网、云计算等新一代信息技术的应用,还包括以人为本、区域可持续发展等内涵。

智慧城市的开发作为城镇信息化发展的新方向,有助于城市经济发展更科学、区域管理更高效、市民生活更美好,对于区域经济结构优化创新、转型发展具有重要意义。目前,对于智慧城市的理论研究和支撑仍比

---

① 宋刚、邬伦:《创新2.0视野下的智慧城市》,载《城市发展研究》2012第9期,第53页。

较有限，有必要对其理论与实践的发展作进一步深入研究和讨论。本章围绕智慧城市的开发建设展开，首先介绍智慧城市的内涵与特征，引入智慧城市建设的评价标准和体系，并简述世界各国的智慧城市发展布局和规划。随后，本章将聚焦智慧城市的建设基础——新基建，并拓展智慧城市下的"智慧政府"概念。

第一节　智慧城市的内涵与特征

智慧城市的覆盖面和内涵十分广泛，对智慧城市的定义仍未形成统一的认识，目前主要从以下三个角度讨论其内涵。①

第一，城市运行模式角度。智慧城市是"运用物联网基础设施、云计算、大数据、地理空间信息集成等新一代信息技术，促进城市规划、建设、管理和服务智慧化的新理念和新模式"。以 IBM 公司、中国联通为代表的公司提出智慧城市应以信息技术支撑、核心系统内的数据和信息、智慧化手段为核心，其目的是实现产业升级、高效管理和民生保障。美国研究机构弗雷斯特市场咨询（Forrester Research, Inc.）对智慧城市的定义为：通过智能计算技术的应用，使得城市管理、教育、医疗、房地产、交通运输、公用事业和公众安全等城市关键基础设施组件和服务更互联、高效和智能。②

第二，城市发展角度。以邹贺铨、牛文元为代表，认为智慧城市是城市经济、社会、自然和谐发展的新模式。③ 胡小明则从城市资源观念演变的视角论述了数字城市相对应的信息资源、智能城市相对应的软件资源、网络城市相对应的组织资源之间的关系。④ 以中国通信学会、宁家骏、单志广为代表，认为智慧城市是综合城市运行管理、产业发展、公共服务、

---

①　尹丽英、张超：《中国智慧城市理论研究综述与实践进展》，载《电子政务》2019 年第 1 期，第 111～112 页。

②　D. Washburn and U. Sindhu, "Helping CIOs Understand Smart City Initiatives", *Forrester Research*, 2010.

③　邹贺铨、牛文元：《2011 智慧城市高层论坛现场实录》，2011 年 12 月 2 日，http://www.bjeit.gov.cn/zmhd/xwfbh/66183.htm。

④　胡小明：《从数字城市到智慧城市资源观念的演变》，载《电子政务》2011 年第 8 期，第 53～62 页。

行政效能为一体的城市全面发展战略,是现代城市发展的高端形态。①

第三,系统论角度。以杭州市政府、李伯虎为代表,认为智慧城市是一个由新技术支持的涵盖市民、企业和政府的新城市生态系统。② 华为公司认为,智慧城市是对城市地理、资源、生态、环境、人口、经济、社会等复杂系统的数字网络化管理,对城市基础设施与生活发展相关的各方面内容进行全方面的数字化和信息化处理的,具有服务与决策功能的信息体系。

综上所述,不同领域、不同行业的学者、专家、企业乃至不同的城市政府,对于智慧城市内涵的理解都是不同的,但在多方的界定中又有共通之处,即人、信息技术、大数据共同构建了智慧城市系统概念。因此,根据上文对智慧城市内涵的讨论,我们给出智慧城市的定义。

智慧城市(smart city)作为城市信息化发展的高级阶段,是指利用各类信息技术或创新概念,将城市的系统和服务打通、继承,构建有利于创新产出的制度环境与生态,实现以用户创新、开放创新、大众创新、协同创新为特征的以人为本可持续创新,进而提升城市资源的运用和配置效率,促进城市经济增长,优化城市管理和服务,改善居民生活质量。智慧城市包括智慧基础设施、公共服务、产业体系、资源整合、安全保障、人文建设等主要内容。智慧城市致力于提高城镇化的质量,实现精细化的管理,并将新兴技术充分运用于城市中的各行各业,以实现信息化、工业化于城镇化深度融合。

从智慧城市的定义可以看出,推动智慧城市形成最重要的两种驱动力是新一代信息技术和城市创新生态。前者需要依靠技术创新驱动发展,后者则需要政府、企业、居民等城市主体共同参与培育开放的创新环境,属于社会经济范畴。可以说,创新是智慧城市开发的源动力,技术的创新会给予城市发展新一轮的机遇,而孕育创新的城市生态才是城市可持续发展的源泉。在物联网、云计算、大数据处理技术等新一代信息技术的发展下,知识和信息可在城市内、在区域间共享,有助于形成创新的生态环

---

① 中国通信学会:《智慧城市白皮书(2012)》,中国通信学会2012年报告,第19页;宁家骏:《关于促进中国智慧城市科学发展的刍议》,载《电子政务》2013年第2期,第65~69页;单志广:《什么是智慧城市?》,载《供用电》2014年第10期,第14、15、22页。

② 杭州市政府:《杭州市智慧城市建设总体规划》,2011年11月1日,http://wenku.baidu.com/view/6d8d37204b35eefcd8d33364.html;李伯虎等:《"智慧城市"研究与实践》,中国航天科工集团2012年报告,第5~10页。

境。从前各领域、各行业的创新是以生产者为中心、以技术为出发点的相对封闭的创新形态,而信息时代的来临,给予了每一个人创作创新的空间,因此新兴的创新形态是以用户为中心,以人为本的开放的创新形态。而创新形态的改变,也推动了城市形态的改变,由生产范式向服务范式转变。无论是产业形态、政府职能形态还是城市各方各面的形态,都从过去相对封闭的生产范式,转为以人们的需求为出发点、以人为本的服务范式。随着城市经济的不断发展,城市形态的进一步演化,未来智慧城市项目会在城市的各个领域、各个角落生根发芽。

在信息化、全球化、城市化的时代下,智慧城市建设机遇与挑战并存,各国/各区域政府需要全面合理的规划布局,而在智慧城市的开发建设中,需要重点关注以下四个特征。[①]

第一,协同创新。新一代信息技术加速与城市发展融合,重构城市数字化基础能力。智慧城市建设以人工智能、物联网、大数据等技术为主,以实现城市动态全息感知、人机物融合、智能决策等多元目标,为城市经济高质量发展提供数字支撑能力。

第二,以人为本。智能"微场景"深入下沉,全面提升城市服务水平。未来,智慧城市将以服务最终用户即公众的核心需求出发,以解决实际问题和提供便捷智能服务为导向,借助多样化"微场景"全面提升城市服务水平。

第三,共建共享。城市生态持续完善,数据治理水平将大幅提升。数据是智慧城市的核心和灵魂。智慧城市建设覆盖到城市建设、运行各个场景,涉及政府、公众、企业三大主体,是一个庞大的系统。在这个体系中,数据来源烦冗复杂,"数据孤岛"问题依然突出。未来,智慧城市数据资源能力建设仍需要从技术、框架、生态、信任和交换机制五方面加强治理,破解数据共享难题。

第四,创新繁荣。智慧城市与"新基建"、数字经济相互促进,共同推动经济繁荣。当前,新一代信息技术与产业变革方兴未艾,数字经济蓬勃发展,各地"新基建"投资计划陆续出炉。"新基建"为智慧城市提供

---

① 赛迪顾问:《"十四五"期间我国智慧城市发展趋势特征分析》,载《中国计算机报》2021年3月1日,第15版,https://kns.cnki.net/KXReader/Detail?TIMESTAMP=637648832974902037&DBCODE=CCND&TABLEName=CCNDLAST2021&FileName=JSJB202103010150&RESULT=1&SIGN=h3fP4vTaMejrvBF5NEGGmnbxY6U%3d。

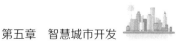

第五章 智慧城市开发

广泛、坚实的数字资源基础，智慧城市为"新基建"提供丰富落地场景。智慧城市建设和"新基建"将从产业数字化转型、数字产业创新等方面推动数字经济发展。

第二节 智慧城市开发评价体系

世界各国对智慧城市的开发正在如火如荼地进行，对智慧城市的规划布局需要有一套合理的评价体系，用以评估智慧城市的建设程度。现有文献中，智慧城市的评价体系研究成果较多。邓贤锋建立的评价指标体系分为"智慧城市"网络互联领域、城市智慧产业领域、城市智慧服务领域、城市智慧人文领域四大部分。[①] 中国通信协会构建包括信息基础设施、智慧应用、支撑体系、价值实现4个一级指标，还包括19个二级指标和57个三级指标。[②] 上海市经济和信息发展研究中心建立了上海市智慧城市发展水平评估指标体系，其中包括构成总指数的3个一级指标，分别为网络就绪度指数、智慧应用指数与发展环境指数。[③]

综上所述，目前国内外有许多针对智慧城市评价指标体系的优秀研究成果，但对于评价体系尚未有统一的认识和定论。由于智慧城市建设的根本在于开发和配置生成性资源，即对城市三类资源——可经营性资源、非经营性资源、准经营性资源的生成与利用，因此我们从城市三类资源的角度出发建立指标体系。杨凯瑞从投入产出视角构建的智慧城市评价指标体系覆盖智慧城市的26个主要方面，包括175项代表性指标，指标覆盖面较全。[④] 本书从三类资源的研究目的出发，借鉴选取部分具有代表性和可比性的三级指标给出本书对智慧城市开发的评估框架。其中一、二级指标见表5-1，三级指标见表5-2至表5-5。

---

① 邓贤峰：《"智慧城市"评价指标体系研究》，载《发展研究》2010年第12期，第111～116页。
② 中国通信学会：《智慧城市白皮书（2012）》，中国通信学会2012年报告，第19页。
③ 陆森、刘岩、辛竹：《解读〈2017上海智慧城市发展水平评估报告〉》，载《上海信息化》2018年第1期，第43～46页。
④ 杨凯瑞：《智慧城市评价研究：投入—产出视角》，华中科技大学2015年博士学位论文。

表5-1 智慧城市开发的评价指标体系

一级指标	二级指标
智慧民生（非经营性资源）	教育
	医疗
	生态环境
	政策环境吸引力
智慧产业（可经营性资源）	从业人员质量
	产业资金投入
	产业发展水平
	企业研发能力
智慧城市基础设施（准经营性资源）	信息化基础设施建设水平
	基础设施资金投入
智慧政府（政府信息化办公）	电子政务
	社会管理服务

表5-1显示了智慧城市开发评价体系的一级指标，分别是非经营性资源，即智慧民生；可经营性资源，即智慧产业；准经营性资源，即智慧城市基础设施；还加入了反映区域政府电子化、信息化程度的"智慧政府"作为一级指标。进一步地，选取各一级指标下的代表领域作为二级指标。总共4个一级指标、12个二级指标、58个三级指标。需要注意的是，这里的"智慧政府"是狭义的，仅表示政府信息化处理政务和利用信息技术进行社会管理的能力。而广义的"智慧政府"职能更加宽泛，包括在智慧城市开发中调配三类资源、把控准经营性资源的转换等。广义"智慧政府"的概念将在本章第五节进行界定和研究。

本书选取三类城市资源和区域政府"智慧"程度作为一级指标，主要有两方面原因。

一方面，本书在第一章中引入资源生成的概念，与智慧城市的建设理念不谋而合。智慧城市的内核在于创新，而资源生成正是一种创新、创造的体现。而智慧城市的开发与城市资源的投入利用关系紧密，因此选取三类城市资源作为反映智慧城市开发过程的评价指标。

另一方面，本书以区域政府为主体，研究区域政府对城市三类资源的调配问题。各区域政府对城市经济的发展起主导和引领作用，也是智慧城市开发顶层设计的规划者和布局者。因此，我们从政府超前引领的角度切入，以强式有为政府的标准衡量政府对智慧城市的开发程度和成果。换句话说，对智慧城市开发的评价体系，也是衡量区域政府在城市经济发展中是否"有为"的标准。

强式有为政府需要具备三个条件：一是与时俱进，主要指政府急需"跑赢"新科技。新科技带来生产生活的新需求和高效率，同时也带来政府治理应接不暇的新问题。因此，政府要在产业发展、城市建设、社会民生三大职能中，或者说在非经营性资源、可经营性资源、准经营性资源的调配中有所作为，其理念、政策、措施均应与时俱进。二是全方位竞争，即强式有为政府需要超前引领，运用理念、组织、制度和技术创新等方式，在社会民生事业、产业发展和城市建设发展中全方位、系统性地参与全过程、全要素竞争。三是政务公开，包括决策、执行、管理、服务、结果和重点事项（领域）信息公开等。政务公开透明能够保障社会各方的知情权、参与权、表达权和监督权，在产业发展、城市建设、社会民生等重要领域提升资源的调配效果。① 与这三个条件相对应，在智慧城市建设中，需要考察政府对三类资源的调配和开发效果，即智慧民生、智慧产业、智慧城市基础设施的发展情况。同时，政府政务公开、管理有效也是政府"有为"的重要体现，因此也将"智慧政府"纳入智慧城市开发的评价体系，至此确定了智慧民生、智慧产业、智慧城市基础设施、智慧政府4个一级指标。

表5-2所示智慧民生主要从城市的居民生活水平和政策环境两方面选取代表性领域，包括教育、医疗、生态环境和政策环境吸引力。在城市中，新一代信息技术的普及，将会改变市民的生活和工作。如在教育和医疗中利用信息技术和高新通信设备，使得教育和医疗资源普惠共享。生态环境也是智慧民生的重要组成部分，反映了智慧城市"以人为本、人与自然和谐发展"的特征。政策环境吸引力反映城市对人才的吸引力度，是一个城市综合实力的重要评判标准。在各个二级指标下，根据代表性、全面性、可比性的原则，同时考虑到数据可得性，我们选取了18个三级指标，如网络教学比例、电子病历使用率、空气质量优良率、人力资源政策吸引

---

① 陈云贤：《市场竞争双重主体论：兼谈中观经济学的创立与发展》，北京大学出版社2020年版，第268～269页。

度等指标来统计考察智慧民生的发展状况。

表5-2 一级指标智慧民生（非经营性资源）下指标说明

二级指标	三级指标	单位	指标说明
教育	人均教育、文化生活支出占人均收入比例	%	计算人均教育、文化生活支出总额占人均收入的比重，表示城市教育文化水平
	教育支出占GDP比例	%	统计城市教育支出总额，并计算其所占GDP的比重，衡量城市教育发展整体水平
	网络教学比例	%	统计城市中各类学生通过信息化手段接受网络教育的比例
	数字图书馆建设率	%	统计城市中各类图书馆的网站建设情况、电子数目提供情况，并计算所占图书馆总数的比例
医疗	每万人拥有医疗床位数	个	统计城市每万人拥有的医疗床位数量，衡量城市基本医疗保障水平
	电子病历使用率	%	统计城市医疗机构、卫生管理机构中拥有电子病历的市民总数，并计算其占总人口比例
	医院间资源和信息共享率	%	统计城市医院间通过网络等信息技术实现医疗资源及信息共享的医院数量，并计算所占医院总数的比例
	网上预约挂号医院比例	%	统计城市中能够实现网上预约挂号的医院数量及其占城市医院总数比重
生态环境	人均公园绿地面积	平方米	计算城市公园人均绿地面积，反映城市市民所享有的公园绿地资源
	空气质量优良率	%	统计城市一年中空气质量综合指数为良及良以上的天数，并计算其比例
	环境质量自动化检测比例	%	统计通过信息化手段对大气和水实现自动化实时监测的观测点所占所有观测点的比例
	废水处理率	%	考察城市的污水处理率
	生活垃圾无害化处理率	%	考察城市生活垃圾无害化处理率

续表 5–2

二级指标	三级指标	单位	指标说明
政策环境吸引力	单位从业人员年平均工资	元	统计城市中单位从业人员的年平均工资，考察该城市对人力资源的吸引力
	所在城市综合竞争力	—	统计城市综合竞争力在国家同级别城市中排名以及认知程度
	人力资源流动指数	—	统计城市中大专以上学历的劳动力流入与流出的比例
	人力资源政策吸引力	—	统计政府等公共服务部门是否颁布了人才引进政策，政策完善程度，以及人才引进的力度
	人力资本产权制度完善度	—	统计城市中的政府工作条例、政府颁布政策、地方性法律条例中是否具有产权保护的相关规定，以及政策、法律的完善程度、保护力度等

表5–3显示了智慧产业的4个二级指标和14个三级指标。主要从产业经济发展中最重要的投入要素、产业发展情况和技术创新来选取统计指标。在企业生产过程中，劳动力资源、资本和设备是最重要的生产要素，因此我们选取从业人员质量和产业资金投入来反映智慧产业生产要素的投入情况，具体包括就业人口、工业企业中科学研究与试验发展（research and development，R&D）人员比例、信息产业固定资产投资占社会固定资产投资比重、企业运营中R&D经费占总产值比重等指标。产业发展水平主要考察高新技术产业、信息产业等的发展现状，如高新技术产业总产值占GDP比重、传统产业信息化改造投资占GDP比重等。企业作为市场的主体，其创新是一个行业、一个区域经济发展的源泉。由于智慧城市中技术、制度等创新都将推动城市经济增长，优化城市经济发展结构，因此需对城市各企业的创新水平进行评估，采用的指标包括GDP中R&D经费支出占比、每万人发明专利拥有量等。

表 5-3 一级指标智慧产业（可经营性资源）下指标说明

二级指标	三级指标	单位	指标说明
从业人员质量	就业人口	万人	统计城市中的就业人口总量
	信息类从业人数占总就业人数比重	%	统计城市中信息类从业人员总数，并计算与就业总人数的比值，衡量信息类高技术劳动力比例
	工业企业中 R&D 人员比例	%	统计城市企业中从事 R&D 工作员工所占企业员工总数的比例，衡量企业中从事科技研发的人力资本规模
	万人科研、技术服务人数	人	统计考察城市中每万人所拥有的科研和技术服务人员数量
产业资金投入	企业运营中 R&D 经费占总产值比重	%	统计城市中所有企业当年的 R&D 经费支出总额，并计算其所占所有企业总产值的比重
	信息产业固定资产投资占社会固定资产投资比重	%	统计城市中电子信息产业当年固定资产增加额，并计算其占社会固定资产投资总额的比重
	对有关信息产业的财政补贴占财政支出的比重	%	统计城市地方政府财政支出中对有关信息产业的财政补贴，并计算所占财政支出的比重
	信息产业投资占 GDP 的比重	%	统计城市中有关信息产业投资的总额度，并计算与城市 GDP 的比重
产业发展水平	高新技术产业总产值占 GDP 比重	%	统计城市信息产业、材料产业、电子产业等高新技术产业总产值，并计算所占城市 GDP 的比重
	信息产业贡献率	%	统计信息产业相较于去年的产业增加值，并计算所占城市 GDP 增加值的比重
	传统产业信息化改造投资占 GDP 比重	%	统计城市中传统产业信息化升级改造的投资额度，并计算所占城市 GDP 的比重

续表5-3

二级指标	三级指标	单位	指标说明
企业研发能力	GDP中R&D经费支出占比	%	统计城市中企业、科研机构等当年支出的R&D经费总额,并计算所占GDP的比重
	每万人科技成果数量	项	计算当年每万人拥有的科技成果数量
	每万人发明专利拥有量	项	计算当年每万人拥有的发明专利数量

表5-4所示智慧城市基础设施以信息化基础设施建设为主。城市基础设施的完善是推动各区域社会、经济各项事业发展的重要基础。没有智慧基础设施,就难以建成智慧城市。作为准经营性资源,它也是区域政府发展城市经济最重要的抓手。我们主要考虑信息化基础设施建设水平及基础设施资金投入2个二级指标以及14个三级指标,包括智能电网覆盖率、基础数据库覆盖率、云计算中心数量、智慧城市建设专项财政资金投入占财政支出比重、重大信息工程投资占总投资比重等。

表5-4 一级指标智慧城市基础设施(准经营性资源)下指标说明

二级指标	三级指标	单位	指标说明
信息化基础设施建设水平	智能电网覆盖率	%	统计智能电网占所有电网的比例
	传感器数量	个	统计城市中传感器数量,衡量城市收集感知数据的水平
	光纤接入覆盖率	%	统计城市中网线网络可达的用户数占城市总户数的比例,这是目前智慧城市基础设施发展水平核心指标之一
	无线网络覆盖率	%	统计城市中通过各种无线网络传输方式实现的室外网络连接的宽带覆盖率
	基础数据库覆盖率	%	统计城市中基础数据库的建设情况、不同部门间数据库的对接情况等,并计算在城市总人口中的覆盖情况
	数据库信息共享共用度	%	统计城市数据库信息共享率、不同部门间数据库对接情况等
	万人拥有交换机数量	万门	计算每万人拥有的交换机数量
	云计算中心数量	个	统计城市中云计算中心的总数

131

续表 5-4

二级指标	三级指标	单位	指标说明
基础设施资金投入	智慧城市建设专项财政资金投入占财政支出比重	%	统计地方政府城市建设财政支出中的智慧城市建设专项支出的比重
	电信设施占GDP比重	%	统计城市中用于电信设施建设和设备更新的财政与社会总投资额占当年城市GDP的比重
	基础网络设施投资占社会固定资产投资比重	%	统计城市建设中光缆、网络通信设备、交换机等与网络有关的基础设施社会投资总额占当年社会固定资产总投资额的比重
	传感网络设施投资占社会固定资产投资比重	%	统计城市建设中传感器、监控探头、RFID设备等有关传感网络设施的社会投资总额占当年社会固定资产总投资额的比重
	信息传输基础设施投资占社会固定资产投资比重	%	统计城市建设中光缆、信息传送站、交换机等有关信息传输设施的社会投资总额占当年社会固定资产总投资额的比重
	重大信息工程投资占总投资比重	%	统计当年城市规模以上投资中有关信息工程的投资项目，如5G等项目，计算其投资额度占当年社会总投资额的比重

表 5-5 为智慧政府的指标说明。上文提到除对城市三类资源进行有效的开发配置外，提升政府政务处理、社会管理及服务能力也是有为政府的重要标准。而对智慧政府的主要评价是对电子政务和社会管理服务能力的评价。其中，电子政务是智慧政府的核心，能够有效提高政府行政办事服务的效率。智慧政府包括 2 个二级指标和 12 个三级指标，主要有政府部门网站建设率、行政审批网络化率、社会经济监测系统建设率、企业监管系统建设率、数字城管系统覆盖率等指标。

表5-5 一级指标智慧政府（政府信息化办公）下指标说明

二级指标	三级指标	单位	指标说明
电子政务	政府部门网站建设率	%	统计政府部门网站建设数量，计算政府部门网站建设率
	非涉密信息公开率	%	统计政府非涉密公文通过网络进行流转和办理的比例
	政府信息在线下载率	%	统计政府部门提供下载服务信息的网络下载率
	网络申报比率	%	统计政府部门实际工作中通过网络进行申报、审批所占的比例
	行政审批网络化率	%	考察行政审批业务系统对行政办事服务的支撑能力、政府内部移动办公情况以及行政审批全过程的电子监察情况
社会管理服务	社交媒体等新兴移动通信技术普及率	%	计算建立政务微博、政务微信等客户服务端的政府部门所占比例
	社区信息服务系统覆盖率	%	考察政府在社区管理服务中，社区信息平台对基础设施、资源、环境、安全等方面的管理与服务情况
	社会应急管理系统建设率	%	考察城市运用信息化手段在电子预案管理及突发事件预警、监控、应急指挥、调度等的能力
	食品药品追踪系统覆盖率	%	统计从生产到销售的食品药品追溯系统在主要食品药品种类中的覆盖比例
	社会经济监测系统建设率	%	考察政府对城市中海量经济监测信息实时采集、比对、分析、维护，并提供多样化的综合分析结果的能力
	企业监管系统建设率	%	考察工程建设、食品药品、安全生产等领域中运用信息化手段对企业、项目、食品药品以及从业人员等信息进行监督管理的能力
	数字城管系统覆盖率	%	计算数字城管系统覆盖面积占城市总面积的比例

智慧城市是城市发展的高级阶段，对于智慧城市评价研究也是国内外的学术热点。现有的研究成果虽未形成统一的评价体系，但基本围绕在对城市信息化水平的评估上。我们从城市三类资源的角度切入，构造出智慧民生、智慧产业、智慧城市基础设施、智慧政府4个主要领域反映三类资源的"智慧"程度，不仅是对智慧城市发展状况的一种测度，也是衡量区域在智慧城市开发中是否"有为"的重要评估框架。

第三节　各国智慧城市发展布局

随着新一代信息技术的不断发展，世界各国正加大力度推进智慧城市的开发建设。目前，美国、欧洲、中国、新加坡、日本、韩国等国家和区域正大力投资智慧城市相关技术，根据IDC对全球各区域城市数据的估计，在2020年全球各区域智慧城市市场规模占比中，美国、西欧、中国仍是智慧城市建设投资最多的国家和区域，三者占全球智慧城市市场规模的74%（如图5-1所示）。

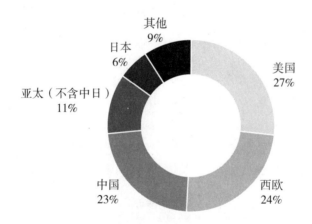

图5-1　2020年全球各区域智慧城市市场规模占比

［数据来源：IDC《全球智慧城市支出指南》(IDC Worldwide Smart Cities Spending Guide, 2020V1)。］

在世界各国对智慧城市的建设中，各国政府，特别是发达国家将智慧城市的建设上升到了国家战略的高度，可以说政府的全力推动和战略布局是智慧城市建设成功的核心因素。

新加坡于 2006 年 6 月推出"智慧国 2015"计划,通过运用物联网等新一代信息技术,发展资讯通信产业,旨在将新加坡建设为经济、社会发展一流的智能化和全球化都市。新加坡希望打造一个拥有活跃动态的资讯生态系统,以万物互联的技术服务民生。2014 年,新加坡政府又公布了"智慧国家 2025"的十年计划。该计划强调要通过数据共享等方式,建立信息化基础设施平台,根据大数据预测市民需求,更好地提供公共服务,帮助居民或企业实现更为科学的决策。

欧盟及欧洲其他国家在智慧城市方面的建设由来已久,其发展更注重顶层规划,强调集体的智慧与创造力。欧盟智慧城市的发展成果主要集中在环境领域,包括节能减排及区域发展和创新策略等。早在 2007 年,欧盟就提出了一整套智慧城市建设目标,并先后出台了欧盟智慧城市治理的战略和重点建设领域。2011 年,欧盟正式推出"智慧城市和社区开拓计划"(Smart Cities and Communities Initiative),并于次年投入了 8100 万欧元的专项资金用于支持这一开拓计划的开展,内容涉及交通和能源两大领域。2012 年 7 月,欧盟委员会又启动了"智慧城市和社区欧洲创新伙伴行动"(European Innovation Partnership on Smart Cities and Communities,EIP–SCC),该计划目前已成为欧盟在智慧城市领域最核心的建设措施。① 以荷兰为例,其首都阿姆斯特丹无疑是欧洲智慧城市建设的典范。荷兰政府于 2014 年启动"能源地图"项目,该项目通过利用、运营城市所积累的庞大数据来解决城市发展面临的诸多挑战。共享开放能源生产和消费数据,通过可交互的"能源地图"对数据进行分析,可以对城市能源管理项目进行有效管理。例如:某一区域用户的能源需求有多少?如何将其需求与能源供应匹配起来?阿姆斯特丹政府希望通过"能源地图",让城市利益相关者获得其必要的城市数据从而作出合理有效的能源利用决策,并进一步推动城市能源转型。②

而另一欧洲国家——英国也在建设智慧城市的道路上提前作了布局。英国政府于 2013 年发布《信息经济策略》(*Information Economy Strategy*)

---

① European Commission,*Towards a Joint Investment Programme for European Smart Cities*,2018.
② 武锋:《阿姆斯特丹:欧洲智慧城市建设的典范》,见中国发展门户网,http://cn.chinagate.cn/experts/2014-03/27/content_31917850.htm。

报告，指出英国社会面临的不少迫切挑战皆与城市发展有关，认为各地城市采用经整合的智能系统提供必要的公共服务是大势所趋，有必要应用实时物联网技术将交通、能源、环境和医疗等系统相互联结，以减低成本、提供新服务和提升效率。在操作层面，英国政府投资12亿英镑用于加强宽带基础设施建设，例如为划定的高新企业区提供超快速宽带网络；开放更多政府数据以方便非政府团体运作和企业营商；协助中小企网上交易，如开放政府电子发票系统及整合政府招标信息并在云端网上公开；展开5G网络研究；22个政府部门/机关提升电子服务系统；推行电子税务户口；拟定消费者权益法案以保障电子交易顾客；实施闭路电视与交通管理系统整合工程等。

自2008年11月IBM向奥巴马政府提出"智慧地球"计划，美国全国各地便掀起了智慧城市建设的热潮。IBM建议在全国投资建设新一代智能型信息基础设施，并计划与迪比克（Dubuque）合作建设全美国第一个智慧城市（Smarter Sustainable Dubuque），新构思包括将全市公共资源和服务数字化，以网络加以联结，同时为住户和商户安装数控水电计量器，收集和整合数据并进行分析，以了解整个城市的资源使用情况，实现节能减排，提升市民和企业的可持续发展意识和责任感。如果说美国是全球智慧城市发展的先驱，纽约则是美国智慧城市发展的"领头羊"。纽约市政府与Cisco IBSG合作推行Smart Screen City 24/7计划，通过流动网络发放经整合的公私营机构信息；将旧式收费电话亭改装成具备触碰和影音功能的智能屏幕（smart screen），以便市民随时查阅信息，同时作为WiFi热点，以发展成全国最大的城市WiFi网络。此外，纽约市推行Hudson Yards Project，于曼哈顿新西区建设商住区，大量安装电子探测仪，利用数码技术实时侦测区内交通、能源和空气质素等数据。①

此外，日本于2009年7月推出《I-Japan智慧日本战略2015》，聚焦与公众日常生活密切相关的电子政务、医疗和人才培育三大主要领域。通过利用各种新一代智能技术改善人们的生活和工作，借此发展社会经济，实现自主创新。韩国则启动以首尔为代表的智慧城市建设，该计划被称作

---

① 《智慧城市发展案例之美国篇》，见交能网，https：//mp.weixin.qq.com/s?_biz=MzI3NTUxNjczOA==&mid=2247488259&idx=1&sn=299fc8c8020efc65888ca8a78fc68a77&chksm=eb02cf2edc754638129f7dac2d87cedd460143ef8cd38cb5e2c02430e3157e033f57cc8f1515&scene=21#wechat_redirect。

第五章 智慧城市开发

U-City。其核心在于通过建设遍布整个城市的互联网络，打造绿色、数字化、无缝移动连接的生态、智慧型城市，让市民能够从各个地方方便地办理各项社会服务，如远程医疗、办理税务等。

自智慧城市概念提出以来，中国一直走在探索智慧城市发展的道路之上。2012年11月，中国住建部办公厅出台《关于开展国家智慧城市试点工作的通知》，这是中国首次发布关于智慧城市建设的正式文件。与此同时，科技部于次年10月正式公布大连、青岛等20个智慧城市试点城市，标志着中国正式进入对智慧城市开发的探索期。2014年，《国家新型城镇化规划（2014—2020）》正式出台，将智慧城市作为城市发展的全新模式，列为城市发展的三大目标之一。2015年是中国智慧城市建设十分重要的一年，"智慧城市"和"互联网+"首次被写入《政府工作报告》中。2015—2017年，智慧城市发展理念上升为国家战略，成为国家新型城镇化的重要抓手，以推动政务信息系统整合共享、打破信息孤岛和数据分割为重点。2016年3月，正式公布的"十三五"规划纲要提出，"以基础设施智能化、公共服务便利化、社会治理精细化为重点，充分运用现代信息技术和大数据，建设一批新型示范性智慧城市"。从"数字城市""无线城市"到"智能城市""智慧城市"，新一代信息技术正推动中国城市工业现代化和信息智能化逐步向更高层次进阶。[①] 2017年至今，中国智慧城市建设的数量快速增加，发展规模和投资规模也在同步扩大（如图5-2、图5-3所示）。中国智慧城市累计试点数量从2015年的694个逐步提升至2019年的789个，增长率达13.69%，至2020年，中国智慧城市累计试点数预计超过900个。而中国智慧城市技术支出规模从2016年的147亿美元上升至2020年的266亿美元。其中，中国市场的三大热点投资项目依次为可持续基础设施、数据驱动治理以及数字化管理。在2020—2024年的预测期内，三者支出总额将持续超出整体智慧城市投资的一半。可以说，中国的智慧城市市场在未来仍有非常大的发展空间。

---

① 国家工业信息安全发展研究中心：《智慧城市白皮书（2021年）——依托智慧服务，共创新型智慧城市》，见中国大数据产业观察网，http://www.cbdio.com/BigData/2021-03/31/content_6163829.htm。

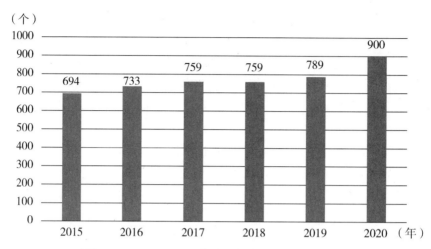

图 5-2 2014—2020 年中国智慧城市累计试点数量

（数据来源：住建部、发改委、工信部、前瞻研究院《2020 年中国智慧城市发展研究报告》。）

图 5-3 2016—2020 年中国智慧城市技术支出规模及增长情况

[数据来源：IDC《全球智慧城市支出指南》（IDC Worldwide Smart Cities Spending Guide，2020V1）。]

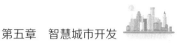

建设智慧城市是国际趋势，根据地理、人文环境的不同，各国/各区域对智慧城市的规划布局所采取的开发战略侧重点也不尽相同，但其核心内容是一致的，即运用先进的信息技术，如物联网、云计算、大数据处理等为城市构建一个开放、互联的生态系统，让城市相关利益者能够有效运用城市数据作出合理决策，提高城市资源使用效率，促进城市经济发展。其中，纽约、阿姆斯特丹、新加坡等国际城市都已经通过大数据进行城市治理创新，提升城市治理效率。中国智慧城市建设相对而言起步较晚，近几年，中国政府对于智慧城市相关产业投入较大，国内很多城市都在通过物联网推动市政基础设施智能化。然而，目前许多城市/区域对于智慧城市的开发仍处在起步阶段。各区域、各部门之间的数据壁垒、大量的数据孤岛，是目前智慧城市推动中比较大的障碍。而要推动城市间大数据跨行业、跨政府部门、跨区域的开放、共享，需要有新型基础设施作为载体，需要区域政府合理的统筹规划，如此才能实现物联网、云计算、大数据等新一代信息技术的创新应用，并使之真正地落地于智慧城市。

第四节 "新基建"与智慧城市

"新基建"是智慧经济时代贯彻新发展理念，吸收新科技革命成果，实现国家生态化、数字化、智能化、高速化、新旧动能转换与经济结构对称态，建立现代化经济体系的国家基本建设与基础设施建设。相比于传统基础设施，科技创新驱动、数字化、信息网络是"新基建"的核心要素。"新基建"涵盖范围较广，专家学者指出"新基建"除了硬件建设，还包括软件、制度环境以及整体的数字化进程。国家发展改革委于2020年4月20日首次明确"新基建"的范围，提出新型基础设施主要包括三方面内容。

一是信息基础设施，包括以5G、物联网为代表的通信网络基础设施，以人工智能、云计算、区块链为代表的新技术基础设施，以数据中心、智能计算中心为代表的算力基础设施等。

二是融合基础设施，主要指深度应用互联网、大数据、人工智能等技术支撑传统基础设施转型升级，进而形成融合基础设施，如智能交通基础设施、智慧能源基础设施等。

三是创新基础设施,主要是指支撑科学研究、技术开发、产品研制的具有公益属性的基础设施,比如重大科技基础设施、科教基础设施、产业技术创新基础设施等。

国家发展改革委还特别指出,伴随着技术革命和产业变革,新型基础设施的内涵、外延也不是一成不变的。

智慧城市的发展与"新基建"息息相关,"新基建"是智慧城市发展的基础,采用了前沿信息技术的新型基础设施为智慧城市收集广泛、海量的城市数据资源,以及分析使用城市数据创建互联共享的开放生态系统提供了坚实的保障,而智慧城市为"新基建"提供了丰富的使用场景,促进"新基建"相关产业的蓬勃发展。二者相辅相成,共同推动城市经济的繁荣发展。

城市基础设施即准经营性资源是城市经济增长的基础条件。区域政府要实现"超前引领",自然需要适度超前建设城市基础设施。准经营性资源的开发周期长,有极高的风险性,因此区域政府是生成开发准经营性资源的第一主体。世界各国对"新基建"对于经济、社会发展的重要作用已经形成共识。除作为城市经济发展的基础条件之外,使用了新一代信息技术的"新基建"是未来产业发展的趋势,对"新基建"的投资能够为各国/各区域在科技革命和产业变革中抢占先机,是智慧城市发展的源动力。具体而言,"新基建"的作用主要体现在以下四个方面。

第一,"新基建"能够带动产业发展(准经营性资源转换为可经营性资源)。"新基建"的"新"关键在于其前沿技术。前沿技术虽然有巨大的发展空间,但在发展早期需要极高的成本投入,也无法进行规模化生产。而企业的目标是利润最大化,面对极大的投入风险,大部分企业是不会过早进入的。此时,区域政府有必要对"新基建"相关产业进行投资,并鼓励企业开发新兴技术,相当于为"新基建"相关产业的发展提供一个早期市场。政府的支持引导不仅能够促进新产业、新业态加速发展,还能对传统产业进行改造升级,实现新旧动能转换。上述过程实际上是区域政府主导下的准经营性资源转换为可经营性资源的过程。随着新技术的逐步完善,新产业发展初现规模时,政府可考虑区域自身的发展条件和产业本身的特征,将新产业交付于市场,通过竞争机制加快新技术的演进和成熟。

第二,"新基建"能够促进民众生活水平进一步提高(准经营性资源转换为非经营性资源）。新型基础设施中的信息基础设施，包括以数据中心、智能计算中心为代表的算力基础设施，能够为各行业、各领域甚至是城市的每个个体提供所需的城市数据资源，这有助于企业更精准有效地把握消费者的需求，为消费者提供定制化的产品，实际上反映了智慧城市"以人为本"的理念。智慧城市必将向服务型范式发展，"新基建"的出现使得生产者能更加精细地应对社会各种需求，从而提升民众的生活质量。另外，"新基建"有助于保障公平。如在城乡一体化进程中，信息基础设施是城乡资源互联共享的重要载体，是破除城乡二元结构，实现城乡一体化发展的重要抓手。

第三，"新基建"有助于培育创新生态环境（准经营性资源转换为非经营性资源）。在第二章第一节中，我们介绍了准经营性资源向另两类资源转换的过程，其中准经营性资源转换为非经营性资源，一部分可作为市场基础设施、产业配套设施，成为整个区域产业发展的基础条件；另一部分主要是保障居民生活，提升居民生活质量的城市环境设施等。因此，新型基础设施不仅能够促进居民生活质量的提升，也为新兴信息产业的进一步发展提供良好的创新生态环境，给予产业源源不断的新动能，打造科技创新高地。具体表现在，"新基建"其中一项为创新基础设施，主要是指支撑科学研究、技术开发、产品研制的具有公益属性的基础设施，比如产业技术创新基础设施等。可以说，创新基础设施是产业发展最重要的配套设施，是培育科技创新的沃土，也是智慧城市"智慧"的源泉。

第四，"新基建"给予政府全新的治理能力。信息基础设施有助于政府管理部门实时收集城市的海量数据，包括经济、交通、能源、生产等多方面的数据资源。同时，政府可通过大数据、人工智能等信息技术手段进行数据分析、挖掘，为相应的经济社会生活需求提供合理有效的预判和决策。可以说，新型基础设施的出现让数据的获取和处理变得更加高效快捷，成为政府提高公共治理能力和社会服务水平的有力支撑。随着城市化进程的演进，未来的政府也必将运用前沿的信息技术手段开展公共服务和社会管理工作，即向"智慧政府"发展。

综上所述，新型基础设施在智慧城市开发中发挥着举足轻重的作用，代表着城市基础设施未来发展的方向。政府对智慧城市的布局规划，需要以新型基础设施作为前提条件，加大对"新基建"的投资发展。同时，新型城市基础设施作为准经营性资源，在其向可经营性资源、非经营性资源

转换的过程中,将进一步推进新兴信息产业和民生经济的发展,为城市的优化发展提供新动能,实现经济的增量供给。

第五节 智慧城市下的"智慧政府"

在本章第二节中,我们定义了狭义的"智慧政府",其仅是对政府电子政务水平和社会管理能力的衡量。在本节中,我们将进一步探讨广义的"智慧政府"。

"智慧政府"的"智慧"实际上是政府利用前沿信息技术和创新理念,超前引领城市发展。在中观经济学中,衡量区域政府是否"超前引领"主要是考察区域政府对三类资源的生成、开发和配置能力。因此,在智慧城市建设背景下,衡量智慧政府是否发挥其"超前引领"作用,实际上也是考察政府是否发挥了三类资源的最大效用,只是侧重点在三类资源中与新一代信息化技术相关的领域。根据智慧城市下的三类资源特征,区域政府应采取与各类资源相匹配的措施,迎合智慧城市的发展理念,实现城市资源对智慧城市发展的支撑作用。

首先,对于可经营性资源,即智慧产业经济,区域政府仍应遵循市场配置资源的原则,发挥其作用,尽可能地通过资本化的手段,把它交给企业、社会和各类国内外投资者。在发展智慧产业中,最关键的是对信息产业等高新技术产业的投资与扶持,以及对传统产业的信息化改造。新产业需要依靠政府投入足够的资金与优质的人力资源,去开发或引进高新技术,同时,作为产业经济,市场仍然发挥主要作用。因为可经营性资源最主要的主体是企业,政府在产业经济中应做到有限、有效且有为,而不是大包大揽。此外,区域政府应认识到所处区域高新技术产业在全国或全世界产业格局中的地位及其优势,不盲目跟从热门产业,因地制宜做好产业规划,集中资源发挥区域优势产业。总之,区域政府在促进高新技术产业化的过程中必须充分认识自身的定位——规划、引导;扶持、调节;监督、管理,为产业发展提供良好的环境。

其次,对于非经营性资源,即智慧民生经济,区域政府应奉行公平原则,保证非经营性资源的合理配置。民生问题是各国发展过程中的永恒主题,也是各国政府应全面承担起的责任。区域政府应按照"社会保障、基本托底、公平公正、有效提升"的原则去配套政策,维持民生基本保障。智慧民生的特征在于它能够实现以政府为主体的信息资源获取与共享,通过信息化应用高效协同,令居民可以随时获取信息化服务。其根本目标是使居民的生活更加安全、健康、便捷与文明。智慧民生不仅为当地居民提供了舒适的生活环境,同时也为企业提供了良好的营商环境和创新环境。市场主体最关注的问题是权益保护是否公平、投资贸易是否便利、政务服务是否充分便捷等,政府提升电子政务水平,有利于营商环境的进一步优化。在世界银行发布的《2020年营商环境报告》中,中国的全球营商便利度排名继2018年大幅提升32位后,2019年又跃升15位,升至全球第31位。这得力于中国大力推进改革议程,为优化营商环境改革不断"提速"。其中深圳率先提出"时间就是金钱,效率就是生命",着力打造高效、便利的营商环境。如深圳前海"e站通"服务中心率先在全国运用"互联网+政务服务"的理念,实行服务人员企业化运营管理机制,成为深圳重效率、重法治、重服务的重要体现。可以说,发展智慧民生不仅有助于提升地区居民的生活质量,吸引优质人才的流入,也为产业经济的发展提供了良好的配套条件,是城市经济可持续发展的坚实后盾。

最后,对于准经营性资源,即智慧城市基础设施,区域政府应根据区域发展方向、政府财政水平、社会民众认知程度等因素,确定其是按可经营性资源来开发调配,还是按公益性事业来运营管理。智慧城市的发展需要依托智慧基础设施。而此类基础设施由于其开发周期长、投入高,企业一般不会首先参与,需由政府主导参与。同时,随着城市经济的不断发展,社会对于智慧基础设施的需求不断扩大,政府在有限的财力下,可根据基础设施项目的特征和区域自身发展条件引入私人部门。在政府的监督管理下,令市场机制在准经营性资源领域发挥其资源配置的作用。而智慧基础设施的特征在于其使用的是最新的信息技术,这通常由各高新技术企业掌握。因此,政府与企业作为双重主体共同生成开发准经营性资源是更有效率的选择。在实际推进信息化基础设施建设过程中,政府将通过与企业签署战略合作协议达成双方共同推进基础设施建设发展,在各大创新应用领域深入合作,推动智慧城市建设。如今,在许多智慧城市建设中,IT企业扮演着重要角色,如华为的"智慧城市神经系统"、阿里巴巴的"ET城市大脑"、腾讯的"数字城市"、浪潮的"城市智慧大脑"、京东的"城市计算"等都在紧锣密鼓地推进中。然而,单纯靠企业推动智慧基础设施的建设也是有问题的。智慧城市开发的主导者是政府，政府在规划上需要起到引领和管理作用，企业在技术上有很大的优势，但企业本身是以利润最大化为目标的，因此其发展需要政府的监督管理。二者在准经营性资源领域有不同的角色分工：企业为政府提供差异化的解决方案，弥补政府在财政资金和信息技术上的短板；而政府对于相关技术产业的发展需要有清晰的规划和布局，在制度和体系上进行创新，配套有效的政策开展扶持、监督和管理工作。

全球智慧城市发展已经走过了十来个年头，部分城市在智慧城市的建设上取得了不菲的成绩，如新加坡、阿姆斯特丹、纽约等。然而，许多城市对于智慧城市开发还处于起步和探索阶段，存在着机制不到位、碎片化发展等问题。在中国，多个城市已明确提出正在建设智慧城市，但民众所感受到的智慧化程度仍然有限，群众的获得感和满意度还有待提升。目前，在智慧城市的建设推进中，主要面临四个方面的挑战。

第一，数据孤岛重复建设，缺乏智慧城市顶层设计规划。数据是智慧城市建设信息基础设施平台的核心，但数据无法有效共享已成为智慧城市建设的最大掣肘。目前，在大数据的采集、分析和应用过程中，在政府与政府之间、企业与企业之间、政府与企业之间，均存在数据孤岛问题。在政府各部门之间，数据平台的建设一般都是自上而下逐级纵向推进，而横向互联互通存在着局部的信息孤岛。在不同企业之间，由于行业鸿沟、技术语言不通、技术水平参差不齐等问题，信息无法互联共享。片面的数据难以看到企业运行的全貌、把握行业发展的趋势。而在政府与企业之间，二者的数据通常不会相互开放，但是，企业在生产经营过程中有时需要用到来自政府的数据，同时，政府在研判地方企业发展态势时也需要使用来自企业的数据。这一个个信息孤岛阻碍了数据资源的共享传递，无法释放其应有的价值。面对这些局部、片面的数据，企业很难掌握行业的发展情况，也会阻碍其创新发展的步伐。而政府也无法根据现有数据做出全面可靠的决策。可以说，数据孤岛的存在是因为缺乏科学、统一的大数据标准体系，即在智慧城市的顶层设计规划上仍有欠缺。大数据来源分散庞杂，不同领域间存在数据壁垒，如何统筹考虑各领域大数据标准化需求，打通数据共享传输的堵点，完善数据流通规则，建立规范化的共享体系，是政府面临的一大挑战，也是智慧城市建设的关键。

第二，关键技术亟待突破，智慧城市运营模式仍需探索。大数据领域已经涌现出了大量的新技术,包括大数据采集、大数据预处理、大数据存储及管理、大数据分析及挖掘、大数据展现和应用等。从目前大数据技术与产品的供给侧看,虽然中国在局部技术上实现了单点突破,但大数据领域系统性、平台级的技术创新仍不多见,面对每日生产的海量数据,以及对数据的存储、流动和分析挖掘需求,急需新技术的支持。然而,关于数据挖掘、处理、决策支持等方面的信息技术,大部分是基于传统业务流程进行研发设计的,不能够支撑物联化、互联化和智能化的智慧城市技术路径。实际上,目前在智慧城市建设中,高新技术企业在数字技术的研发和突破上扮演着重要角色,但企业基于自身利益考虑,对行业间的技术合作和共享仍持保守态度,而部分关键的技术创新需要行业形成合力才能快速有效地实现突破。因此,区域政府应为企业创新技术发展提供配套设施和政策条件,促进行业合作发展,发挥产业联盟等平台作用,把国内优势技术力量凝聚起来形成合力,完成技术的更新迭代。换句话说,现有的智慧城市运行模式仍需进一步探索,加深政府与企业的合作、企业与企业的合作,发挥区域政府顶层设计和统筹规划的作用,为企业突破关键技术提供良好的环境,共同推进智慧城市的开发建设。

  第三,信息安全管理不完备,数据资源使用有风险。大数据的相关标准仍处于探索期,在各行业各领域数据使用的安全规范还存在较多空白。随着数据各领域应用的不断深化,这种新资源越来越受到人们的重视。尤其是在金融行业,数据安全和信息保护的要求更加严格。目前,行业缺乏统一的安全标准和规范,单纯依靠企业自身约束会带来较大的安全隐患。在互联网企业中,一部分拥有大数据资源和掌握大数据分析能力的企业,存在数据"滥用"现象。例如,2019年8月,日本最大的互联网公司瑞可利(Recruit Holdings Co.)旗下的就职情报平台Rikunabi被曝滥用网站注册者的个人数据谋取私利,该公司在未告知学生求职者的情况下私自利用AI技术解析求职者的注册及浏览等数据,用以判定求职者最后拒绝某家公司的概率。然后将数据和其技术打包,作为一项服务产品倒卖给招聘人才的企业方。[1] 可见,大数据的使用过程中,用户隐私数据的保护存在极大漏洞。目前许多地区对大数据的所有权、使用权仍是模糊处理,未有

---

[1] One点:《日本最大互联网公司滥用数据引非议》,见看点快报网,https://kuaibao.qq.com/s/20190901A03V6D00?refer=spider。

清晰的界定。而用户的个人数据涉及隐私保护和个人利益，因此对数据相关的安全规范和权利义务界定也就显得越来越重要。

第四，"新基建"作为支撑智慧城市发展的基础，存在不确定性高、价值折旧快、竞争性强等问题。① 新型基础设施是智慧城市建设的先决条件，要推进信息技术在城市各应用场景落地，需要新一代信息基础设施的支撑。

首先，"新基建"采用前沿信息技术，具有高度的不确定性，这种不确定性既包括技术层面，也包括市场层面。城市基础设施属于准经营性资源，具有部分非竞争性和部分非排他性，属于公共物品和私人物品的交叉领域。在传统经济理论中，基础设施由政府主导建设。而随着技术的更新迭代，传统基础设施不适用于智慧城市的发展建设，需要政府尽快投入新型基础设施。相对于在市场中直接参与技术创新、市场竞争和面对用户的企业，政府对于技术和市场的不确定性更加不敏感，其要对新型基础设施的技术路线选择和建设规模作出合理预判和决策有相当大的难度。由于"新基建"需要巨额的资金支持，若区域政府未能作出有效的规划布局，会因此丧失发展智慧城市的先机。

其次，新型基础设施与传统基础设施不同，前者的主要载体是信息化设备以及其中蕴含的大量算法、软件和服务，此类产品更迭折旧周期更短。区域政府在超前布局新型基础设施的同时，需明确新型基础设施若不能适时投入使用，产生直接经济效益或间接社会效益，就可能造成巨大的资源浪费。因此，在规划"新基建"时不盲目跟风、结合区域发展需求是十分必要的。

最后，新型基础设施作为准经营性资源的前沿领域，具备部分竞争性。在传统基础设施建设中，政府是投资、开发、建设全过程的主体，但部分新型基础设施的发展起源于技术的突破，企业参与程度较高。因此"新基建"的主体除了政府外，企业的作用也不可忽视。例如，在互联网企业中，马太效应很显著，拥有前沿技术和海量数据资源的企业往往在大数据时代占据更多的数据、更有利的地位，最后往往在垄断竞争下形成一批数据寡头，造成"赢者通吃"的局面。企业在运营中使用的数字平台，

---

① 李晓华：《面向智慧社会的"新基建"及其政策取向》，载《改革》2020年第5期，第45页。

实际上也是新型基础设施的一种。然而，企业本身是以利润最大化为目标的，在平台经济的发展下，各企业为争夺稀缺的流量进行激烈的竞争，表面上通过各种优惠方式吸引用户进入，实际最后损害的仍是消费者的利益。而政府推动新型基础设施发展的初衷是提升居民生活质量，推动城市转型升级，因此对于企业的竞争行为需要进一步规范，以促进行业技术不断更新迭代为目标，形成良性的竞争环境。

综上所述，区域政府在建设智慧城市的过程中，面临的最主要问题是如何有效地规划布局智慧城市的建设。无论是数据孤岛、信息安全漏洞还是"新基建"中的诸多问题，都是智慧城市顶层设计不足导致的。智慧城市的建设涉及城市生产生活的方方面面，体系庞大而复杂，做好顶层设计规划十分具有挑战性。开发智慧城市并非一日之功，需要长期的建设和运营。从区域政府的角度来看，完善智慧城市开发的顶层设计，可采取如下具体措施。

第一，完善各行业、各区域间智慧城市建设的信息化制度标准，实现跨领域、跨地区的互联互通。智慧城市的特征在于协同创新，共建共享。没有完善、规范的信息传输和共享标准，就难以形成互联共享的城市生态。要破除数据孤岛林立的现状，需要从技术、框架、生态、信任和交换机制五方面入手，制定完善标准的数据共享体系，连接起一个个信息孤岛，形成真正开放的信息共享生态体系。尤其是政府与企业之间，智慧城市的建设需要政府与企业作为主要双重主体共同发力。企业在生产经营管理过程中，积累了大量及时动态的数据，是政府决策的有效补充。例如，综合供电部门的企业动态用电量数据，发改部门可以更准确地制订针对大规模用电、直供电企业等的优惠政策和奖励措施。然而，目前中国政府部门和企业之间的数据共享程度还不深，主要受限于法律、资金、技术多方面的原因。而解决政企间数据共享问题的思路是深挖数据共享的源动力，明确政府部门和企业的需求，在共享问题上达成一致。政府应协调企业共同破解共享技术难题，包括制定数据共享规范、搭建数据传输平台、保证数据安全性等。

第二，建立智慧城市评价体系，衡量地区智慧城市开发程度。目前，智慧城市的概念在全球盛行，但真正建立起的标志性智慧城市还是凤毛麟角。同时，各国/各区域对智慧城市没有形成一套统一的评价体系，难以考察本国的智慧城市发展到了何种水平。国际上比较权威的评估是由联合国人类住区规划署、世界经济论坛、西班牙工业部等多个组织和政府部门支持举办的全球智慧城市大会（Smart City Expo World Congress，SCEWC）。该大会为政府、企业、社会机构以及研究中心搭建了一个国际化的交流平台，是目前全球规模最大、专注于城市和社会智慧化发展及转型的主题展会，设置了智慧城市、使能技术、城市环境、智慧出行、管理与金融、宜居性与包容性、创新性七个大奖，是对全球智慧城市较为全面的评估体系。中国亟须构建并完善一套科学合理的指标体系以客观反映和评价智慧城市的发展状况。在本章第二节中，我们从衡量区域政府在智慧城市建设中是否"有为"的角度出发，提出智慧城市开发评价体系，主要考察政府对智慧城市三类资源的生成、开发和配置效率，以及政府信息化政务水平。该评价体系从城市发展核心要素城市三类资源切入，较为全面地衡量了智慧城市在产业、民生、城市基础设施方面的"智慧"程度，基本涵盖了城市发展的主要领域。此外，该评价体系还为衡量区域政府在智慧城市开发中的"有为"程度提供了量化的指标体系，为区域政府的经济行为提供了理论上的依据和指引，推动智慧城市健康有序建设。

第三，发挥市场机制作用，多元主体共同参与建设运营。在智慧城市建设中，新型基础设施所采用的前沿技术多来自信息技术企业，新一代信息技术更新迭代周期短、市场变化快，而政府欠缺的正是对技术和市场变化的敏感度。单纯依靠政府对"新基建"的投资无法满足庞大而多样化的需求缺口，因此引入市场机制，政府与企业合作建设新型基础设施能更有效地配置准经营性资源。此外，在准经营性资源的转换过程中，政府需转变自身职能。让市场发挥其资源配置的作用，而政府聚焦于对管理机制和监督机制的完善和创新，比如对数据共享标准的制订等。麦肯锡全球研究院中国院长成政珉（Jeongmin Seong）表示，"打造智慧城市需要一个智慧的政府。政府和公共部门可以思考在哪些领域可以适当留出空间，为企业或其他私营部门提供创新余地"，"合作方越多，应用的使用范围就越广，数据的使用也会更有创意，从而带来更出色的效益"。[1]

第四，创新治理理念，配套相应政策。智慧城市可持续发展的动力在

---

[1] 广州市翊腾智慧城市：《打造智慧城市对政府与企业带来的启示》，见信息化观察网，http://www.infoobs.com/article/28491/da-zao-zhi-hui-cheng-shi-dui-zheng-fu-yu-qi-ye-dai-lai-de-qi-shi.html。

于创新的生态环境,创新不仅体现在行业、企业之中,更表现在区域政府的治理理念和政策工具上。在智慧城市的建设中,"新基建"是区域政府发展城市经济最重要的抓手。发展新型基础设施,政府应坚持创新的政策理念,在政策工具的选择上坚持如下三个原则。

第一,与时俱进,适度超前。新型基础设施技术迭代周期短,市场变化快,区域政府在布局新型基础设施时如果太过超前,将会造成严重的产能过剩和资源浪费。例如,《2021中国移动经济发展报告》预计,2020—2025年,中国国内移动运营商将投资近2100亿美元来建设网络,其中90%投向5G。[①] 虽然5G产业空间巨大,但要实现大规模商用还面临不少压力。比如5G国际标准尚未完全确定,运营商4G投资尚未收回;5G相应的市场需求尚未培育起来,还缺少大规模应用5G的场景;5G应用所依赖的技术产品还不成熟,产业链上的商业模式还不够明晰。因此政府发展5G的策略不应是一哄而上,而是要根据市场需求,尊重市场规律,在最需要的领域率先启动、审慎推进。可以说,"新基建"是区域政府实现智慧城市开发"弯道超车"的重要抓手,但在引领其发展的同时需要审时度势,既不能滞后也不能"大跃进"。

第二,多方参与,合理分工。相较于传统基础设施,新型基础设施技术含量高、更新迭代速度快,发展方向具有高度不确定性。新型基础设施的这些特征要求对市场和技术的发展具有充分敏感性的企业参与建设。把握好政府与市场在准经营性资源领域的定位,让政府做市场做不好的事,让市场发挥其资源配置的优势作用。在"新基建"领域,许多数字企业在技术和理念上已经走在前列,政府要做的是从全局着手,制定"新基建"发展规划。对于公共属性较强的准公共物品,政府应保证供给;对竞争性和排他性更强的准公共物品,则交由市场主导,政府主要起引导监督作用。特别是对于竞争性较强的新型基础设施领域,政府有必要保障企业竞争的公平性,调动企业积极性,鼓励企业协同推进技术创新,促进行业的健康发展。

第三,需求推动,服务社会。智慧城市的核心理念是"以人为本",这要求智慧城市由生产型范式向服务型范式发展。政府在完善"新基建"

[①] 全球移动通信系统协会(GSMA):《2021中国移动经济发展报告》,见搜狐网,https://www.sohu.com/a/452905107_99900352。

相关政策的同时，需要重点关注的不是建设足够大的规模，而是从公共利益出发，让城市各主体的需求得到充分的满足，包括为民众提供优质的城市生活环境，为企业提供良好的创新发展生态。"新基建"落地的一大难点在于其应用场景，因此政府除了关注其供给侧，需求侧问题也值得重视。如只是一味制定大规模的建设目标而忽略了落地的应用场景，则是对准经营性资源的浪费和错配。新型基础设施的出现，让政府更加"智慧"化，通过整合分析城市数据资源，有助于政府更准确地把握城市各主体的需求，真正地服务各主体，助力城市经济发展。

总而言之，建设智慧城市绝非一朝一夕之功，而是一项长期的、复杂的、艰巨的工程，需要区域政府、企业、民众等多方城市主体共同参与。民众的需求是城市存在的根本价值，企业的创造让城市焕发生机，政府的引领则让城市运转更"智慧"。目前，全球大多数城市还处在对智慧城市的摸索阶段，一个"智慧"的政府，需要有完善的顶层设计，能够因地制宜地稳步推进智慧城市开发，结合多方城市主体的共同努力，为城市发展注入新的动力，促进智慧城市健康、可持续发展。

❋ 本章小结 ❋

本章对智慧城市的开发过程进行了深入研究，阐述了智慧城市相关的多项内容，包括智慧城市的内涵与特征、智慧城市开发的评价标准和体系、世界各国智慧城市发展布局和规划、"新基建"、智慧政府行为。

首先，本章给出了智慧城市的定义。智慧城市作为城市信息化发展的高级阶段，是指利用各类信息技术或创新概念将城市的系统和服务打通、继承，构建有利于创新产出的制度环境与生态，实现以用户创新、开放创新、大众创新、协同创新为特征的以人为本的可持续创新，进而提升城市资源的运用和配置效率，促进城市经济增长，优化城市管理和服务，改善居民生活质量。推动智慧城市形成的最重要的两种驱动力是新一代信息技术和城市创新生态。智慧城市的四个特征——协同创新、以人为本、共建共享、创新繁荣，也是建设过程中需重点把握的原则。

其次，本章根据现有文献对智慧城市评价体系的研究，结合城市三类资源和"智慧政府"的理念，给出了我们对智慧城市开发的评价指标体系，包括4个一级指标、12个二级指标、58个三级指标。其中，一级指

第五章 智慧城市开发

标为智慧民生（非经营性资源）、智慧产业（可经营性资源）、智慧城市基础设施（准经营性资源）、智慧政府（信息化办公政府）。智慧民生下的二级指标有教育、医疗、生态环境、政策环境吸引力；智慧产业下的二级指标有从业人员质量、产业资金投入、产业发展水平、企业研发能力；智慧城市基础设施下的二级指标有信息化基础设施建设水平、基础设施资金投入；智慧政府下的二级指标有电子政务、社会管理服务。在各个二级指标下，根据代表性、全面性、可比性、数据可得性的原则进行三级指标的选取。智慧城市开发评价体系是衡量区域政府在城市经济发展中是否"有为"的标准，对区域政府建设智慧城市起到指引和查漏补缺的作用。

本章分析了世界各国智慧城市开发建设的程度，并指出，中国目前仍是智慧城市建设投资最多的国家。我们具体阐述了中国、新加坡、英国、美国、日本、欧盟等国家和地区的智慧城市建设举措。中国智慧城市建设相对而言起步较晚，但投入很大，国内很多城市都在通过物联网推动市政基础设施智能化。然而，许多区域对于智慧城市的建设仍处于摸索阶段，数据壁垒、数据孤岛问题是目前智慧城市建设推进中的一大障碍。

再次，本章深入探讨了智慧城市的关键载体——"新基建"。相比于传统基础设施，科技创新驱动、数字化、信息网络是"新基建"的核心要素。新型基础设施主要包括三方面内容：信息基础设施、融合基础设施、创新基础设施。新型城市基础设施是准经营性资源的前沿领域，是各区域政府发展智慧城市的最好抓手。实际上，"新基建"作用的本质是准经营性资源向可经营性资源和非经营性资源转换过程中产生的经济增量。政府对智慧城市的布局规划需要以新型基础设施作为前提条件，加大对"新基建"的投资发展。

本章深入讨论了广义的"智慧政府"。其中"智慧"表示政府利用前沿信息技术和创新理念，超前引领城市发展。在智慧城市建设背景下，衡量"智慧政府"是否发挥其超前引领的作用，实际上也是考察政府是否发挥了三类资源的最大效用，只是侧重点在三类资源中与新一代信息技术相关的领域。对于智慧产业经济，区域政府仍应遵循市场配置资源的原则，发挥其作用，尽可能地通过资本化手段把它交给企业、社会和各类国内外投资者。对智慧民生经济，区域政府应奉行公平原则，保证非经营性资源的合理配置。智慧基础设施的特征在于其使用的是最新的信息技术，这通常由各高新技术企业掌握。因此，政府与企业在准经营性资源领域有不同

的角色分工，企业为政府提供差异化的解决方案，弥补政府在财政资金和信息技术上的短板；而政府要在制度和体系上进行创新，配套有效的政策，开展扶持、监督和管理工作。

此外，在目前的智慧城市建设过程中，政府主要面临数据孤岛、技术限制、信息安全、"新基建"不确定性高等问题。这四方面问题都与数据资源息息相关。每一日，城市都将收集到庞大的新数据，来源于城市的各个场景，涉及政府、企业、民众等多方主体。然而，数据共享的难题切断了各区域、各主体间的联系，除了自身拥有的片面数据信息，人们难以看到城市发展的全貌。因此，政府早一步推进数据共享标准的制定工作，不仅可为企业生产提供更有力的支撑，对政府分析决策能力和公共服务水平更是能起到极大的促进作用。若政府与企业间能够成功实现共享，将来在企业与企业之间、政府部门与部门之间都能够实现资源的全面有序共享，构建协同发展的城市新生态。

最后，本章指出，智慧城市的建设体系庞大而复杂，做好顶层设计规划十分具有挑战性。区域政府在进行智慧城市开发的顶层设计时可采取如下四个具体措施：第一，完善各行业、各区域间智慧城市建设的信息化制度标准，实现跨领域、跨地区互联互通；第二，建立智慧城市评价体系，衡量地区智慧城市开发程度；第三，发挥市场机制作用，多元主体共同参与建设运营；第四，创新治理理念，配套相应政策。

思考讨论题

1. 请阐述智慧城市的定义。
2. 请阐述智慧城市开发评价体系中的一级、二级指标。
3. 请简述"新基建"的定义和范围。
4. 请解释广义的"智慧政府"中"智慧"的含义。
5. 请简述在智慧城市背景下，智慧政府开发三类资源的原则。
6. 请简述目前智慧城市建设面临的主要挑战。
7. 请简述针对智慧城市建设面临的挑战，区域政府可采取哪些具体措施。

第六章　创新型城市的产生与形成

城市是一个由社会、经济、文化等多种元素、部门相互交织而成的复杂系统。城市可被看作一个"有机生命体",其中各个主体相互作用,各区域、各行业相互协调,各有分工,最终形成统一的城市系统。随着时代的发展,城市也在不断演变和进化,为城市功能的转变与升级带来了更多的挑战。如今,创新型城市是全球各个城市所追求的建设目标,是未来城市发展的必然选择。然而,建设创新型城市是个复杂的系统工程,涉及经济、社会、资源、环境等的方方面面,并非一朝一夕之事,需要对其形成、发展和演变规律有系统的认识。

创新型城市的产生与形成与区域经济的发展阶段紧密相连。城市作为创新发展的载体,是孕育创新技术、思想、模式、制度的摇篮。在区域政府的引领和思想、制度的创新下,各城市主体将源源不断地进行创新活动,城市将焕发出新的活力,不断向更高层次的经济发展阶段迈进。随着城市的发展,创新资源与活动在城市经济中占据越来越重要的地位。以增加投资为主的传统经济增长方式逐渐显露出它的局限性,城市经济亟须转型发展。

发展是每个国家和地区永恒的主题。如何促进经济高质量发展,发展中国家如何由传统的经济增长模式向现代化社会经济状态转变,一直是经济学家不懈探讨的核心问题。发展不只是生产力或收入的提高,它涉及更加广泛的方面,包括生产方式、产品分配、生活水平、制度、观念和政策。除了提高整个社会的生产力,社会质量的提升也是经济发展的重点方向。可以说,经济发展所追求的是一个全方位的社会进步,是一种高质量的经济增长模式,而创新是经济发展的必由之路。

区域经济的发展历经产业经济主导、城市经济主导、创新经济主导和共享经济主导四个阶段,创新型城市也随着区域经济发展阶段的演变而不断成熟与升级。在最初由产业经济主导的增长阶段,要素驱动占主导地位，区域更多是依靠劳动力、自然资源等生产要素的简单扩张来驱动经济增长。此时的创新活动和创新资源较少，更多是依赖引进与学习外部技术，创新型城市仅处于萌芽阶段。而随着区域经济发展阶段的不断演进，区域最终将迈入创新经济主导的阶段，甚至是共享经济主导的阶段。此时，要素与投资主导的经济增长方式难以维持经济增长的动力，而技术、理念、管理以及制度上的创新才是这一阶段经济发展的主题。此时，创新型城市已步入成熟与稳定的发展阶段，能够集聚地区各类创新要素和资源，为各国/各区域的发展提供源源不断的经济新动能。

本章聚焦创新型城市的产生与形成过程，并重点阐述资源生成与创新型城市的关系、准经营性资源中的新型基础设施对于创新型城市发展的奠基性作用以及数字经济对于目前创新型城市建设的重要意义。本章从创新型城市的概念与形成过程出发，引入中观经济学对区域经济增长四阶段论，即产业经济、城市经济、创新经济、共享经济主导的增长阶段的定义。结合此概念，论述创新型城市的形成路径。最后，本章提出创新型城市的核心驱动力——数字经济，对数字经济的概念及作用机制、世界各国数字经济发展举措及现状、数字经济发展面临的问题及解决措施进行探讨。

第一节 创新型城市的概念与形成过程

一、创新型城市的概念

在谈论创新型城市的定义之前，我们需要明确创新的内涵。创新的概念最早可以追溯到经济学家约瑟夫·熊彼特（Joseph Alois Schumpeter）。他在《经济发展理论》一书中提出了"创新"的概念。熊彼特指出："所谓创新，就是建立一种新的生产函数，也就是说，把一种从来没有过的关于生产要素和生产条件的新组合引入生产体系。"[①] 而其中的"创新""新组合"包括五种情况：①引入一种新产品，即在功能形态上与原来的产品有差异，具有新的特征；②引用新技术，即新的生产方法；③开辟一个从

[①] 约瑟夫·熊彼特：《经济发展理论》，商务印书馆1991年版，第73~74页。

未有人涉足过的新市场；④控制原材料的新供应来源；⑤实现企业的新组织形式，比如打破或形成垄断等。熊皮特认为"创新"是一个"内在的因素"，经济发展也是"来自内阻自身创造性的关于经济生活的一种变动"。自 1950 年熊彼特去世后，学者们对创新论进行了深入探索，主要围绕两个观点进行讨论：一是以技术革新为主要研究对象的技术创新论；二是以制度变革为主的制度创新论，侧重制度环境对于经济发展的作用。可以说创新的内涵是十分广泛的，除了技术的飞跃，制度、思想的变革也是创新的重要领域。

创新作为城市高质量发展的主要驱动力，其影响程度随着城市演化进程不断扩大。随着区域经济发展迈入新阶段，以自然资源、劳动力资源等为主的传统驱动要素的地位与作用将不断下降，而以技术、人力资本、制度和思想文化为核心的创新驱动要素将成为影响城市经济发展的主要决定因素。当前中国致力于建设创新型城市，实施创新驱动发展战略，为步入创新经济主导的阶段奠定基础。因此，明确创新型城市的本质，探索建设创新型城市的道路至关重要。基于熊彼特对创新概念的界定，学者们从各个视角提出了对创新型城市的认知。石忆邵、卜海燕认为，创新型城市是把创新作为核心驱动力推动自身发展的城市，是涵盖技术、知识、制度、服务、文化、创新环境等全社会创新的一个综合创新体系，是通过创新主体之间的交互作用而形成的集聚与扩散知识与技术的网络系统。① 在各主体相互促进和制约的关系中，知识创新是城市创新的基础，技术创新是城市创新的核心，制度创新是城市创新的保障，服务创新是城市创新的纽带，文化创新是城市创新的灵魂，创新环境是城市创新的前提条件和载体。邹燕提出，创新型城市是知识创新、技术创新和产业创新呈现出密集性和常态化特征的城市形态。② 杨思莹等则认为，城市是创新型经济发展的重要空间载体，集聚各类创新要素和资源，是知识创造与应用的重要基地，城市创新体系是国家创新体系的重要组成部分。③ 总结现有创新型城

---

① 石忆邵、卜海燕：《创新型城市评价指标体系及其比较分析》，载《中国科技论坛》2008 年第 1 期，第 22 页。

② 邹燕：《创新型城市评价指标体系与国内重点城市创新能力结构研究》，载《管理评论》2012 年第 6 期，第 51 页。

③ 杨思莹、李政、孙广召：《产业发展、城市扩张与创新型城市建设——基于产城融合的视角》，载《江西财经大学学报》2019 年第 1 期，第 21 页。

市的概念界定，提出对创新型城市的定义：

创新型城市是指主要依靠技术、知识、人力、制度、思想等创新要素驱动城市经济发展的新型城市。此时城市对三类资源的生成与调配能力已经成熟，并将进一步开展理念、技术、管理和制度上的创新。同时，城市具备创新发展、协调发展、绿色发展、开放发展、共享发展等超前理念，引领区域共同可持续发展，迈入由共享经济主导的协同发展阶段。

上述概念可从以下四个方面进行详细解析。

第一，从城市发展的驱动要素上看，创新型城市以各领域、各部门的创新为内核，包含技术创新、知识创新、制度创新、思想理念创新等。其中技术、知识创新是核心驱动力，其对于城市经济发展的作用是爆发式的，能够使区域生产力实现量变到质变的飞跃，提高区域全要素生产率。而制度、理念的创新能够为前者的创新提供良好的环境。如今，新一代信息技术发展迅猛，产业亟须转型升级，城市在技术的加持下更需要理念、制度、管理的创新来保证政策环境、创新环境与城市发展相匹配，保证城市经济可持续发展。

第二，从城市经济的发展阶段来看，此时城市已经从要素驱动、投资驱动阶段迈入创新经济主导阶段，对三类资源的生成与配置能力比较强，关键是如何以超前的理念引领区域进一步发展，特别是如何以理念政策创新来优化资源配置。例如，对逆生性资源中的碳排放资源，要通过碳排放权交易的方式来控制碳排放量并达到"碳中和"的目标，制度、技术的创新必不可少。

第三，从城市发展的理念来看，创新型城市注重对城市布局和经济发展的顶层设计、对区域未来的全面规划。城市包括区域政府、企业、居民等多个主体，是一个多主体相互制约与协调的复杂系统，需要协调各主体的利益目标，寻求与城市发展相一致的整体宏观目标。而这些都对城市发展的理念提出了挑战。创新型城市不以经济增长为唯一目标，而是要建立创新、和谐、绿色、开放的城市，力求在发展模式、思想文化、机制体制、企业管理等全方面进行创新，为区域经济发展注入持久的活力。

第四，从城市发展的目标来看，创新型城市是现阶段城市建设的主要目标，但不是最终目标。随着区域经济发展阶段的演进，区域将步入共享经济驱动的增长阶段。此时城市与城市之间、区域与区域之间都将面临许多跨区域的挑战，需要区域共同建立新规范来解决新问题。而创新型城市

第六章 创新型城市的产生与形成

的建立，能够集聚创新资源，并传播思想性、制度性的创新资源，带动区域协同创新和融合发展，最终实现区域的双赢和共享发展。总体而言，创新型城市要求在本质上是转变经济发展方式，用新的理念和制度引领区域发展。一方面从传统的产业经济和投资主导的增长方式向创新经济主导的发展模式转变，另一方面从区域竞争向区域竞争合作并存、协同发展的新形态转变。

二、创新型城市的形成路径

创新型城市的形成是一个循序渐进的过程，其发展进程与区域经济增长的四个阶段相互交织，相辅相成。其中区域经济增长的四个阶段将在下一节进行详细介绍。根据创新能力的提升和创新资源的积累程度，创新型城市的形成过程可以分为休眠阶段、萌芽阶段、发展阶段、腾飞阶段、成熟阶段和稳定阶段。[①]

在城市发展初期即休眠阶段，城市的发展主要依赖自然资源、人力资源、资本等，通过大量投入这类生产要素来推动经济发展，此时区域内的成功企业也主要依赖基本生产要素，缺乏创造能力，主要是通过学习模仿、引进外来技术或外商投资等获取经验与知识技术。随着城市或区域之间的竞争，仅依靠基本生产要素投入的方式将逐渐失去竞争力。为推动经济进一步发展，区域政府将提供配套政策招商引资、招才引智，鼓励企业发展技术，开始侧重对创新活动的投入，但仅处于起步水平，创新能力仍不足，此时城市发展步入萌芽阶段。

进入发展阶段，企业在学习引进技术的过程中，会根据市场需求，有针对性地对产品进行改革，并联合区域政府、研究机构和高校等进行"产学研"结合，创新活动逐渐增加。此时政府相较于依赖基本生产要素的传统企业，更注重培养和扶持环境友好型和创新技术型企业，给予他们充分的资金和政策支持。由于新技术开发前期需要大量的投入，区域政府从可持续发展的角度考虑优化配置，将资金资源更多地倾注到创新领域和行业，助力其发展，此阶段的创新能力得以激活，并不断积蓄能量。

处于腾飞阶段的城市已逐渐步入由创新经济主导的经济增长阶段。无

---

① 陈媞、喻金田：《创新型城市的形成过程研究》，载《科技创新与生产力》2011年第12期，第18～19页。

论是区域政府、企业还是公众，都认可知识、人才和创新对于城市经济发展的重要作用，创新文化与体系逐渐形成，区域经济的发展、城市基础设施的完善为创新活动提供了良好的环境，使得城市内各部门、各行业可以有机地结合起来，共同完成创新活动。同时，城市基础设施质量的提升将吸引其他城市或区域的人才资源流入，在本区域集聚创新资源，集聚效应逐步扩大，几何式地提升创新能力。

进入成熟阶段和稳定阶段，创新型城市已初步成型，并不断发展壮大。此阶段创新资源丰富，高新技术产业繁荣发展。除技术上的创新外，区域政府制度和政策创新体系也逐步完善，为创新活动提供保障与助力，真正形成了各主体协同创新的新型城市。在此阶段，政府更注重技术导向、环境友好的新兴产业的形成，建设人与自然和谐共处的城市环境，例如低碳产业等。相比起依赖于自然资源的传统城市，创新型城市具备源源不断的活力，保持其稳定的增长趋势。特别是在进入稳定阶段后，创新型城市的先进政策、理念、制度将辐射周边区域。相比起区域竞争的关系，此时合作共享逐渐占据主流地位，通过技术创新、区域互联互通，形成开放型的协同创新共同体。

在创新型城市形成的过程中，需要城市各主体共同开展创新活动，不断积累创新要素，才能最终形成创新型城市。实际上，并不是开展了创新活动就能成为创新型城市，这涉及两方面原因。一方面，单一主体开展创新活动并不能创造完善的创新环境。例如，企业研发新产品、开发新技术，若区域政府缺乏相应的配套措施，无法为其提供充分的支持和需求，将导致企业的创新活动难以为继。另一方面，每一个城市/区域的资源禀赋和经济基础不同，发展创新型城市的道路自然也有差异。在中国，深圳处于由腾飞阶段向成熟阶段迈进的过程，而许多偏远地区或城市仍处于萌芽或发展阶段。在建设创新型城市的道路上不能一蹴而就，也不能"照搬"其他区域的经验，需要根据自身所处的阶段与区域优势，发展适于自己的创新道路，不断提升创新能力，逐步推进创新型城市的发展。

三、各国建设创新型城市的道路

随着世界经济的飞速发展，创新已成为一国发展的核心动力。城市作为区域经济发展的核心主体，其创新能力的提高将辐射整个区域，带动区域转型升级。可以说，建设创新型城市是建设创新型国家的第一步。世界各国的主要城市根据自身经济基础和资源优势，探索不同的创新型城市发展道路。自20世纪90年代以来，各国逐步开始实施创新型城市发展战略，形成了新加坡、美国波士顿、日本东京、英国伦敦、韩国大田、德国柏林等创新型城市。这些城市在发展的过程中依据自身资源禀赋发展不同的创新产业，形成了独具一格的创新体系。如新加坡在服务创新和制造业创新领域颇有建树，美国波士顿则是科技创新型城市的典范，英国伦敦作为欧洲的创意之都，文化创新产业发展蓬勃，德国柏林则致力于建设制造业、工业创新型城市。

新加坡作为亚洲地区重要的金融中心、物流中心、和电子产品制造中心，一直致力于经济转型。[①] 在自然资源受限的情况下，通过鼓励创新，发展知识经济，扶持高科技产业和知识密集型经济，是创新型城市建设的成功代表。早在2002年，新加坡政府便成立了经济评论委员会（Economic Review Committee，ERC）。ERC指出在全球化的背景下，区域竞争加剧，以传统的制造业和服务业为主导的增长模式必将遭遇瓶颈。新加坡要保持竞争优势，势必要以创新为城市经济发展的新引擎，建设创新型城市。ERC将高技术制造业、知识密集商业服务业和创意产业列为重点战略产业。其中高技术制造业包括生物医药、软件等产业，知识密集商业服务业包括金融、法律、咨询、信息技术服务等，创意产业主要为多媒体产业，包括影视、音乐、艺术表演、远程教育、游戏等。新加坡政府在扶持制造业技术创新的同时，也为知识密集型商业服务业和创意产业的发展提供创新政策支持，注重产业的多元化创新发展。

具体而言，新加坡通过税收优惠和增加基础性研发投入等策略支持高技术制造业的发展。在大力引进新技术的同时注重长期的自主性研发，培养自身的创新研发体系。此外，新加坡为保证科研工作者能够长期持续地进行研发工作，十分注重对创新环境的保障与提升，包括完善基础设施、保护知识产权、保证资金投入等。其中高质量的创新基础设施是创新型城市建设的基础，也是吸引和培养高技术人才的关键。创新基础设施既包括研发所需的技术设施、城市配套生活设施等硬性设施，也包括政策、明晰的知识产权保护法等软性设施。比如，为提高服务效率，新加坡建立了网

---

① 詹正茂、田蕾：《新加坡创新型城市建设经验及其对中国的启示》，载《科学学研究》2011年第4期，第628～629页。

上商标（eTrademarks）和网上专利（ePatents）注册系统，并提供跨数据库专利查询等多项商业服务，真正做到"一站式"服务，让申请人能够快捷有效地申请专利。同时，新加坡出台了关于知识产权申请的详细规定和法律，并对盗版行为作出明确界定，将其划为刑事犯罪范畴。可以说，新加坡从最初的人口、资源受限，经济基础薄弱的状况，通过创新经济成功转型，成为亚洲创新型城市的典型代表。

美国波士顿作为科技创新型城市的典范，其科技创新水平在美国首屈一指。波士顿能够孕育大量的技术创新，与其丰富的人力资源和科教资源、完善的金融服务业、优越的地理位置以及政府的多方扶持息息相关。

首先，波士顿知名高校云集，拥有超过100所大学，包括哈佛大学和麻省理工学院等世界一流大学，是世界科教与研究重镇。高校的科研力量、密集的创新人才资源是波士顿建设科技创新型城市的最坚强后盾。其次，波士顿金融服务业基础良好，特别是风险投资非常活跃，为解决中小企业融资问题提供了很大的助力。中小企业是经济发展的中坚力量，是城市创新的活力源泉，良好的投资环境使得金融与技术创新相辅相成，促进了技术成果的进一步转化。早在1946年，美国第一家风险资本机构——美国研究与开发公司（America Research and Development Corporation，ARDC）就在波士顿成立。其通过创业风险基金为高科技创业公司融资，使得高校的科研专利能以资本的方式参股到初创企业中。而这些企业也没有令风险投资者失望，其创新成果收获了丰厚的回报，进一步促进了风险投资机制的良性循环。此外，波士顿地处美国东北部大西洋沿岸，是美国工业革命的摇篮。其地理位置优越、交通便利，吸引了大量企业在其市郊集聚。最后，政府也采取了多种措施助力波士顿建立创新型城市。虽然波士顿本身就具有得天独厚的科研资源和完善的风险投资机制，但政府的支持也功不可没，尤其是在创新环境的建设上。波士顿政府十分注重对基础研究的投入，会对基础研究领域进行直接的资助。比如对进行生物产业研究的大学、医院或其他科研机构提供科研资金资助。相比于此类直接支持的举措，政府的作用更多地集中在对创新发展的间接支持上。一方面，波士顿政府通过购买大额订单保证稳定的市场需求，给予企业创新的动力和信心，促进了创新成果的转化，从而推动创新型城市建设的进程；另一方面，波士顿政府建立了完善的知识产权保护体系，提供完备的基础设施，从软硬件上全面保护创新工作者的利益，让创新工作者能够全身心地投入研究。随着创新活动的开展，区域政府保驾护航，波士顿的创新文化蔚然成风。波士顿在发展创新型城市的道路上，不仅实现了技术上的革新，更形成了思想上的创新成果，给予其源源不断的发展动力。

英国伦敦是世界文化创新型城市的代表，以文化创意产业作为支柱产业之一。伦敦是英国的政治、经济、文化中心，不仅拥有完善的金融服务体系，还是世界高等教育的中心，英国近1/3的高等院校和科研机构集中在伦敦，这为伦敦提供了良好的创意产业发展基础。自1994年起，英国政府便将创新产业的发展提升到国策层面，并于2003年提出了《伦敦创新战略与行动纲要（2003—2006）》。为了支持创意产业的发展，伦敦政府通过在城市各组织机构中营造创新文化，并融入高校指导支持，鼓励帮助企业实现创新等手段，促进伦敦创新型城市的发展。一方面，伦敦政府致力于培育创新文化，提升市民创新意识。伦敦通过制订主要地区和产业部门的创新计划、促进技能与人员的流动、开展国际交流活动、为市民提供接触文化创新的良好环境，来营造"全民创新"的文化氛围。另一方面，政府借助高校的科研力量整合知识资源，使企业发展受惠。例如，加强科学园区与孵化器的建设，促进研究合作与成果商业化，等等。鼓励发展"产学研"结合的创新模式，建立企业与高校的合作平台，将创新成果运用于实践，推动创新成果转化。创意产业的发展使伦敦成为欧洲的创意中心，也为其经济发展注入了新的活力。

德国柏林致力于推动传统制造业不断向高端化发展，在工业创新领域取得了瞩目的成就。柏林是德国最大的城市，其传统的机械制造和化工等产业具有极强的竞争力。① 柏林为制造业与化工企业等提供了充分的发展条件，企业依据自身技术优势，汇集创新资源，推动柏林形成高端制造业的重要集聚地。同时，政府通过出台政策为企业提供优惠和便利，鼓励其积极创新。作为技术创新的重要主体，柏林的大中小企业不断进行技术的革新。而为保障中小企业的发展，政府通过财政支持、提供中介服务等方式引导中小企业发展，具体包括对有价值的项目给予低息贷款并担保其向民间银行融资，搭建平台来加强高校和研究机构与企业的技术交流，让中小企业实现科技成果的市场化、商品化，从而促进生产力的进一步提升。

---

① 陈峰燕：《国外创新型城市的建设实践及启示》，载《经济研究导刊》2014年31期，第159页。

可以说柏林是工业创新型城市的典范，不断依靠技术创新推动其主导产业的发展。

上述城市能够顺利建成创新型城市，原因除了城市各主体积极开展创新活动外，其经济基础和优越的地理位置也为其集聚创新资源提供了优势。相比于波士顿、伦敦等城市，韩国大田的资源禀赋并不十分突出，但如今的大田已成长为"韩国的硅谷"，其中政府的"有形之手"功不可没。

大田在城市发展的初期，科技发展十分缓慢。韩国政府为了调整加工型行业主导的经济结构，于20世纪70年代投入15亿美元在大田市开发建设大德科学城。最初，大德科学城的建设并不顺利：工业基础薄弱、科研力量缺失限制了其进一步发展。在此情况下，政府通过吸纳科技人才、引进先进技术、组建研究机构助力大田腾飞。特别是在1989年，韩国科学技术院（Korea Advanced Institute of Science and Technology，KAIST）从首尔迁入大田，为大田建设创新型城市提供了人力资源保障。随后，政府通过一系列政策鼓励韩国大型企业包括三星、LG、韩国电信等的研发中心迁至大田，使得研究机构与企业的合作进一步加深。但由于大部分研究机构属于政府研究机构，缺乏市场竞争机制，效率较低，研发成果的转化进程缓慢。自1997年亚洲金融危机后，大田的研究机构也开始发生变化。金融危机的冲击导致韩国政府提供的科研资金急剧减少，大型企业的研发活动受限。但韩国政府适时地为中小企业提供起步扶持计划，发挥市场的力量扶持创新型中小企业发展，仅在1998—2001年就诞生了200多家起步公司。紧接着，韩国政府将重心转移到创新环境的建设上。2004年12月，韩国国会通过了《大德研究开发特区特别法》。2005年，大田市儒城区和大德区一带被指定为"大德研发特区"。政府通过对该地区的税收激励、政策激励、风险投资基金建立等方式，促进产学研结合，借助特区平台，提升大田创新环境。其中最重要的是将科研成果落地转化，充分发挥市场主导科技发展的力量。同时，政府注重保护创新成果和创新者的利益，提高了城市开展创新活动的积极性，营造了不怕失败、敢于创新的文化氛围。在韩国大田建设创新型城市的过程中，政府的作用十分显著。从最初的直接投入到间接引导，再到引入市场竞争机制，并令其发挥主导作用以提高效率。政府的"有形之手"与市场的"无形之手"相结合，共同成就了大田的发展。实际上，大田发展创新型城市的过程，体现了政府

第六章 创新型城市的产生与形成

的资源生成能力，或者说对于准经营性资源的开发能力，显示出区域政府在城市经济中的重要作用。

与韩国大田市类似，中国深圳同样是在政府主导下建设的创新型城市。深圳是中国最早将"自主创新型城市"作为发展目标的城市之一。自20世纪90年代起，深圳一直以发展高新技术产业为主要方向，从未停止创新的脚步。2000年，深圳高新技术产品产值首次突破千亿元，自主知识产权的高新技术产品占全部高新技术产品的比重首次突破50%。而2020年1—11月，深圳高新技术产业已实现产值25454亿元，实现增加值8909亿元，专利合作条约（Patent Cooperation Treaty，PCT）国际专利申请量保持全国城市首位。[①] 可见创新驱动下的深圳高级技术产值比重迅速攀升，仍有巨大的潜力空间。

深圳作为中国改革开放的先驱，从40年前的一座边陲农业县成长为创新型城市建设的典范，与其不断探索新的发展模式以及政府提供的制度保障息息相关。在深圳建设最初的十几年里，一直以低端工业为主要产业，企业多是附加值低、环境污染大的粗放型企业。而随着信息技术的兴起，深圳抓住了全球机遇，调整产业发展结构，率先布局互联网、新一代信息技术、新能源、新材料、节能环保等战略性新兴产业。目前，深圳正在大力推进以5G网络为首的新型基础设施建设，力争成为全球的创新前沿。而关于深圳建设创新型城市的关键举措，我们将在第七章第三节进行详细介绍，此处不再赘述。

综上所述，各国在建设创新型城市的道路上虽然各有侧重，但采取的措施基本一致，主要围绕对本区域优势产业的创新转型，政府引导并建立良好的创新环境、投融资环境，充分发挥城市多重主体的作用，联动企业和高校等科研机构进行产学研结合等。具体而言分为四个部分。

首先，各国的创新型城市大多历史悠久，传统优势产业的发展对城市经济的作用举足轻重。在转型升级的道路上，各国并不是一味追求新兴产业而忽视传统产业，而是以创新引领转型升级，推动产业向高端化发展。如新加坡和德国柏林从始至终都将制造业作为自己的主导产业，并不断推进其高质量发展。可以说，依据自身的产业、经济基础，找准城市的发展

---

① 《深圳市科学技术奖励大会召开》，见深圳市人民政府门户网站，http://www.sz.gov.cn/cn/xxgk/zfxxgj/zwdt/content/post_8399814.html。

163

路径，是建设创新型城市的关键。

其次，政府需建立完善的创新环境和金融服务环境，形成可持续的创新发展。创新环境的提升包括对知识产权的保护，对创新基础设施的完善等。世界一众创新型城市通常都拥有完备的知识产权保护体系，保障创新工作者的权益和公平。若是没有健全的创新成果保护法律，将极大地降低人们开展创新活动的意愿，极大地影响了创新文化环境的建设。另外，任何新兴产业的发展和创新活动的启动初期，都有较大的风险，需要政府主导并投入充足的资源。而当创新机制逐渐完善之时，应引导市场机制发挥其作用，政府的职能也随之转变，韩国大田就是最好的例证。目前，世界上的创新型城市大部分由市场机制来主导行业发展、配置创新资源，政府更多是保障市场正常运行，监督企业使之有序运营。此外，创新基础设施是城市发展的基石，其中既包括研发所需的设备、专利数据平台等，也包括提升生活质量的城市基础设施。高质量的创新基础设施是吸纳技术人才的重要举措。

再次，创新活动需要充足的资金支持。而在市场快速扩张、需求多元化的情况下，政府不可能为所有创新项目提供充足的资金。这将进一步导致许多中小企业融资困难，缺乏风险投资，难以进行长期的技术研发工作。因此，只有依靠完善的金融服务市场和风险投资机制，才能满足企业对创新资金的需求，形成可持续的创新系统。以波士顿为例，波士顿以其发达的风险投资市场为企业提供多样化的金融服务，是城市创新活动开展的坚实后盾。

最后，建设创新型城市需要城市各主体共同行动，集聚创新资源，实现产学研结合，实现自主创新的目标。作为市场的双重主体，区域政府与企业在城市发展的过程中发挥着举足轻重的作用。要实现科技创新成果的转化，需要政府搭建合作平台，让科研机构的重大技术成果通过企业运用于实践，将理论上的技术优势转化为实际的应用，增加产业竞争优势，推动产业高质量发展。目前，许多城市在发展过程中仍存在理论研究和实际应用脱节的问题，导致创新成果转化不理想。该问题的根源在于高校等研究机构与私营企业的联系不够紧密。科研机构对企业和市场的需求知之甚少，而企业以利润最大化为目标，容易产生短视的行为，缺乏基础研究能力，创新活动受限。基于此，政府应为研究机构与企业搭建起沟通与合作的桥梁，将技术创新与企业的运营管理知识相结合，为市场注入新的活力。例如,韩国大田通过建立实验室企业的方式,构建起研究机构、技术供应者、企业及技术使用者之间的联系网络。中国创新成果的数量十分可观,但成果转化率却并不理想,核心的自主创新能力仍然有限。若能够让有实力的企业参与实验室共建,兼顾基础研究与市场需求,必然能在创新型城市建设的道路上更进一步。

第二节 创新型城市发展与区域经济增长阶段的关系

按照创新能力的提升和创新资源的积累程度,可将创新型城市的形成过程分为休眠阶段、萌芽阶段、发展阶段、腾飞阶段、成熟阶段和稳定阶段。而在本节中,我们将提出另一个增长阶段概念,即以不同的主导经济划分的四个经济增长阶段,分别为产业经济主导的增长阶段、城市经济主导的增长阶段、创新经济主导的增长阶段和共享经济主导的增长阶段。四个阶段并非完全割裂的,在实际发展中,不同阶段可能交叉或并行。此外,这四个经济增长阶段伴随着创新型城市建设的全过程,二者相辅相成。总体而言,产业经济主导的阶段对应创新型城市的休眠、萌芽阶段,城市经济主导的阶段对应创新型城市的发展、腾飞阶段,创新经济主导的阶段对应创新型城市的成熟阶段,而共享经济主导的阶段对应创新型城市的稳定阶段。在不同的增长阶段,所依靠的驱动因素不同,对四个增长阶段的理论分析,能够为创新型城市的建设提供路径思考,明确各个阶段的发展方向。在以下各小节中,我们将详细介绍在四个增长阶段下的驱动因素、区域政府的主要举措以及对创新型城市建设的启发。

一、由产业经济主导的增长阶段

产业经济主导的增长阶段是区域经济增长的初始阶段,此时生产要素驱动占主导地位。在此阶段,区域主要发展产业集群并配套相关产业链,实际上是区域政府对生产要素的配置,以及对原生性资源的开发与调配。其中生产要素包括自然资源、人力资源、资本资源等。在区域发展的初始阶段,企业更多地依赖于本地区先天的资源禀赋,谁能获得更多的生产要素,就能占据大部分的市场。在这个阶段,区域可以通过在劳动力、自然

资源等生产要素上的数量扩张来获得经济增长的动力,短期内效果也十分显著。

在要素驱动的初始阶段,经济发展大致会经历三个过程。第一个过程是区域依赖本地资源发展的阶段。大部分经济发达的地区都是地理位置优越、自然资源和人口资源丰富的地区。充沛的生产要素对于地区早期的崛起和发展有重要作用,但长期来看,再丰富的资源也有用尽的时候,要素的简单扩张并不能保持持续的增长,一味地粗放式投入只会导致后续经济增长乏力。当区域的资源已不足以满足经济发展的需求时,必将向外争夺资源,此时就进入了第二个过程,即区域全力开展招商引资、招才引智的阶段。为进一步发展区域产业,此时区域需进一步扩大进出口贸易,引进相关人才和具有先进技术的外来企业,这将进一步助推区域经济进入第三阶段。在第三个过程,区域主要为产业发展提供配套政策。区域政府在项目政策、产业补贴政策、人才支撑政策、担保贴息政策等展开区域竞争,这对区域招商引资及吸纳人才有重要影响。同时,政府的产业政策将为企业提供高质量的人力资源、经济信息等其他生产要素,对于企业提高生产力有重要助力。

最初,企业应用的技术层次较低。本地区的企业尚未具备创新能力,技术和经验多来源于引进的外商企业。可以说,在初始阶段拥有较高级的产品和技术的企业,多数是由企业以半成品加工方式学习而来的。此时区域本身并未掌握核心技术,仅仅参与末端的加工制造业。此时,创新型城市仅仅处于休眠或萌芽阶段,企业缺乏创新能力、创新意识薄弱,更多是通过引进或模仿外来技术生产新产品。

在技术水平较低、资本缺乏积累的初期,区域政府要占据发展的先机,需通过出台各项政策措施,大力招商引资,开展项目竞争,完善产业链配套,形成产业集群,鼓励进出口贸易,发挥生产要素优势,驱动资源配置,以促进经济增长。其中产业政策的制定对于产业早期的发展具有重要意义,可在一定程度上缓解恶性竞争等市场失灵问题带来的影响。具体而言,区域政府应运用三个层面的产业政策来克服市场失灵。一是通过规划与引导,克服"市场机制缺陷性"失灵;二是通过扶持与调节,克服"市场机制空白性"失灵;三是通过监督与管理,克服"市场机制障碍性"失灵。在采用政策的过程中,政府也应遵循市场的客观规律,避免过度干预,为产业发展创造良好的市场环境。

二、由城市经济主导的增长阶段

城市经济主导的增长阶段主要体现在城市基础设施软硬件的发展，以及区域政府为其提供的配套政策措施。作为区域经济增长的第二阶段，此时区域以投资驱动为主导。对城市基础设施的开发建设实际上是突破了生产要素驱动下的限制，迈入由投资驱动经济增长的过程，本质上是区域政府对次生性资源的开发。

其中城市基础设施包括：城市硬件基础设施，即城市能源供应系统、供水排水系统、交通运输系统、邮电通信系统、环保环卫系统和防卫防灾安全系统六大工程性基础设施；城市软件基础设施，即行政管理、文化教育、医疗卫生、商业服务、金融保险和社会福利等社会性基础设施；随着城乡一体化的进程，这类基础设施还包括农业生产、农村生活、生态环境建设和农村社会发展四大类基础设施；伴随着城市现代化的进程，开发和建设智能城市系列工程也成为城市基础设施建设的新内容。在不同的投资驱动阶段，区域政府侧重建设的基础设施种类也不同。在一个地区经济起步的早期阶段，区域政府投资的比重占社会总投资的比重较高，并且以交通运输设施、环境安全设施、科教文卫系统和法律体系等作为首要建设领域，这是区域发展最重要的基础性设施。随着区域经济的腾飞，民众与企业对于基础设施的需求越来越大，也更加多元化。此时政府投资的比重有所下降，私人投资的比重逐渐上升，市场逐步进入城市基础设施领域，发挥其资源配置的作用。此外，政府投资的领域更多地倾向于城市软件基础设施，以保证市场的良性发展和运行。在区域投资体系不断完善，经济增长趋于稳定的情况下，政府财政支出的重心就会从工程性基础设施转移到福利保障支出、生态环境建设、社会发展和智能城市建设上。城市基础设施投资结构和政府投资比重不断变化的原因在于区域经济水平的提升，区域竞争的加剧对基础设施建设提出了更高的要求。人们对美好生活的追求促使区域政府提升基础设施质量，提供更发达的交通、更快捷的通信和更高质量的教育、卫生服务等。同时，企业要提高生产力，进行自主创新活动，需要创新基础设施的支持。其中创新基础设施是指为创新活动提供的便利条件，这些条件是创新活动必需而不可能由企业自行解决的基本条件，包括国家科技基础设施、教育基础设施、情报信息基础设施等。可见，城市主体对基础设施的需求变化是区域政府投资结构和规模变化的最

主要原因。

在投资驱动阶段，企业的创新能力逐步积累和提升。一方面，基础设施的完善使区域更具竞争力，能吸引更多的高技术人才流入，而人才资源对于企业创新力的提升至关重要；另一方面，创新基础设施为企业或科研机构提供了良好的研发环境，提高了创新活动的效率。同时，政府积极与企业合作建设基础设施，给予企业更多的发展机会。在合作过程中，政府给予企业资金上的支持和市场需求上的保障，减少企业的负担，让企业能顺利开展长期的创新研发计划。此时，创新型城市处于发展或腾飞阶段，城市的创新能力已经初步显现，并将呈几何式增长。

在城市经济领域，区域政府是主导者和管理者，发挥着"规划布局、参与建设、有序管理"三重作用。"规划布局"主要体现了对区域发展的总体规划，其中最重要的是对发展路径的选择。考虑到区域所拥有的资源禀赋和所处的经济增长阶段不同，在规划发展路径时，需要注重本地区的优势产业，取长补短，使区域朝着包容、协调、绿色、开放和共享的方向发展。"参与建设"包括直接与间接两方面。政府直接参与建设体现在对基础设施的直接投资和建设上，如绝大部分的交通基础设施和安全设施均由政府主导。而间接参与更多地集中在社会性基础设施、生态环境设施和新型基础设施上。此类城市基础设施投资建设需要对市场有较高的敏感度，且拥有前沿的新兴技术，需由企业担任建设或运营的角色，政府则充当幕后监督者的角色，保证建设过程顺利开展。"有序管理"是在城市基础设施领域引入市场机制后，区域政府需要建立完善的管理和监督体系，以保证公共物品供给的公平与效率。实际上，政府在参与城市建设的过程中，常常会发生角色错位或缺失的情况。具体表现在三个方面：一是推动城市基础设施建设的政策措施几乎空白；二是政府既没有作为城市建设的竞争主体参与其中，又没有发挥规划、监管、调节城市建设的作用；三是政府参与城市建设，但在过程中没有遵循市场规则，只投入、不收益，只建设、不经营，只注重社会性、忽视经济性，造成城市资源大量损耗、城市基础设施投资建设低质低效、城市规划与管理无序进行等问题。这些问题的根源在于区域政府对自身的角色定位不明晰，不能在经济增长的不同阶段灵活地转换自身职能，从而造成了低效的情况，阻碍了区域经济进一步增长。而为了在区域竞争中保持优势，各区域政府需要遵循市场规则，超前做好规划布局，积极参与建设，还要在城市基础设施领域的投资、开

发、运营和管理中发挥出宏观引导、有效调节和监督管理的作用。在城市经济主导的阶段，如何协调城市主体的合作关系，形成政府推动、企业参与、市场运作三位一体，发挥出区域经济的最大潜力，是区域政府面临的最大挑战，也是区域发展的重大机遇。

三、由创新经济主导的增长阶段

创新经济主导的阶段主要表现为理念、技术、管理以及制度创新。区域步入经济增长的第三阶段，即创新驱动占据主导地位。此时，创新型城市进入成熟阶段，城市形态逐渐具体。此阶段的主要特征包括：侧重对逆生性资源的调控与遏制；以理念创新、技术创新、组织创新、制度创新和全方位创新构成创新发展体系；将集约型、碳中和、数字经济作为发展的主旋律；人才成为致胜关键；科技创新带动全面创新与经济社会深度融合，形成一国经济发展的新增长极。其中最关键的是，技术创新不再是创新体系中的唯一代表，理念、制度、管理上的创新成为经济发展的新动能。

首先，理念创新是对区域发展顶层设计的突破，是保证区域可持续发展的重要手段。在要素驱动和投资驱动的增长阶段，区域政府主要以要素的数量扩张作为刺激经济增长的方式，长此以往将导致资源枯竭、技术发展止步不前、生产效率低下等问题。而要从迈入创新经济主导的发展阶段，对于发展思路和方向的把握至关重要。政府需要有超前引领的理念，既要对区域资源有整体的把握和调控，又要对未来的发展模式作出全面有效的规划，最关键的是找到促进经济增长的新动能。在创新驱动的阶段，区域政府很难依靠过去的理论与实践经验指导当下的发展，只有从理念上创新，才能推动区域经济的可持续发展。

其次，技术创新是核心驱动力，其使得全要素生产率显著提高。技术创新是所有创新型城市所追求的核心目标，其对经济的驱动作用是爆发式的，能够促进区域经济实现量变到质变的飞跃，显著提高全要素生产率。在传统产业发展速度放缓、产能过剩的情况下，技术创新将催生新产品、新产业和新业态，从而促进产业结构转型升级。近年来，全世界生产率增速放缓，新一代信息技术仍在不断积蓄力量。区域发展要抢占先机，需要提前做好布局，突破技术瓶颈，将技术创新与金融服务等创新相结合，为研发工作提供充足的资金支持，形成良性循环。

再次，管理创新是区域经济发展的坚实保障，确保市场运行井然有序，居民生活安定和谐。区域从投资驱动阶段过渡到创新驱动阶段，管理创新能力将决定区域发展的态势。以扩大投资规模来刺激经济增长的模式可以帮助区域改变经济低迷的状态，扭转经济下滑的趋势。但过度的投资刺激也会留下"投资饥渴""投资依赖"等后遗症。而此时区域政府所追求的不再是单纯的经济增速，而是经济发展的质量。因此，区域政府需不断加强管理的规范性，避免投资效率低下、环境不友好的项目，有选择性地扶持绿色创新发展行业。随着新一代信息技术的快速发展，政府的管理能力应与时俱进，遵循市场规律，增强快速反应能力，以更高的效率和灵活性为企业和公众服务。以电子政务发展为例，中国电子政务于20世纪80年代末期起步，经历了30多年的发展，对政府管理效率的提升、职能的转变发挥了重要作用。早在"十二五"期间，政府出台《2006—2020年国家信息化发展战略》作为指导电子政务发展的规划，推动了中国电子政务的快速发展。进入"十三五"时期，电子政务的战略地位进一步提升。随着大数据技术的发展，人工智能、云计算等方式能够为公众和企业提供更便捷和个性化的服务。具体而言，政府门户网站是电子政务建设的重点。公众与企业可通过政府门户网站提供的网上服务、咨询服务快速办理各类事宜，并获取政府公开信息。其中整合各部门程序的"一站式"服务能够显著提高企业或个人办理相关事务的效率。"一站式"服务规模的扩大对于吸引企业进入，形成良好的营商环境有重要助力。可以说，发展电子政务本质上是对政府管理模式的改革和创新。电子政务的发展使得政府与区域其他主体之间形成良好的互动，政务公开、信息共享能给予公众更多的信心，进一步促进区域协调发展。

最后，制度创新是区域发展的必然选择，是理念、技术和管理创新的前提。在创新驱动阶段，技术发展日新月异，经济形态灵活多变，政府只有通过创新制度与政策，引领区域向正确的方向发展，才能紧跟时代的步伐，保持经济的持久活力。相比于前面三类创新，制度创新是最根本也是最具挑战性的。相比于技术创新，制度创新通常缺乏理论与实践的参考，尤其是对走在发展前沿的国家或区域。创新本身就是新的，从未有过的事物。创新的制度能够很好地融合理念、技术和管理创新，促进区域协调、包容、开放发展。而如何找到最适合本区域发展的创新制度是摆在区域政府面前的巨大难题，也是在区域竞争中脱颖而出的关键制胜点。

从创新型城市的发展阶段来看，此时基本处于成熟阶段，创新型城市逐渐成形并不断完善。与之相对应的是区域新兴产业发展迅速，高技术产业占据主导地位。除企业和研究机构致力于创新活动外，区域政府不断进行政策、制度、管理上的创新，为创新活动的开展提供良好的环境。例如对知识产权保护法律体系的完善，对创新成果的管理，以及为研究机构与企业提供完善的"产学研"合作平台。此时城市创新文化氛围浓厚，各主体协同开展创新活动，实现了知识、教育、技术、组织管理、政策制度方面的全面改善与创新，真正实现了城市全要素生产率的提升。

四、由共享经济主导的增长阶段

在经历了产业经济主导、城市经济主导和创新经济主导的发展阶段后，区域将进入由共享经济主导的增长阶段。在前三个阶段，区域在发展过程中需要与相邻地区或经济水平相当的地区进行资源和人才的竞争，而共享经济主导的阶段，区域经济将发生根本性转化。此时，区域的发展将不再仅限于资源的竞争，而是通过与其他地区合作共享、融合发展，共同对新的生成性资源进行开发与调配。这个过程中涉及多区域、多主体的竞争与合作关系，以及维护经济治理体系的公平公正问题。一方面，需要保护各区域的经济利益和区域间的经济秩序，也需要维持和扩大开放型经济体系；另一方面，在各区域开拓经济新领域的过程中，会不断产生跨区域的新挑战，为应对新问题，需要制定新规范，这在客观上会导致区域间竞争与合作共存的格局。此时，区域间的竞争关系仍然存在，但合作发展将逐渐成为这一阶段的主流。

在共享驱动阶段，区域已经拥有了较好的经济基础和创新水平，具体表现在：区域产业体系已经升级为区域竞争力的现代产业体系，区域基础设施已形成区内互联互通、区外通道顺畅的功能完善的网络，区域通过技术创新形成了极具创新资源的开放型区域创新共同体。首先，区域的产业已经完成高端化、智能化改造。例如，传统的制造业与大数据、人工智能等新兴技术融合，在研发、管理、营销等多个环节得到提升。同时，以新一代信息技术为代表的新兴产业蓬勃发展，逐渐成为区域的主导产业。在此阶段，区域合作加深，地区间不再是简单的产业竞争关系，而是在竞争中谋求合作，形成优势互补、紧密协作和联动发展的协同关系。其次，由于区域内外的交通运输系统基本形成，区域间的联动增加，效率得到进一步提高。其中，交通基础设施既包括铁路、公路等传统交通设施，也包括以云计算、大数据等信息技术为基础建立的智能交通系统。此类智能系统规划复杂的交通网络，形成合理的布局有重要作用。最后，区域发挥创新资源集聚效应，辐射周边地区共同开展创新活动。一方面，区域技术创新高地和新兴产业重要策源地已逐渐形成，各类创新平台涌现，区域间技术、人才、信息资源流动加快，高校、研究机构和企业合作深化，共同开展技术研发和成果转化等项目；另一方面，创新环境不断完善，区域间逐渐形成统一有效的科技成果保护和转化的各类政策制度。具体政策内容包括科技成果转化、技术转让、科技服务业合作、知识产权保护和运用等。此外，金融服务的改革，合作环境的便利化都将进一步优化创新环境，助力区域间的协同创新和融合发展。

此时，创新型城市基本处于稳定阶段，创新能力持续提升，并渗透进城市发展的方方面面。城市的创新的文化和体系将形成四种共享性的公共产品，并以创新型城市为核心，为整个区域带来全新的发展机遇。第一是思想性公共产品，主要是指区域创新的理念，比如对市场主体的重新认知。企业不是市场的唯一主体，成熟的市场经济应该是有为政府与有效市场相融合的经济体系，区域政府主导城市经济发展，企业则在产业经济领域展开竞争。第二是物质性公共产品，主要是城市基础设施，包括联结区域间的交通基础设施、共享的信息平台或相关技术设施等。第三是组织性公共产品，主要是对城市的规划布局和区域间的协同建设。相比于传统的城市建设，区域经济的融合发展对城市的规划组织提出了新的要求。第四是制度性公共产品，主要是通过制定各种政策与建立各种体系来保障区域的有序运行、创新成果的普惠共享。例如一个区域完善了劳动、就业、保障和相关的社会政策，其他地区会进一步改善本区域的政策安排。制度性的公共产品没有排他性，是全社会共享的创新成果。

根据共享经济主导阶段的特征，区域政府应遵循的五个基本原则是：第一，改革引领，创新发展；第二，统筹兼顾，协调发展；第三，保护生态，绿色发展；第四，合作共赢，开放发展；第五，惠及民生，共享发展。特别是在合作共享的过程中，不同区域所处的发展阶段不同，大部分区域仍处于要素、投资驱动阶段，少部分区域进入了创新经济主导的阶段。这实际上是一种梯度的均衡发展格局，在这种情况下，合作共享对于后发区域有极大的助力作用。一方面，后发区域可参考先发区域的发展模式，因地制宜，探索本地区的经济增长方式；另一方面，创新经济主导的区域拥有前沿的技术和思想理念，能够帮助处于初始阶段的地区快速提高生产效率，实现"弯道超车"。总之，构建创新、开放、联动、包容的共享型区域经济是这一阶段主要的经济发展模式。

综上所述，四个经济增长阶段具有如下特点：第一阶段为产业经济主导的增长阶段，主要依靠生产要素在数量上的扩张来形成增长动力，其经济增长方式具有基础性和普适性；第二阶段为城市经济主导的增长阶段，以城市硬件基础设施的大量投资为起点，以智能城市的开发和完善作为终结，呈现出投资驱动特征，其经济增长方式中区域政府参与的痕迹明显；第三阶段为创新经济主导的增长阶段，经济增长模式不断推陈出新，推动着区域经济向高端化发展；第四阶段为共享经济主导的增长阶段，此阶段区域间经济发展将从以竞争为主的现状向以合作共赢为主的模式转化。此时，区域经济竞争中形成的四种公共产品将成为区域间普惠共享的经济增长成果，推动各区域经济社会协同进步。

此外，创新型城市的成长与经济发展阶段相互交织。根据四类经济发展阶段的特征，可为政府在不同阶段积累创新资源，推进创新型城市的建设进程提供重要启发。具体而言，在创新型城市成长的不同时期，区域政府应对城市资源配置有所侧重，层层推进，为城市发展打下坚实基础。

首先，在创新型城市的休眠和萌芽阶段，区域政府应引导可经营性资源的有效配置，以发展产业经济为主，通过产业政策和自然资源、人力资源的投入，促进区域经济快速起步，建立先发优势。早期企业自身创新能力较弱，不具备自主创新研发的条件和基础。此时区域政府的主要职责是提高区域经济水平，以及通过优惠政策、人才政策等吸引外来投资和外商进入。企业初期通过学习与模仿，可积累一定的技术经验，为后期自主研发打下基础。

其次，在创新型城市的发展与腾飞阶段，区域政府应着重开发配置准经营性资源，以城市基础设施建设为主，特别是创新型城市基础设施建设。在此阶段，区域政府通过加大基础设施投资，推进区域经济快速扩张。经过前一阶段的积累和沉淀，创新的种子开始生长，此时企业最需要的是技术型人才和提供科研成果的研究机构等。区域政府需要抓住机遇，大力建设城市软硬件基础设施和创新型基础设施，吸纳各行业的尖端人才，建设高新技术园区，形成"产学研"深度结合。新兴技术的发展需要

大量的资源投入和长时间的沉淀，并非一日之功。而在创新型城市的发展与腾飞阶段，政府的职责是为其提供高质量的基础设施，培育技术创新环境，助力企业和研究机构取得技术的突破性进展，实现生产力质的飞跃。

随后，在创新型城市的成熟阶段，区域政府应通过制度、理念的变革，营造完善的创新环境。此阶段创新型城市已初步成型，技术创新作为主导力量，反过来引导着理念、组织和制度的全面创新。城市各主体积极开展创新活动，为了实现经济的可持续发展，区域政府也应转变职能，从制度理念上进行革新，为城市的发展提供良好的创新环境，从而使经济发展的质量得到全方位提升。

最后，在创新型城市的稳定阶段，区域政府应将创新的成果在区域间共享，特别是思想性、物质性、组织性和制度性的公共物品。在稳定阶段，创新型城市要取得进一步的发展，就不能仅限于本地区的独立发展，需要进行跨区域的合作与共享。特别是在对新兴领域的开发过程中，跨地区的合作能够高效地解决新问题，并共同制定出统一的规范与规则，形成良好的区域共享经济，共同推进区域间的协同创新。

第三节 创新型城市的核心驱动力——数字经济

目前，世界各主要经济体十分注重对创新型城市的培育，创新驱动已成为各国转型和发展的核心动力。鉴于创新型城市对各国/各区域社会经济发展的重要作用，探索建设创新型城市的道路，发挥其作为区域经济增长极的效能，是目前各国/各区域政府的重要目标。而数字经济作为基于新一代信息技术孕育的新型商业模式与经济活动，拥有巨大的经济潜力，为相关产业和区域发展做出了突出贡献，是目前全球经济发展的大趋势。考虑到数字经济对于推动经济提质增效、促进区域转型发展的重要作用，应以数字经济作为创新型城市建设的核心驱动力，大力发展数字经济，促进数字经济与城市的深度融合，不断拓宽城市功能，培育创新环境与文化。

一、数字经济的概念及作用机制

数字经济（digital economy）作为一种新兴的经济模式，其内涵较为宽泛，且随着技术的更新迭代，数字经济的概念也在不断变化。1996年，"数字经济之父"泰普斯科特（Don Tapscott）首次在《数字经济》一书中提出这一概念。他认为，在传统经济中，信息流是以实体方式呈现的，在新经济中，信息以数字方式呈现，因此数字经济基本等同于新经济或知识经济。① 而随着大数据、云计算、人工智能为代表的新一代信息技术的出现，新业态、新商业模式不断涌现，数字经济快速发展，其概念与内涵也进一步拓宽。随后，2016年的G20杭州峰会给出了比较具有共识的数字经济定义，即"数字经济是指以使用数字化的知识和信息作为关键生产要素、以现代信息网络作为重要载体、以信息通信技术的有效使用作为效率提升和经济结构优化的重要推动力的一系列经济活动"②。此外，R. Bukht 和 R. Heeks 进一步将数字经济划分为三个层次：第一层是核心层，他们称之为数字（IT/ICT）领域，包括硬件制造、软件和IT咨询、信息服务、电信；第二层是窄口径，他们称之为数字经济，包括电子业务、数字服务、平台经济；第三层是宽口径，他们称之为数字化经济，包括电子商务、"工业4.0"、精准农业、算法经济。③ 其中分享经济和零工经济介于窄口径和宽口径的数字经济之间。2021年，国家统计局在其发布的《数字经济及其核心产业统计分类》中将数字经济定义为"以数据资源作为关键生产要素、以现代信息网络作为重要载体、以信息通信技术的有效使用作为效率提升和经济结构优化的重要推动力的一系列经济活动"，本书也将沿用这一定义。值得注意的是，中国通常把数字经济划分为数字产业化与产业数字化。④ 数字产业化等同于传统的信息产业，包括国民经济行业分类中的电子及通信设备制造业，电信、广播电视和卫星传输服务业，互联网和相关服务业，软件和信息技术服务业。而产业数字化表示在传统产业产生数字经济活动，即数字技术与其他产业部门的融合。

---

① Don Tapscott, *The digital economy: Promise and peril in the age of networked intelligence* (New York: McGraw - Hill, 1996).
② G20:《二十国集团数字经济发展与合作倡议》，2016年9月20日，http://www.g20chn.org/hywj/dncgwj/201609/t20160920_3474.html。
③ R. Bukht and R. Heeks, "Defining, conceptualising and measuring the digital economy," *GDI Development Informatics Working Papers*, No. 68, 2017, http://hummedia.manchester.ac.uk/institutes/gdi/publications/workingpapers/di/di_wp68.pdf.
④ 中国信息通信研究院：《中国数字经济发展白皮书（2017年）》，2017年7月11日，http://www.caict.ac.cn/kxyj/qwfb/bps/201804/P020170713408029202449.pdf。

在创新型城市建设过程中，大力发展数字经济将快速推动城市经济向信息经济、知识经济等新兴形态转化，提高资源配置效率，推动产业结构优化升级。可以说，数字经济为经济社会的发展开辟了全新的领域，抓住数字经济发展的机遇，是各国/各区域实现经济发展"弯道超车"的重要途径。同时，数字技术的广泛使用为城市经济活动带来了根本性、系统性的变化。它不仅是产业、技术的优化升级，更是对传统经济模式、理念、环境的巨大转变。例如，各城市通过不断升级的网络基础设施与大数据处理技术，为政府、企业、居民等各城市主体搭建了良好有效的信息平台，降低了信息获取成本，实现了城市各主体之间的紧密联动，不仅能创建良好的商业运营模式，更有助于形成普惠共享的城市环境。

目前，数字经济快速增长，规模不断扩大，对区域经济总量的带动作用十分显著。作为建设创新型城市的重要抓手，数字经济为城市产业结构转型、新旧动能转化等问题提供了全新的解决路径。具体而言，主要体现在以下几方面。[①]

首先，数字经济以创新为核心，新兴业态和模式层出不穷，为企业和行业创造了新的市场机会。不同于传统产业的发展速度和形式，数字经济产业不断有颠覆性的创新涌现，一旦有新兴技术或新业态出现，行业将发生翻天覆地的变化。而这意味着企业原有的生产模式和竞争理念不一定适用于数字经济下的新商业模式。在传统行业中，大部分企业通过技术、管理多方面的革新来降低生产成本，从而在行业竞争中脱颖而出，获得更高的利润。而在数字经济背景下，企业能够不断发现和创造新的市场机会，通过不断开发新产品、推出新技术、抢占新市场，从而避免在现有的"存量领域"竞争，不断开拓新的"增量领域"，即实现"无中生有""从无到有"。此外，数字技术不仅带来了巨大的市场机会，还颠覆了传统的商业理念与模式，通过建立数字化平台吸引了大量丰富的外部资源，突破自身资源有限的限制，实现效益的快速增长。例如，互联网平台为"产销合一"的模式提供了良好的发展环境，打破了生产者与消费者分割的传统形式，用户作为消费者的同时也可以进行产品的生产，如在抖音、微博等平台，用户既是内容的消费者，也是内容的生产者。

---

① 李晓华：《数字经济新特征与数字经济新动能的形成机制》，载《改革》2019年第11期，第47～48页。

其次,数字经济以新兴技术带动传统产业转型升级,淘汰落后产能,令传统企业焕发生机。传统产业经过长期的发展,积累了完备的工业基础。面临新技术和新模式的冲击,一部分传统企业经过对新技术的吸收应用,能够降低生产经营成本,丰富优化产品功能,从而推动自身的转型升级,而部分传统企业由于产能落后,与新技术脱节,将逐渐失去竞争力而退出行业。可以说,数字经济时代下的竞争既存在于"增量领域",也存在于"存量领域"。除了对新兴市场的开拓,对传统产业的变革也十分重要。虽然传统产业的基本架构和产品功能并未发生根本性的转变,但通过数字化加成,利用新型技术对传统产业链条进行全面的改造,全要素生产率水平将得到进一步提升。在新旧动能转换过程中,企业若能紧跟时代发展,积极应用新技术优化生产工艺,将为自身和行业带来新的机遇。

最后,数字经济依托互联网,用户基础庞大,为行业发展提供了巨大的需求和市场。在新旧动能转换和产业结构转型的关键期,庞大的用户规模和市场体量为市场的发展提供了重要的保障,一旦新技术与市场需求互相契合并逐步走向商业化,将获得足够多的用户基础,实现超速增长。同时,由于企业是基于互联网开展生产运营,不受地域限制,其竞争程度更为激烈。企业需要不断推出新技术、新产品,扩大用户基础,才能形成自身的网络优势,这进一步带动了企业创新的积极性,对于城市或区域向创新型城市转型有重要意义。例如,中国在深圳、杭州等城市形成了一批具有代表性的互联网公司,通过企业与地方政府的合作,为城市向数字化、智慧化发展提供了重要助力。

二、世界各国数字经济发展举措及现状

目前,世界主要经济体不断推动数字技术创新突破,实现数字经济提质增效。在世界经济下行的压力之下,各国普遍超前制定发展规划,推动数字经济不断完善与提升,助力其成为新的经济增长点,提高核心竞争力。各国的具体措施如下。

美国聚焦数字技术创新、数字贸易与数字政府建立,保持其数字经济发展的领先地位。美国政府十分注重数字技术的前瞻性研究,积极推动人工智能、5G 等先进计算机技术、通信技术的研发。例如,为提升人工智能技术在全球范围的竞争力,美国于 2018 年和 2019 年先后发布《美国机器智能国家战略》《国家人工智能研究和发展战略计划》等,以推动人工

智能行业的快速发展。同时，美国政府主导全球贸易规则的制定，2017年7月，美国向亚太经合组织秘书处提交的《促进数字贸易的基本要素》中提出了美国主导的数字贸易规则的基本主张，包含互联网应保持自由开放、跨境服务贸易规则适用于数字贸易、数据存储设备与源代码非强制本地化、禁止强制性技术转移、数据跨境自由流动五个方面。此外，为保障数字经济产业的良好发展，美国积极建设数字政府，提升服务效能，助力产业快速发展。美国先后发布《数字政府服务》《数字政府：构建一个21世纪平台以更好地服务美国人民》等战略规划，通过建立政企合作机制，借助数字企业新兴技术推进数字政府的建设与完善，致力于提供可以在任何时间、任何地点、通过任何设备获取的数字政府服务。

欧盟促进数字经济发展的举措主要集中在数据制度构建、工业智能化及数字技术提升上。其中，数据制度构建是欧盟打造产业数字化转型共同体的关键举措。自2015年以来，欧盟先后发布《数字化单一市场战略》、《打造欧盟数据经济》、《欧洲数据战略》（2020）、欧盟《数据治理法案》（2020）等，致力于消除成员国之间的数据壁垒，制定有效的交换和贸易规则，促进数据信息的共享。数据的使用和营利涉及众多隐私和安全的问题，欧盟通过建立完备的数据保护制度，为企业提供高质量的工业数据，积极发挥数据这一新兴生产要素的促进作用。

日本通过大力发展数字经济，加速智能型社会建设。日本政府在《科学技术创新战略2016》中首次提出超智能"社会5.0"概念，致力于在交通、医疗、养老等领域推动数字化转型，形成符合日本社会未来发展需求的新形态。2019年，日本开始全力推进"数字新政"战略，大力投资"后5G"信息通信基础设施、学校ICT（information and communications technology）应用、中小企业信息化和ICT，并将新一代信息技术应用到生产制造领域，探索解决人口老龄化、劳动力短缺、产业竞争力不足等社会痛点问题。日本将数字经济技术深入渗透经济社会的方方面面，旨在通过新的理念与技术破除限制社会发展的各类瓶颈。

中国将数字经济提升至国家战略层面，以高质量发展为核心，大力发展数字经济。《中华人民共和国国民经济和社会发展第十四个五年规划和2035年远景目标纲要》提出要加快建设数字经济、数字社会、数字政府，以数字化转型整体驱动生产方式、生活方式和治理方式变革，打造数字经济新优势。中国拥有强大的国内市场优势，数字经济发展态势良好。但仍存在关键技术领域"卡脖子"、数据保护力度不足等问题,因此中国发展数字经济的核心原则是保证高质量发展,注重技术创新与数据制度的完善。

随着新一代信息技术的快速发展,全球数字经济规模不断扩大。据中国信息通信研究院公开信息,2020年所测算的47个国家的数字经济增加值规模达到32.6万亿美元,占GDP比重为43.7%。其中,产业数字化仍然是数字经济发展的主要驱动力,占数字经济比重为84.4%。发达国家数字经济发展态势良好,韧性更强。从规模来看,发达国家数字经济占全球总量的74.7%,是发展中国家的3倍;从占GDP比重来看,发达国家数字经济占GDP比重为54.3%,远超发展中国家的27.6%。其中,美国以13.6万亿美元的数字经济规模总量位居世界第一;中国凭借强大的国内市场优势、加大力度的技术革新与模式创新位居全球第二,规模为5.4万亿美元,同比增长9.6%,增速位居全球第一。此外,数字化渗透速度加快,按照全球三、二、一产业数字化发展逐级渗透。2020年,全球一、二、三产业数字经济占行业增加值比重分别为8.0%、24.1%、43.9%。①

作为数字经济的第二大经济体和增长最快的国家,中国数字经济发展具有代表性与借鉴性。相对于发达国家领先的创新技术与成熟的发展模式,中国的数字经济发展道路起步较晚,主要立足于区域产业基础并发挥市场优势,通过有效市场与有为政府相结合,共同促进数字经济的发展。中国数字经济规模从2005年的2.6万亿元扩张至2020年的39.2亿元,发展速度迅猛,占GDP比重逐年提升,由2005年的14.2%提升至38.6%,已成为中国经济发展的核心驱动力之一。同时,中国数字化渗透稳步增长,2020年,中国一、二、三产业数字经济占行业增加值比重分别为8.9%、21.0%、40.7%,数字技术与传统产业融合发展向深层次演进。②

此外,数字经济作为一种新兴的经济模式,其在各国/各区域的发展并不均衡。以中国为例,经济基础较好的省份,数字经济发展水平也较高。从总量来看,2020年有13个省市数字经济规模超过1万亿元,包括

---

① 中国信息通信研究院:《全球数字经济白皮书——疫情冲击下的复苏曙光(2020年)》,2021年8月2日,http://www.caict.ac.cn/kxyj/qwfb/bps/202108/P020210913403798893557.pdf。
② 中国信息通信研究院:《中国数字经济发展白皮书(2020年)》,2021年4月23日,http://202.116.81.74/cache/13/03/www.caict.ac.cn/db95ed1e90d20f8cf448ba3f5259eae8/P020210424737615413306.pdf。

广东、江苏、山东、浙江、上海、北京等。从数字经济占 GDP 比重来看，北京、上海的占比在全国领先，分别为 55.9% 和 55.1%。信息产业大省广东、江苏的数字产业化规模均超过 1.5 万亿元，占 GDP 比重超过 15%，但大部分省市在 10% 以下，甚至不足 5%。①

各省市数字经济发展水平并不一致，很大程度上是由各省市所处的发展阶段决定的。根据中观经济学中的区域经济竞争梯度推移模型②可知，各区域由于自身禀赋、区位、政策等差异，发展水平不一、所处梯度不同。不过，这种差异是发展过程中的合理现象，是一种梯度均衡。利用好梯度差异，可发挥梯度高与梯度低地区资源要素的最大效用，促进双方共同发展，长期来看，梯度发展会呈现先扩大后缩小的总体趋势。因此，中国各区域/各城市应准确研判自身所处梯度，实现数字经济区域协同发展。具体而言，处于高梯度的省市应集中资源，加大数字技术创新，全面布局数字经济发展，引领数字经济发展方向；处于中梯度的地区，已具备了一定的数字产业基础和技术支撑，通过引进和学习其他区域的前沿技术，可推动数字产业进一步发展，同时加速传统产业数字化转型；处于低梯度的省市数字产业基础较为薄弱，应根据区域优势产业融入数字化技术，承接来自中高梯度省市的部分产业链条，实现渐进式发展。

三、数字经济发展面临的问题与解决措施

目前，数字经济这一新兴模式的发展提高了资源配置效率，成为新的驱动要素，但同时也面临一些问题，主要集中在以下三个方面。

第一，数字经济带来的公平问题。这主要表现在两个方面：垄断问题和社会公平问题。数字经济具有极强的网络效应，容易出现"赢者通吃"的局面。如果一家企业的产品或服务在初期获得了足够的用户，那么更多的用户就会进驻，不断提高其平台的价值。随着时间的推移，某些行业或领域可能有一两个科技巨头占据大部分市场，并可能通过收购新的创业企业来巩固自身的主导地位，从而导致垄断的出现，降低行业创新的积极

---

① 中国信息通信研究院：《中国数字经济发展白皮书（2020 年）》，2021 年 4 月 23 日，http：//202.116.81.74/cache/13/03/www.caict.ac.cn/db95ed1e90d20f8cf448ba3f5259eae8/P020210424737615413306.pdf。

② 陈云贤：《市场竞争双重主体论：兼谈中观经济学的创立与发展》，北京大学出版社 2020 年版，第 158 页。

性。此外，数字经济作为一种新兴的生产模式、商业模式，对传统行业造成了极大的冲击，容易造成行业收入分化，从而加剧社会收入差距。

第二，数字经济发展制度体系不完备。数据的广泛应用带来了安全与隐私保护问题。作为数字经济的核心生产要素，数据的安全对于生产服务效率的提升有重要意义。新业态、新模式的层出不穷也为数字经济的监督管理带来了更大的挑战，若管理理念、相关制度建设未能及时跟进，将导致数据使用效率低下。相关数据安全和使用条例的缺乏，导致企业或个人获取公共数据的渠道不畅，政企数据共享权责边界模糊，影响企业参与数字经济发展的积极性。特别是在不同企业、不同部门之间，数据系统和框架不同，难以整合共享，出现"数据孤岛"现象，严重地影响了数据这一要素的流动性。例如，《广东省"数字政府"建设总体规划（2018—2020年）》显示，广东存在37个网络孤岛、44个机房孤岛、超过4000类数据孤岛。①

第三，数字经济与经济社会的融合问题。在经济领域，数字经济催生了许多新兴产业，同时对原有行业进行融合渗透。但就目前而言，绝大部分区域的产业渗透深度还不够。以中国为例，三次产业的融合程度差异较大，主要集中在服务业消费与流动领域，高于工业和农业领域。工业仍然是中国的重要主导产业，然而，较低的工业数字化程度限制了产业转型的进程。从社会角度来看，城市与数字经济相融合是一个复杂的系统演化过程，涉及政府、企业、高校、居民等多元城市主体。数字化的技术让城市各主体的联系更加紧密，却也存在许多隐患。例如，政府、企业提供的数字平台提高了各主体沟通交流的效率，但同时也带来了数据滥用、个人隐私泄漏等问题，因此在社会上仍有很大的争议。

数字经济作为建设创新型城市的重要抓手，引导并规范其发展是区域政府的重要职责。针对上述问题，区域政府可通过如下举措促进数字经济的高质量发展。

第一，完善监督管理体制，保障安全和公平。对于垄断问题，需要避免"赢者通吃"等阻滞创新积极性的情况发生，可通过建立多方面、多主体的动态监管机制，根据实际情况调整监管方案，严格限制企业间的不正

---

① 广东省人民政府：《广东省"数字政府"建设总体规划（2018—2020 年）》，http：//www.gd.gov.cn/zwgk/wjk/qbwj/yf/content/post_162020.html。

当竞争行为。而对于数据安全和保护问题，可通过强化信息保护理念，确立数据权利体系，规范数据收集条款等方式增强对用户数据安全的保护。

第二，加强新型基础设施建设，为数据的使用和流通提供技术支撑。数据是核心生产要素，数据的共享和流通有助于各企业、各部门间的互联互通。这一方面需要完善的制度作为保障，另一方面需要夯实的技术基础作为依托。以5G、物联网、人工智能、云计算等为代表的新型基础设施，是支持各行业数据互联互通的重要保障。要保证数据交换与共享，推动数据的高效使用，必须加强数字经济相关技术的研究，进一步提升新型基础设施的高质量供给。

第三，完善数字经济和传统产业融合发展的生态体系。传统产业作为城市经济发展的坚实后盾，积累了丰厚的产业基础，推进数字技术与原有产业，包括制造业、能源产业等领域的全面融合，有助于促进产业结构转型升级，令传统产业焕发新的生机。可通过鼓励企业创新、提供优惠政策、淘汰落后产能等方式促进企业转型，并将个性化定制生产、智能制造等新型制造生产模式融入传统产业，加深产业与数字技术的融合程度。

第四，重视数字经济战略顶层设计，促进城市转型。建设创新型城市，发展数字经济需要城市各主体的共同努力，因此区域政府需要发挥超前引领作用，通过制定数字经济发展规划，促进数字经济快速高质量发展，不断提升区域竞争力。政府需根据区域资源禀赋出台顶层设计，与时俱进，引导各主体参与到数字经济的建设中。同时，发挥市场在资源配置中的决定作用和政府的引导作用，是发展数字经济和建设创新型城市的基本机制。例如，大量新型基础设施的建设需要民营科技企业的积极参与，通过制订完备的政企合作机制，推动新型基础设施的高效供给。

综上所述，数字经济作为全球经济增长的新动能，对建设创新型城市有重要作用。数字经济以创新为内核，不断生成新业态与新模式，这与创新型城市的建设理念不谋而合。在大力发展数字经济的过程中，区域政府需适应数字经济时代的发展，通过政策、理念、制度的创新，为建设创新型城市提供坚实保障。

第六章　创新型城市的产生与形成

※ **本章小结** ※

本章介绍创新型城市的产生与形成，首先阐释了创新型城市的概念与形成过程，并介绍了世界各国建设创新型城市的道路。然后引入经济增长四阶段理论，指出根据增长阶段特征的不同，政府在不同时期建设创新型城市的举措也需有所侧重。

创新型城市的概念十分广泛，本书综合现有的研究与界定，给出了创新型城市的定义：创新型城市是指主要依靠技术、知识、人力、制度、思想等创新要素驱动城市经济发展的新型城市。此时，城市对三类资源的生成与调配能力已经成熟，并将进一步展开理念、技术、管理和制度上的创新。同时，城市具备创新发展、协调发展、绿色发展、开放发展、共享发展等超前理念，引领区域共同可持续发展，共同迈入由共享经济主导的协同发展阶段。此外，创新型城市的形成是一个循序渐进的过程，并且与区域经济增长的四个阶段相互交织、相辅相成。据创新能力的提升和创新资源的积累程度，可将其形成过程分为休眠阶段、萌芽阶段、发展阶段、腾飞阶段、成熟阶段和稳定阶段。

在休眠阶段，城市的发展主要依靠大量投入生产要素来推动经济发展，此时企业缺乏创造能力。随着城市进入创新萌芽阶段，政府与企业开始意识到创新的重要性，逐步增加创新投入，但仅处于起步水平。进入发展阶段，企业根据市场需求对产品进行升级改革，并与政府、研究机构等开展产学研结合项目，创新活动不断增加。处于腾飞阶段的城市，其各项基础设施逐步完善，能为创新活动提供良好的环境。城市将发展中心逐步转移到创新经济上来，集聚创新资源，创新能力获得几何式的提升。步入成熟阶段和稳定阶段，创新型城市初步建成。此阶段创新资源丰富，高新技术产业繁荣发展；除技术上的创新外，区域政府制度和政策创新体系也逐步完善，能为创新活动提供保障与助力，真正形成各主体协同创新的新型城市。

随着世界经济的不断发展，各国均开始探索发展创新型城市的道路。20世纪90年代以来，各国逐步开始实施创新型城市发展战略，形成了新加坡、美国波士顿、日本东京、英国伦敦、韩国大田、德国柏林等创新型城市。这些城市在发展的过程中依据自身资源禀赋发展不同的创新产业，形成了独具一格的创新体系。例如，新加坡是服务创新型和工业创新型城市的代表，美国波士顿是科技创新型城市的典范，英国伦敦文化创新产业蓬勃发展，德国柏林致力于建设制造业、工业创新型城市。虽然各国在建设创新型城市的道路上各有侧重，但是采取的措施基本一致，主要包括：助力本区域优势产业的创新转型，引导并建立良好的创新环境、投融资环境，充分发挥城市多重主体的作用，联动企业和高校等科研机构进行产学研结合等。

进一步地，我们引入了经济增长阶段理论，分别为产业经济主导的增长阶段、城市经济主导的增长阶段、创新经济主导的增长阶段和共享经济主导的增长阶段。这四个经济增长阶段伴随创新型城市发展的全过程。产业经济主导的增长阶段对应创新型城市的休眠阶段和萌芽阶段，城市经济主导的增长阶段对应创新型城市的发展阶段和腾飞阶段，创新经济主导的增长阶段对应创新型城市的成熟阶段，而共享经济主导的增长阶段对应创新型城市的稳定阶段。这四个经济增长阶段分别具有如下特点：第一阶段为产业经济主导的增长阶段，主要依靠生产要素在数量上的扩张来形成增长动力，其经济增长方式具有基础性和普适性；第二阶段为城市经济主导的增长阶段，以城市硬件基础设施的大量投资为起点，以智能城市的开发和完善为终结，呈现出投资驱动特征，其中区域政府参与的痕迹明显；第三阶段为创新经济主导的增长阶段，经济增长模式不断推陈出新，推动着区域经济向高端化发展；第四阶段为共享经济驱动阶段，此阶段区域间经济发展将从"以竞争为主"向"以合作共赢为主"的模式转化。

四类经济发展阶段的特征可为政府在不同时期配置城市资源、推动创新型城市的建设进程提供重要启发。首先，在创新型城市的休眠阶段和萌芽阶段，区域政府应引导可经营性资源的有效配置，以产业经济发展为主，促进区域经济快速起步，形成先发优势。其次，在创新型城市的发展阶段与腾飞阶段，区域政府应着重开发配置准经营性资源，以城市基础设施建设为主，特别是新型基础设施建设。再次，在创新型城市的成熟阶段，区域政府应通过制度、理念的变革，建立完善的创新环境。最后，在创新型城市的稳定阶段，区域政府应将创新的成果在区域间共享，特别是思想性、物质性、组织性和制度性的公共物品。

最后，本章指出数字经济作为创新型城市建设的核心驱动力，能够促进城市向数字化、智慧化发展，为城市培育创新的生态体系。数字经济概念广泛，本书沿用国家统计局发布的"以数据资源作为关键生产要素、以现代信息网络作为重要载体、以信息通信技术的有效使用作为效率提升和经济结构优化的重要推动力的一系列经济活动"这一概念。目前,世界各国纷纷制订数字经济发展规划,以提高国家或区域的核心竞争力。在数字经济发展过程中,存在制度不完善、与经济社会融合程度不足、影响社会公平等问题,需要区域政府重视数字经济顶层设计,加强新型基础设施建设,促进数字技术与城市的融合,不断完善监督管理制度,以规范及保障数字经济的高质量发展。

创新型城市的孕育与成长非一日之功,需要城市各主体共同开展创新活动,不断在技术、制度、理念、组织管理上取得新的突破,形成源源不断的增长动力,建成可持续发展的创新型城市。

思考讨论题

1. 请阐述创新型城市的概念。
2. 请简述创新型城市的形成过程。
3. 请列举各国在建设创新型城市的过程中所采取的举措。
4. 请阐述区域经济增长的四个阶段。
5. 请列举深圳建设创新型城市的主要政策措施,并尝试进行补充。

第七章 深圳案例

在中国经济发展历程中,深圳的发展经验具有代表性意义。深圳是中国最早成立的经济特区之一,改革开放 40 多年来,深圳不断开拓新的道路,发展迅猛,经济腾飞。深圳在各个方面取得的瞩目成就,与其"政府推动、企业参与、市场运作"的机制息息相关。作为城市经济的主要参与者、准经营性资源开发配置的主导者,深圳市政府循市场规律,十分重视城市基础设施的建设与发展,并通过大力推动基础设施建设,为城市未来的发展奠定了良好的基础。此外,深圳市政府在产业经济领域积极实施产业政策,助推新兴产业起步与腾飞;在民生经济领域保障公共产品的供给,提高居民生活福祉。在政府的引领下,企业作为市场创新主体的力量得到充分发挥,市场充满活力、运行有序,助力深圳建设现代化的市场体系。在市场机制的作用下,深圳产业经济发展得到全面提升,城市经济资源配置进一步优化,区域竞争力逐步增强。可以说,"深圳奇迹"是政府积极发挥资源生成作用,市场主体主动创造、有序竞争,城市多元主体共同努力的成果。

改革开放以来,深圳所取得的巨大成功,离不开政府在资源生成领域的深耕。深圳创造了世界工业化、城市化、现代化史上的罕见奇迹,诞生于这座城市的精神财富与物质财富也为全球各城市的发展提供了重要的参考和经验。

传统经济学理论将企业作为市场的主体,而深圳经验告诉我们,区域政府与企业共同作为市场的双重主体,在城市经济和产业经济中各司其职,可以形成经济增长的新动力。具体而言,企业作为微观主体,其竞争主要发生在产业经济领域;而区域政府作为中观主体,其竞争主要发生在城市经济领域,二者不存在竞争关系。相反,区域政府与企业若能在城市基础设施领域合作建设运营,形成有效的合作机制,将对产业经济和城市经济的发展产生更大的助力。其中,区域政府竞争主要集中在城市基础设施建设领域,实质是对城市经济发展中各种有形或无形资源的竞争,主要举措是通过配套各类政策措施支持产业和基础设施发展,主要目的在于优化本区域城市资源配置,吸引更多的优质资源流入本区域,并为本区域的企业带来更多机遇。可以说,区域政府竞争和企业竞争处于不同的位阶,二者相辅相成,共同构成现代市场经济体系中的双层市场竞争体系,丰富了现代市场经济体系的内涵。

本章以深圳案例切入,论述深圳"资源生成"的历程,指出深圳政府在三类资源领域发挥的重要作用。随后,本章将介绍深圳城市基础设施建设历程及现阶段"新基建"的布局。并在分析深圳市创新型城市建设现状的基础上,提出深圳建设创新型城市的发展路径及深圳增强创新型城市内核的主要政策措施。

第一节　深圳"资源生成"之路

改革开放以来深圳所取得的巨大成功,离不开政府在资源生成领域的深耕。深圳创造了世界工业化、城市化、现代化史上的罕见奇迹,诞生于这座城市的精神财富与物质财富也为各城市的发展提供重要的参考和经验。"深圳奇迹"的密码虽有许多,但最主要集中在以下三方面。

第一,深圳在开放之初便大力推动城市基础设施软硬件建设,开发罗湖和上步城区,建设蛇口、赤湾、东角头、妈湾等港口,开发建设一批工业区,建设深圳大学、深圳图书馆等八大文化设施,制定城市建设总体规划,配套相关设施。

第二,深圳坚持对外开放,引进国外资金、先进技术和管理经验,利用外资兴建赤湾港、蛇口港、东角头码头、蛇口油库、市话工程、沙角B电厂、华侨城、大亚湾核电站、广深高速等一批基础设施。同时,深圳积极参与国际经济竞争与合作,不断优化营商环境,向国际标准靠拢,提高经济外向性程度。

第三,深圳积极改革管理体制,凭借"敢闯敢试"的改革精神,勇于突破体制机制性障碍,探索建立现代化市场机制的道路。深圳首先以建筑设施建设作为突破口,最典型的管理办法就是蛇口顺岸式码头建设初期的"4分钱奖金"——一举在中国率先打破平均主义"大锅饭",使每人每天从只能运泥20～30车，一下提升到80～90车，实现了"三天一层楼"的建设速度。此外，深圳率先打破人才的部门垄断，在全国乃至世界各地招聘各领域的人才，并进行政府管理体制改革和行政审批制度改革，营造良好的营商环境，为深圳建设现代化市场机制铸就坚实的后盾。可以说，改革开放过程中深圳市政府的创新与变革在资源生成领域的"有为"，让深圳走出了一条高质量发展之路，为城市经济发展注入了持久动力。

近年来，深圳发展不断取得新的突破。2020年深圳全市地区生产总值达2.77万亿元，经济总量位居亚洲城市第五位，五年年均增长7.1%；固定资产投资总额近8000亿元，社会消费品零售总额达8664.8亿元，进出口总额达3.05万亿元，出口总额实现全国内地城市"二十八连冠"。发展质量效益领先，来源于深圳辖区的一般公共预算收入达9789亿元，其中，地方一般公共预算收入达3857.4亿元，五年年均增长7.2%；居民人均可支配收入达6.49万元，五年年均增长7.8%。[1]

比经济总量和增速更引人注目的是，深圳在产业发展结构和绿色经济上取得的巨大成效。根据2020年《政府工作报告》，深圳单位GDP能耗、单位GDP二氧化碳排放分别为全国平均水平的1/3、1/5，五年分别下降19.3%、23.2%；同时产业结构不断优化调整，一、二、三产业比重为0.1∶37.8∶62.1，战略性新兴产业增加值达1.02万亿元，占地区生产总值比重达37.1%，规模以上工业总产值跃居全国城市首位；现代服务业增加值达1.3万亿元。深圳注重产业升级，由以"三来一补"为主的产业结构逐步转型优化，升级为以高新技术产业占主导地位。通过不断地革新与优化，将政府的"有形之手"与市场的"无形之手"相结合，实现深圳产业升级、经济结构优化的重要转变。

深圳自建立经济特区以来，经济社会发生了一系列变迁。昔日的边陲小镇蜕变为繁荣发展的现代化城市，创造了"深圳奇迹""深圳速度"等举世瞩目的成就。回顾深圳经验，现代化市场机制为深圳带来了效率与变革，而政府在资源生成领域的探索与突破为深圳的发展奠定了重要基础。具体而言，政府主要在三类资源领域发挥作用。

第一，在产业经济即可经营性资源领域，深圳市政府以"规划、引

---

[1] 深圳市第七届人民代表大会第一次会议：《政府工作报告》，见深圳政府在线网，http://www.sz.gov.cn/zfgb/2021/gb1121/content/post_8852606.html。

导；扶持、调节；监督、管理"为原则，引导企业充分发挥在市场经济中的主体作用。深圳十分注重对营商环境的优化。完善的市场体系能够提高企业进入市场的积极性，激发市场主体的活力。随着营商环境改革的深入，深圳入选国家首批营商环境创新试点城市，并主动对标世界银行评价指标体系，提升市场主体办事便利化水平，企业开办、工程建设项目审批、不动产登记、货物通关等所需费的时间大幅压缩，深圳在重点城市营商环境评价中位居全国第二。同时，深圳全面推广"掌上政府、指尖服务、刷脸办事"，打造"秒批""秒报""无感申办"等系列品牌，"i 深圳"实名注册用户数量突破 1400 万，为企业、市民、社会提供一体化的服务平台，深圳在重点城市网上政务服务能力评估中连续两年位居全国首位。其中，"i 深圳"为企业提供 200 余项政务办事服务和企业经营公共服务，通过更高效的政企沟通、更优质的利企服务、更方便的信用服务，让技术赋能企业，释放平台价值。各项举措的层层推进，企业活力不断增强，2020 年深圳商事主体总量达 359 万户，五年增长 67.5%，创业密度居全国第一；世界 500 强企业从 4 家增加到 8 家。

第二，在民生经济即非经营性资源领域，深圳市政府以"社会保障、基本托底、公平公正、有效提升"为原则，充分履行向社会提供公共物品的主体责任；近年来，深圳在社会民生事业上实现跨越式发展。2020 年，深圳九大类民生支出占一般公共预算支出比重达 68%。就业形势保持稳定，实施创业带动就业系列政策，新增就业人数 64.6 万。同时，深圳不断促进教育事业发展，2020 年新增基础教育学位 39.1 万个、增长近 30%，公办幼儿园在园儿童占比从 2019 年的 4% 提高到 51.6%，义务教育阶段基本消除大班额，基础教育办学质量显著提升；高等教育发展速度较快，多所高校在深圳成立，包括哈尔滨工业大学（深圳）、深圳技术大学等，2020 年高校数量增至 15 所，4 所高校入选省高水平大学行列。在医疗保障方面，2020 年新增病床位 2.5 万张，三甲医院从 10 家增加到 22 家，8 家医院进入全国公立医院绩效考核同类"百强"、7 家医院入选省高水平医院，国家感染性疾病临床医学研究中心落户，"罗湖医改"和深圳现代医院管理制度建设引领全国，居民人均预期寿命达 83.5 岁。此外，深圳推进社会保障进程，最低生活保障标准排全国第一，最低工资标准、企业职工基本养老金水平均居全国城市前列。"4+2+2+2"住房供应与保障体系建设稳步推进，建设筹集公共住房 44 万套，超额完成"十三五"

时期40万套的目标任务;"9+3"民政设施建设全面推进,新增养老床位4781张,民众的幸福感和安全感持续提升。

第三,在城市经济即准经营性资源领域,深圳市政府以"规划布局、参与建设、有序管理"为原则,与企业共同参与准经营性资源的开发与配置。由于准经营性资源属于非经营性资源与可经营性资源的交叉领域,既可由企业开发也可由政府开发,涉及的主体与合作机制更为复杂,因此政府在其中的规划与管理职能至关重要。深圳在城市规划与管理方面取得新的进展,以智慧城市建设为目标,建成5G基站4.7万个,在全球率先实现5G独立组网全市域覆盖,建成市政府管理服务指挥中心和统一的政务信息资源共享平台,大力推广智慧安监、智慧交通、智慧环保等应用场景,在全国智慧城市评估排名中连续三年位居第一。深圳在规划建设上秉持"生态优先、集约节约、和美宜居、内涵发展"的理念,不断优化城市空间结构。根据2020年《政府工作报告》,深圳五年累计盘活存量低效土地93平方千米,不断强化其作为枢纽型城市的功能,并入选交通强国首批建设试点,"十横十三纵"高快速路网加快形成,地铁运营总里程达411千米、在建总里程达231千米,港口集装箱吞吐量达2655万标箱,机场旅客吞吐量突破5000万人次,现代化交通基础设施更加完善。在提升发展速度的同时,城市建设质量也不断提升。例如,建成了平安金融中心等标志性建筑,装配式建筑占新建建筑的比例从5%提高到38%,绿色建筑面积居全国城市前列。而对准经营性资源中的逆生性资源,深圳积极采取环境治理保护措施,新建污水管网6460千米,新增污水日处理能力280万吨,累计达760万吨,率先实现全市域消除黑臭水体,水环境实现历史性、根本性、整体性转好;$PM_{2.5}$年均浓度降至19微克/立方米,空气质量优良天数比例达97.0%,处于国内超大城市领先水平;新能源汽车保有量达39.7万辆,居全球城市前列;生活垃圾回收利用率达41.0%,入选全国"无废城市"建设试点,获批国家可持续发展议程创新示范区和全国生态文明建设示范市。

本书主要讨论区域政府在城市经济中的作用,重点聚焦于城市准经营性资源的生成与配置。准经营性资源的开发与市场化过程需要政府着力解决投资载体和资金运营的问题,深圳市政府通过各项举措,为城市基础设施的投资、开发与建设保驾护航。

首先,对于投资载体问题,深圳市政府从改革开放之初就大力吸引外资，1987 年即颁布《深圳市人民政府关于鼓励科技人员兴办民间科技企业的暂行规定》，鼓励民营企业发展；随后还出台了《深圳市总体规划（1996—2010）》，把城市基础设施投资纳入市场体系中去开发、运营和管理。一方面，深圳市政府利用政府独资、合资、合作、股份制甚至国有民营等多种方式对城市建设项目进行投资和开发。另一方面，深圳市政府根据市场供给、社会需求和城市发展的客观变化不断优化城市发展结构，避免"只为社会提供无偿服务型、共享型的公共物品；只投入、不收益；只建设、不经营；只注重社会性，而忽视经济性；只注重公益性，而忽视效益性；从而造成城市资源的大量损耗，城市基础设施建设的重复浪费，城市经济管理的低层次、低水平和无序性运转"等问题的出现而造成对经济社会的损失。①

其次，在资金运营方面，深圳作为资本市场发育最早的区域之一，积极运用财政资金，撬动社会资本参与城市基础设施建设。具体采取的手段有：发行债券或可转换债券；发行股票；设立项目基金或借力于海内外基金投资项目；以项目为实体买壳上市；将项目资产证券化；将项目并购组合，捆绑经营；采用租赁、抵押、置换、拍卖；等等。同时，深圳市政府通过收费权、定价权等手段，运用 BOT（建设—经营—移交）、TOT（转让—经营—移交）等方式实施特许经营权的资本运营，采用 PPP（政府和社会资本合作）等方式解决股权载体问题，以 PPC（港口公园式城市）等方式为开发模式，不断打造出一个较为完善的基础设施、物流、金融和产业相融合的经济园区，既解决了建设资金瓶颈的制约，又发挥了公共财政"四两拨千斤"的作用。

深圳以"政府推动、企业参与、市场运作"作为城市基础设施的投资、开发、运营和管理原则，实现深圳经济的腾飞。其中政府作为城市经济的参与主体之一，遵循市场规律，按照三类资源的特征进行生成与配置，发挥宏观引导、调节和监督的作用。同时，区域政府大力投资开发准经营性资源领域，为城市经济的发展奠定良好的设施基础，助力深圳从小渔村崛起为现代化大都市。

深圳的实践经验显示出区域政府在资源生成领域大有可为。深圳通过

---

① 陈云贤：《中国特色社会主义市场经济：有为政府＋有效市场》，载《经济研究》2019 年第 1 期，第 10 页。

有为政府与有效市场的有机结合，侧重提高城市经济资源配置效率、区域竞争力的提升和可持续发展，不断发展完善现代化市场机制。在深圳的发展过程中，区域政府的经济行为主要受到其双重属性的影响。

首先，深圳市政府呈现出准微观属性。现代经济学理论中，微观经济的主体主要由企业和企业行为构成。其中企业行为主要受到价格和市场信息的影响，通过竞争来达到市场均衡。而区域政府属于中观经济主体，其准微观属性与企业既有区别又有联系。一方面，深圳市政府与企业具有不同的行为目的、发展方式、管制因素和评价标准。在目标方面，企业以利润最大化为导向，通过技术、管理上的创新降低成本，提升市场份额。而区域政府以区域的宏观发展作为主要目标。在发展模式上，企业倾向于选择能够取得短期利益的方式，缺乏长远眼光和考虑。而区域政府为实现区域的可持续发展，需投资建设周期较长的基础设施项目。在管制方面，企业主要受到政府制定的市场条例和规则的监督，而区域政府主要由上级政府管理。在评价标准方面，产品和服务是评价企业最主要的标准，而对区域政府的评价则更加多元。评价政府是否"有为"，可以从政府在生成和配置三类资源上的成效切入。另一方面，深圳市政府与企业的微观行为存在一定的联系。深圳市政府与企业都属于一定范畴内的资源调配者，都能在一定范畴内进行有效创新，政府的区域发展和企业的市场发展过程中均有竞争机制的作用，经济行为都必须以遵循市场规则为前提。为促进本区域的不断发展，区域政府通过理念、制度、组织、技术方面的创新，与其他区域开展竞争。具体体现在对可经营性资源的规划、引导、扶持，以及对准经营资源，特别是城市基础设施的投资、运营与参与。如在新兴产业领域，为抢占产业发展的先机，区域政府首先进行投资，并鼓励企业进入新兴产业领域，引导规划新产业的发展，优化本区域产业发展结构，提升竞争优势。总体而言，深圳市政府的准微观属性体现在其以区域利益最大化为目的，对三类资源进行开发与配置，重点集中在城市基础设施项目的招商、投资、开发、运营和管理上。此时区域政府作为本区域经济中微观利益主体的代表，为促进区域经济的不断发展，政府需要采取创新的政策与理念，不断提升本区域的竞争优势，率先实现本区域的经济转轨和社会转型。从这个方面来看，深圳市政府具备一定的准微观属性。

其次，深圳市政府的行为又呈现出准宏观属性。准宏观属性是指区域政府运用被授予的公共性和强制力，履行其在本区域的政治职能、经济职能、城市职能和社会职能等。具体而言，深圳市政府对可经营性资源的调节、监督、管理，以及对非经营性资源即公共物品或公共事业的"社会保障、基本托底、公平公正、有效提升"，反映了其准宏观属性。在可经营性资源领域，区域政府通过研究和制定经济政策、产业政策和技术政策，促进本区域产业经济结构的转型升级。例如，由于市场主体在逐利过程中容易产生盲目性，可能会导致市场垄断以及过度竞争等情形，因此政府必须采取有效措施，以维护市场秩序、引导市场有序发展。在非经营性资源领域，区域政府大力投资基础设施建设，为居民提供充分的公共物品和公共服务。

此外，区域政府通过制订本区域经济社会发展的中长期规划，保障区域可持续发展，促进本区域总供给与总需求的动态平衡。并通过有效调节收入分配与再分配，在提升效率的同时确保公平。随着区域经济的不断演进，经济总量的增长不再是区域发展的唯一目标，经济结构优化、城市功能的扩展对区域政府提出了更高的要求。政府在追求效率的同时，需推进区域经济高质量、可持续发展，提高居民生活质量，充分发挥其准宏观属性，积极维护本区域的市场规则和秩序，调控物价、控制失业率，促进社会和谐、可持续发展。在实际运行中，深圳市政府的准宏观属性重点体现在财政收支活动上，包括运用财政税收收入、转移支付、股权收入和其他收入，以购买性支出和转移性支出等方式维持自身运转和履行各项职能。其中，购买性支出主要包括社会消费性支出和财政投资性支出等，转移性支出主要包括社会保障支出和财政补贴支出等。社会消费性支出和财政投资性支出作为政府的购买性支出，直接影响着社会资源和各类要素的调配，其规模和结构大致体现出深圳市政府直接介入资源调配的力度和范围，反映其在一定时期内直接调节社会资源的能力以及对社会经济等的影响程度。转移性支出则间接影响着社会资源和各类要素的调配，辅助社会公平政策的实施，体现出区域政府调节收入和促进经济发展的职能。总体而言，区域政府需从区域全局利益出发，按照预定的规划与目标，运用各种手段对区域发展进行宏观调节和管理。具体包括采用规划、投资、消费、价格、税收、法律等手段调控经济，通过提供社会基本保障、公共服

务等方式促进社会稳定。①

最后,区域政府的双重属性相辅相成,其准微观属性要求其引导区域产业经济发展,大力投入基础设施,提高效率,取得竞争优势;其准宏观属性要求其调节和管理市场的发展,提供充足的、高质量的公共物品,保障居民生活。双重属性促进区域政府以最小的成本获取最好的经济发展、最优的城市建设和最佳的社会稳定。作为区域经济竞争的主体,区域政府在保障本区域公共服务的前提下,需要通过各类举措提升资源配置效率,推动区域经济快速高质量发展。例如,深圳市政府在制度、政策上积极创新,扶持新兴产业发展,大力建设新型基础设施,有效地引导了产业结构优化和城市经济的转型升级,这是区域政府准微观属性的体现。同时,深圳市政府提供各类公共物品和服务,如通过税收、工商、公安、监管等保证区域的公共开支,维护区域的市场和社会稳定,并通过行政、立法、司法等手段,保证整个过程的公开、公平、公正,促进了城市协调发展,体现了区域政府的准宏观属性。可以说,深圳市政府在三类资源领域,即产业经济、城市经济、民生经济三大领域的成功举措,实质上是充分发挥自身的双重属性,有效调配区域的各类有形资源和无形资源的结果。若区域政府仅注重准宏观属性,只保证公共物品的提供而忽略推动区域经济发展,长久来看,对于公共服务的进一步提升将造成负面影响;而若仅注重准微观属性,以经济增速为唯一目标,过度参与或干预产业经济的发展,缺乏公共物品和服务的供给和城市基础设施的投入,必将阻碍城市经济的长远发展。

因此,区域政府在推动区域发展的过程中,需要兼顾准宏观和准微观双重属性。一方面,区域政府作为区域经济微观利益主体的集中代理,需要为区域经济发展谋求竞争优势,对产业经济进行规划、引导和扶持,并加大对城市基础设施的投资、开发、运营,以吸引更多的人力、资本、技术流入本地区;另一方面,作为区域经济社会中的国家代表,区域政府要保障公共物品和公共服务事业的供给,并发挥其在可经营性资源领域的调节、监督和管理作用。区域之间存在竞争与合作,可以说,区别于企业在市场经济中所发挥的微观主体作用,区域政府需要兼顾公平与效率,与企

---

① 陈云贤:《市场竞争双重主体论:兼谈中观经济学的创立与发展》,北京大学出版社2020年版,第107页。

业共同推进区域的协调融合发展。

通过对深圳市政府在三类资源领域的经济行为的分析,证实了区域政府在资源生成领域大有可为。正是由于深圳不断创新政策与理念,明确在产业经济、城市经济和民生经济领域的职能,积极开发与配置三类经济资源,实现了深圳经济质的飞跃。除深圳外,世界各国/各区域管理和实践的成功经验也告诉我们,在按照"社会保障、基本托底、公平公正、有效提升"的原则下,以及在确保本区域公共物品和服务供给的前提下,应进一步引导产业经济发展,可将准经营性资源转换为可经营性资源,即将部分城市基础设施交由企业去投资、建设和运营。这既为企业开拓新的领域和为市场提供助力,同时也避免了城市基础设施的闲置浪费或低效运作等问题。例如,在符合市场规则的前提下,通过公平有效的竞争,选择合适的企业进行合作,采取BOT、PPP等特许经营方式运营城市基础设施。这也体现了深圳"政府推动、企业参与、市场运作"的合作模式,并令其在区域经济竞争中脱颖而出。

第二节 深圳城市基础设施建设

深圳经济特区自建立以来,一直高度重视城市基础设施建设,大力发展交通、能源、供水、通信等基础设施建设,不断完善城市功能。随着新一代信息技术的快速发展,深圳大力推进新型基础设施建设,把握新时代的发展机遇,通过高效布局城市基础设施建设,打造新的经济增长极。

一、深圳城市基础设施建设历程

在改革开放之初,深圳便大力推进城市基础设施软硬件建设,开发建设了蛇口、赤湾等多个港口、一批工业区和文化设施,为深圳的经济腾飞奠定了物质基础。至1991年,深圳基础设施建设已初见规模:十大重点工程已完成投资额23.04亿元,其中皇岗口岸、深圳机场、火车站改造、布吉河北环两座立交桥等工程已竣工投入使用;盐田港一期工程已建成开港;总装机容量40万千瓦的电厂已全部建成并网发电。同年年底,深圳城区面积扩大到72平方千米,城市道路总长达288千米。早期深圳用水用电紧张一直是制约其经济发展的重要问题,随着电力建设的不断扩大,供电紧张的情况得到缓解，但仍需持续改善。到 1994 年，深圳已建成 500 千伏、200 千伏、110 千伏电压等级的输电网络，南接香港电网，北连广东电网。同年，深圳建成大小水厂 45 个，日供水能力 243 万吨，但缺水问题仍然严重，本地水资源缺乏，城市供水和用水基本依靠市外引水。[①] 随后，深圳出台《深圳市国民经济和社会发展"九五"计划》，在"九五"期间，深圳应重点完善供配电、立体交通、现代化通信等基础设施，并做好与周边城市的衔接发展，把深圳建设为水电供应充足、交通运输发达、通讯便捷、功能齐全的现代化国际都市。1995—2000 年，深圳基建（包括工厂基础设施）投资指数平均值是 114，基本上可以认为平均增速是 14%，GDP 平均增速 15%，基建投资增速和 GDP 增速基本持平。[②] 至 2000 年，深圳全社会货运量达 4697 万吨、全社会客运量达 9346 万人、港口货物吞吐量达 5697 万吨、邮电业务总量为 133.6 亿元，各类基础设施功能得到较大提升，城市建设快速推进。[③]

进入 21 世纪后，深圳发展不断提速。至 2008 年，深圳交通运输能力和现代化通信能力得到了极大提升，其中铁路（含地铁）营业里程已达 234.98 千米，港口泊位增至 165 个，万吨级泊位有 64 个；移动电话用户达 1862 万户，国际互联网用户为 205.50 万户。[④] 2015 年，深圳全年基本建设投资中用于城市基础设施的投资为 713.50 亿元，比上年增长 21.1%。在政府的主导下，各类基础设施得到了长足发展。全年机场旅客吞吐量为 3972.16 万人次，比上年增长 9.5%，全年邮电业务总量（2010 年价格）为 1040.96 亿元，比上年增长 30.4%。其中，邮政、快递业务量增长 43.0%；互联网用户（含家庭视讯）达 671.46 万户。[⑤] 随着互联网用户规模的快速增长，深圳加紧布局"新基建"的落地，推动移动互联网基础设施实现技术突破与智能升级。2020 年，深圳出台了《关于加快推进新

---

① 寒江雪：《深圳基础设施建设的现状与目标》，载《中外房地产导报》1996 年 16 期，第 44～45 页。

② 梁瑛、张清华：《深圳基础设施建设当及时跟进》，载《深圳商报》2003 年 1 月 20 日，第 B7 版。

③ 深圳统计局：《深圳统计年鉴2010》，见深圳统计网，http://tjj.sz.gov.cn/zwgk/zfxxgkml/tjsj/tjnj/content/post_3086000.html。

④ 王林生：《珠江三角洲城市年鉴2010》，广东人民出版社2010年版，第 176 页。

⑤ 深圳市统计局：《深圳市 2015 年国民经济和社会发展统计公报》，见深圳政府在线网，http://www.sz.gov.cn/cn/xxgk/zfxxgj/tjsj/tjgb/content/post_1333723.html。

型基础设施建设的实施意见（2020—2025 年）》，通过自身的科技创新基础，实现新型基础设施建设的快速发展。至 2020 年 8 月，深圳在"新基建"领域取得了不菲的成就，其中 5G 建设成效显著，已实现 5G 网络全市覆盖；宽带普及和光纤入户建设处于国际先行梯队，固定宽带人口普及率 51.5%，光纤接入用户占比达 94.2%。此外，深圳具备全球最完备、响应速度最快的电子信息产业链，电子信息产业总产值长期占据全国 1/6 以上。伴随着信息技术的更新迭代，数字技术为深圳发展注入了新的力量，"新基建"作为深圳城市基础设施未来发展的新方向，政府需要加紧转型，提前布局，为深圳建设创新型城市提供坚实的保障。

二、面向未来，深圳"新基建"布局

全球主要经济体正向数字化社会加速转型，一场重塑全球技术经济格局的重大变革正加速到来。深圳作为一座以创新著称、创造了无数奇迹的城市，面对城市数字化转型的强烈需求，亟须构建现代化新型基础设施体系，为数字时代的到来提供重要支撑。近年来，深圳大力布局新型基础设施建设，并同时加快对传统基础设施的智能化改造融合。据统计，2020 年深圳已梳理出首批"新基建"项目，总计 95 个，总投资 4119 亿元，预计本年度可形成投资 1006 亿元。其中，5G 网络、卫星通信、算力设施等信息基础设施 28 个，总投资 2452 亿元；集成电路、8K 超高清、生物医药等创新基础设施 42 个，总投资 1016 亿元；智能制造、智慧能源、智能交通等融合基础设施 25 个，总投资 651 亿元。[①]

然而，在"新基建"推进过程中，深圳仍面临诸多挑战，特别是对于新老基础设施的交替，以及基础设施投资、建设、运营等问题。过去传统建设基础设施主要由政府主导，而"新基建"的情况与"老基建"不同，主要与新业态、新产品、新技术紧密结合，企业参与程度高，适合于市场化运作。但同样需要政府的引导、规范和参与。对于深圳而言，只有通过政府、企业、社会的协同合作，才能充分提高城市基础设施的建设效率。

首先，政府要遵循市场规律，明确不同主体的角色定位。城市基础设施作为准经营性资源，可根据区域发展条件交由企业或政府主导开发。深

---

① 深圳市政府新闻办新闻发布会（新基建专场），见深圳政府在线网，http://www.sz.gov.cn/cn/xxgk/xwfyr/wqhg/20200721/。

圳经济发展水平良好，具有高度市场化的体制优势，社会公众认知程度高，有利于准经营性资源向可经营性资源转换。而"新基建"相比传统基建需要前沿信息技术作为支撑，需要更多地依靠市场化力量，深圳为"新基建"探索新型发展模式提供了良好的环境和条件。截至2020年，深圳民营经济商事主体占比超过95%，现有的7家"世界500强"企业中，有6家是民营企业，此外，中小板、创业板上市企业数量连续13年居全国首位，其中90%以上为民营企业。政府应注重"新基建"的顶层规划及布局，明确城市多元主体的定位。对于公共性质较强的基础设施，应由政府主导建设。而对于市场化性质比较强的新型基础设施，如数据中心等，可由企业主要参与，政府则承担监督管理的职责。此外，政府在推进"新基建"过程中，应确保市场对"新基建"的需求。企业参与建设的积极性在于"新基建"所带来的收益，要真正落实"新基建"，政府应规划及提供多样化的应用场景，加快推进城市数字产业化和产业数字化。

其次，拓宽融资渠道，为"新基建"发展保驾护航。大部分新型基础设施建设周期较长，技术更新迭代较快，存在较高的风险性，市场主体参与的积极性相对较低。同时，城市向数字化、创新型城市转型需要依托大量的新型基础设施，仅依靠政府建设难以满足市场和社会需求。因此，需激励和促进社会资本的进入，灵活运用各类财政和金融工具，不断加大"新基建"投资的保障力度。目前来看，深圳首批"新基建"项目清单中社会投资和政府投资的占比是"六四开"，社会投资占比更高。未来深圳要进一步激活多元主体参与的积极性，从国企、银行、财政、基金等多个方面共同发力，探索PPP、不动产投资信托基金（real estate investment trusts，REITs）等模式的发展新路径，为"新基建"发展提供充分的资金保障。

最后，规划布局，促进创新。目前，"新基建"仍面临技术难关，亟须突破关键核心技术。而新兴技术的突破需要良好的创新环境以及城市多元主体的共同参与。具体而言，政府应积极提高城市创新氛围，加大创新基础设施投入，培育良好的创新生态体系。例如提高设施信息共享水平，为企业、高校和相关科研机构提供良好的沟通合作平台等。企业及科研机构应积极发挥自身的科研优势，通过"基础研究+企业研发"的"双引擎"，突破关键核心技术，避免技术"卡脖子"等问题。

第七章 深圳案例

第三节 深圳发展创新型城市的路径探索

基于第六章第二节关于区域经济增长阶段的理论，本节以深圳为例，运用经济增长四个阶段的特征为深圳建设创新型城市提供路径分析。

一、深圳创新型城市建设现状

深圳自20世纪90年代以来，为创造良好的科技创新环境，颁布鼓励科技发展和技术创新的政策措施超过100项，形成了多层次、多维度的科技创新政策体系，这成为深圳高新技术产业发展壮大的重要支撑。近年来，深圳科学研究与试验发展（R&D）投入不断上升。在2021年1月6日召开的深圳市科学技术奖励大会上[1]，深圳通报了2020年全市创新驱动发展情况。2020年1—11月，深圳全市高新技术产业实现产值25454亿元，同比增长3.3%。从研发强度（研发经费占GDP比重）来看，深圳2020年全社会研发投入占地区生产总值的比重达4.93%，相较2019年的4.1%提升了近20%，保持全国领先水平，仅次于北京。从全球范围来看，深圳的研发强度也处于较高水平。《2020年全球创新指数》显示，以色列在研发强度上连续4年位列全球第一，约为5%。可见深圳与研发强度较高的国家相比也毫不逊色，正以较快的增速提高研发强度。

纵观中国城市高新技术企业数量排名，截至2020年，深圳国家高新技术企业超过1.8万家，[2] 是"十二五"末期的3倍，居全国城市排名第二位，同时，北京以2.9万家高新技术企业数量稳居首位，上海以1.7万家的数量位居第三。而北京的研发经费中大约80%来自科研院校，深圳的研发经费90%以上来自企业，这显示出两座城市在研发"气质"上的区别。根据欧盟公布的《2020年全球工业研发投资排名报告》，深圳的龙头企业华为在研发投入上超过了苹果、三星，仅次于谷歌和微软，位居世界第三。华为也是上榜企业前十名中唯一的中国公司。华为的高额研发投入

---

[1] 闻坤等：《源头发力 动力澎湃：科技创新能级再攀升》，见深圳新闻网，2021年1月18日，https://wxd.sznews.com/BaiDuBaiJia/20210118/content_454639.html。

[2] 《深圳：国家高新技术企业超1.8万家，科技型中小企业超5万家》，见创头条，2021年10月14日，https://zj.ctoutiao.com/2997403.html。

和有效率的科研产出是它强势崛起的关键。华为从事研发人员 2020 年达到 10.5 万名,占公司总人数的 53.4%。截至 2020 年年底,华为在全球共持有有效授权专利超 10 万件,超 90% 的专利为发明专利。在 2020 年全球企业 PCT 专利申请量排名当中,华为公司以提交 PCT 专利申请量 5464 件,已连续 4 年排名第一。紧随其后的是韩国三星电子(3093 件)、日本三菱电机(2810 件)、韩国 LG 电子(2759 件)和美国高通公司(2173 件)。

深圳 R&D 投入领跑全国,研发强度接近世界前列,这与它历年来颁布的多维度、多层次的科技创新政策体系是息息相关的。正是深圳市政府在理念制度上的创新,支撑起了深圳高新技术产业的发展。作为创新型城市的建设者和先行者,深圳要进一步发挥自身优势,明确下一步的发展路径。

二、深圳建设创新型城市发展路径的理论分析

党的十九大报告指出"我国经济已由高速增长阶段转向高质量发展阶段,正处在转变发展方式、优化经济结构、转换增长动力的攻关期",深圳作为中国发展创新型城市、实施创新驱动发展战略的"排头兵",亟须对经济质量展开进一步变革,通过一系列创新手段实现全要素生产率的提升,推动经济高质量发展。

探索深圳发展创新型城市的路径,首先要明确深圳目前所处的经济增长阶段,以便更好地把握各阶段发展所需关注的核心要素。理论上,经济增长可以分为以下四个阶段(详见第六章第二节)。

一是产业经济主导阶段。此时,一个国家或区域更多依靠劳动力、自然资源等生产要素在数量上的简单扩张来获得和维持经济增长的动力。因此政府通过努力创造条件,推动区域招商引资,通过产业政策,有效开展生产要素优化配置,就能对经济增长起到很大的促进作用。

二是城市经济主导的阶段,实质上是投资驱动的阶段。在此阶段,对于城市基础设施软硬件乃至智慧城市开发建设,以及与之配套的政策措施的实施是经济的新增长点。相比于产业经济阶段,政府需要在多方面更多地参与对城市基础设施的大量投资和对智慧城市的建设,发挥"规划布局、参与建设、有序管理"三重作用。

三是创新经济主导的阶段,在理念、技术、管理以及制度上的创新是

经济增长的制胜点。此时，区域下一阶段的发展思路、方向和方式就至关重要，需要先进理念来引领。理念创新即包括对区域资源的整体把握和调控，对区域未来发展战略的定位和发展模式的全面规划，政府应该用创新发展、协调发展、绿色发展、开放发展、共享发展等理念超前引领，推动区域、城市经济可持续发展。

四是共享驱动、协同发展的阶段，各区域在开拓经济新领域的过程中，会不断产生跨区域的新挑战，要求区域间、城市间的协同发展。在此阶段，区域的产业经济发展推动区域间产业的优势互补、紧密协作和联动发展；区域的城市经济发展推动区域间基础设施的互联互通、合理布局和顺畅衔接；区域的创新经济发展推动区域间的合作创新、协同创新和融合发展。

经济增长的四个阶段不是完全分开的，是相互渗透、层叠推进的。对于处于不同阶段的经济体，找到此阶段的主导路径，政府才能有的放矢地采取政策措施。而从经济增长四阶段来看，深圳目前处于投资驱动与创新驱动共同推进经济发展的过程中。政府需同时发挥两个阶段的作用：一是加大城市基础设施的建设力度，尤其要加大新型基础设施的投资开发，推进智慧城市建设；二是政府需兼具创新理念（主要是制度、理念、管理上的创新），尤其应于设施与政策的配套上有所体现。创新性的政策可为企业创造良好的研发、营商环境，对城市未来发展的定位有精准的把握。而粤港澳大湾区的建设，也为深圳步入协同发展阶段、发挥创新城市作用提供了良好平台。

三、深圳增强创新型城市内核的主要政策措施

自20世纪90年代以来，深圳为创造良好的科技创新环境，颁布鼓励科技发展和技术创新的政策措施超过100项。根据目前对深圳所处增长阶段的分析，深圳要完成建设"创新创业创意之都"的城市愿景，仍需进一步明确未来的发展方向，实施行之有效的创新型政策。

第一，投资新型基础设施建设，推进智慧城市建设发展。随着近年来大数据和人工智能的不断发展，二者已经成为带动经济发展的新型基础设施，这些新型的数字科技手段引领我们的城市发展向智慧城市迈进。智慧城市，以5G、大数据中心、人工智能等为代表的新型技术和基础设施为城市建设提供技术支撑，注重城市的智能化创新，是未来城市发展的主要

方向。智慧城市与"新基建"相辅相成：一方面，"新基建"为智慧城市建设提供支持与保障，是其发展的基础与底座；另一方面，智慧城市通过创新合理的顶层设计、规划等为"新基建"提供应用的场景。同时，应用"新基建"助力智慧城市建设是一个复杂的工程，受多方面因素影响。城市的复杂性决定了建设智慧城市，对此除了需要政府的规划布局、方向指引，更需要企业、民众共同参与，其中，尤其不能忽视掌握新型信息技术的高新技术企业在"新基建"中的作用。

作为建设创新城市、智慧城市的先行城市，深圳"新基建"和智慧城市布局与建设起步较早，根据《省级政府和重点城市网上政务服务能力调查评估报告（2020）》，重点城市网上服务能力总体指数排名前 10 的城市分别为：深圳、杭州/南京/广州（并列）、宁波、合肥、青岛、哈尔滨、武汉、南昌、福州和长沙。深圳的网上政务能力在重点城市中位列第一，表明深圳在智能政务领域有较高的水平。下一步，深圳应不断创新政府管理和服务模式，加快建立健全运用互联网、大数据、人工智能等技术手段助力政务服务的制度规则。除了自身的发展，深圳应进一步与周边地区协同共享，提升数据共享统筹协调力度和共享效率，强化政务数据有序共享，充分释放政务服务数据的无限潜能，构建以数据为核心、业务为牵引、决策为目标的数据资源池，为领导科学决策提供知识服务和态势感知支持。

第二，秉持政策创新精神，促进企业增加科研投入，提供良好营商环境。建设创新型城市，除了技术上的创新，理念上的创新也尤为重要。而政府的创新模式，可以为当地创造良好的创新生态，增强城市创新的可持续性，使其良好地运转起来。随着社会的进步，民众需求、企业需求、市场需求不断升级，政府需创新以不断满足来自方方面面的需求，不断提升服务质量。

回顾深圳科技政策体系的演进历程发现，建设创新型城市，理念创新是源动力，政府以政策为工具，推动各行各业共同参与创新型城市的建设。

根据深圳科技政策颁布的背景、服务对象和实施效果等，将深圳科技政策发展过程分为四个阶段：科技政策试行探索期（1980—1995 年）、科技政策稳步发展期（1995—2005 年）、科技政策转型跨越期（2006—2015 年）、科技政策领跑期（2016 年至今）。在每个阶段，深圳市政府都能做到有的放矢，通过颁布一系列政策法规，为民营科技企业的发展提供良好的政策环境，为城市步入创新驱动发展阶段奠定了良好的基础。

深圳在城市发展路径上一直尊重市场规律，紧贴产业的需求和城市的发展阶段特点，在每一阶段都能较好地把握住当前阶段的核心发展要素，并为步入下一阶段做好转型升级的准备。政府和市场双重发力，政府通过理念、制度创新增强政策供给、丰富政策工具，前瞻性地为城市进入下一发展阶段做好政策战略布局，同时企业积极响应，市场回应良好。这是深圳从产业经济、城市经济主导阶段顺利过渡到创新经济主导阶段的最主要原因。在当下的转型时期，深圳也应继续保持政策创新的精神和行动。

下一步，深圳的科技政策重点应放在教育、人才、知识产权等方面。深圳自2016年以来，在这些方面推出了多项措施，包括《关于促进科技创新的若干措施》《关于支持企业提升竞争力的若干措施》《关于促进人才优先发展的若干措施》三大政策，以改革科技管理机制、提升企业创新力、加强对外合作、优化创新环境为主。并于2018年出台了《深圳市知识产权运营服务体系建设方案》，同年，中国（南方）知识产权运营中心在深圳揭牌运行。得益于深圳对知识产权的保护和对知识产权市场的大力发展，2020年前三季度，深圳企业提交了21.9万件专利申请，专利授权量16.4万件，PCT国际专利申请1.4万件，多项知识产权核心指标居全国首位。[①] 然而，深圳虽推出了一系列对知识产权的保护措施，已在国内处于领先水平，但与国际知识产权保护体系相比还有待完善。世界各国尤其是一些发达国家，在保护知识产权方面建立了完备的制度、积累了丰富的经验，有许多是值得我们借鉴和学习的。深圳可以进一步学习发达国家完备的制度，从保护知识产权的有关措施，包括服务、管理、调解、执法和教育等五个方面入手，制定相关政策。同时，深圳的特质在于其创新动力主要来源于企业，需要更加注重研究企业知识产权工作中所存在的问题及实施策略。

第三，在建设粤港澳大湾区的背景下，深圳发展创新型城市可借助区域协同发展的力量。随着城市经济的不断发展，各城市/各区域都会面临

---

① 杨阳腾：《解码深圳创新秘诀：营造创新环境、提高创新效益、保障供应链稳定》，载《经济日报》2021年1月27日，转引自新浪财经，https://baijiahao.baidu.com/s?id=1689999803487113606&wfr=spider&for=pc。

跨区域的合作与竞争，在开拓新兴领域的过程中，就需要区域间的协同发展，这也是为步入城市经济发展的下一阶段，共享驱动、协同发展的阶段做准备。恰逢粤港澳大湾区建设的重大历史机遇，深圳更应顺势而为，发挥大湾区核心创新型城市的辐射作用，加强区域间合作，增强各区域产业的优势互补，使各区域分工更加合理化，完成产业的转型升级，实现互利共赢的发展目标。从各地区产业结构来看，无论是从各产业体量还是产业结构来看，各城市所处的发展阶段是不同的，区域差距较大。深圳、香港、广州三市的第三产业增加值远远超过其他城市。产业结构方面，香港、澳门的第三产业比重超过了90%，其次是广州和深圳，分别为72.5%和62.1%。同时，各地区的产业分布各有侧重。深圳的产业具有较强的创新能力，侧重电子通信等高新技术行业；广州的传统产业主要有汽车制造、电子信息、石化、物流等；而佛山、东莞、惠州作为珠三角的重要制造业中心，第二产业占比较高；香港服务业比重一直处于较高的水平。（见表7-1）

表7-1 粤港澳大湾区三次产业增加值占比

城市	第一产业增加值	第二产业增加值	第三产业增加值	占比
香港	17.62	1837.04	25149.60	0.1∶6.8∶93.1
澳门	0.00	182.70	4188.80	0.0∶4.2∶95.8
广州	288.08	6590.39	18140.64	1.2∶26.3∶72.5
深圳	25.79	10454.01	17190.44	0.1∶37.8∶62.1
东莞	30.27	5193.09	4426.83	0.3∶53.8∶45.9
佛山	164.12	6095.30	4557.05	1.5∶56.4∶42.1
中山	71.57	1556.78	1523.25	2.3∶49.4∶48.3
惠州	219.09	2134.36	1868.33	5.2∶50.5∶44.3
珠海	60.02	1510.86	1911.06	1.7∶43.4∶54.9
江门	274.48	1333.23	1593.24	8.6∶41.6∶49.8
肇庆	437.27	902.19	972.19	18.9∶39.0∶42.1

（数据来源：各市《2020年国民经济和社会发展统计公报》、《中国统计年鉴—2020》，中国香港、中国澳门为2019年数据。）

总体来看,粤港澳大湾区的发展要根据各区域的资源禀赋和产业基础,坚持优势互补和错位发展原则,发展形成分工合理的特色产业。虽然经济增长的后续阶段是竞争与合作并存的协同发展阶段,但合作与共享才是该阶段的主旋律,城市间产业趋同或恶性竞争是应该避免的。深圳在大湾区中的定位是打造具备国际竞争力的创新城市,建设高科技支柱产业,并与大湾区其他地区协同发展。而深圳除了通过技术创新辐射整个大湾区,其理念制度上的创新对于大湾区的发展也有重要的作用。深圳市政府在政策工具和理念制度上的推陈出新,是全区域的共享财富。由于粤港澳大湾区内有两种不同的政治和经济制度、三种货币、三个独立的关税区,社会制度和劳动分工有所差异,如何融合形成一套统一的规则和标准是大湾区亟待解决的问题。目前,大湾区在逐步推进交通上的互联互通,这是十分必要的,但各区域在投资和贸易上的很多规则都有所不同,这种不统一导致粤港澳大湾区虽然具备较大规模的市场,但在国际上的话语权和认可度却不高。相较而言,欧盟就在各方面都形成了成熟的规则,因此它有制定规则的话语权。深圳作为大湾区内地中心城市,在规则和政策创新上一直走在前列。在与港澳地区的融合发展中,更需要发挥思想上的创新,借鉴港澳合理的规则,推进内地与港澳地区方方面面的规则融合。在粤港澳大湾区融合发展的过程中,深圳应该保持自己在理念创新上的优势,争取在发展的过程中更多实现体制和机制的创新。

第四,创新型人才培养与基础技术型人才储备并重。人才驱动是科技创新的核心要素。截至 2020 年,深圳已建立市场导向的人才吸引和认定政策,推进外籍人才签证便利化。目前,全市拥有全职院士 54 人,高层次人才 17 万人,留学归国人员超过 15 万人、专业技术人才超过 196 万人。深圳的人才资源十分丰厚,但目前还存在一些问题,尤其是对创新型人才和基础型人才的培养。

由于历史原因,40 年前的深圳还是"无高等院校、无科研院所、无创新载体"的小渔村,近年来,深圳加紧布局,推动诺贝尔奖科学家实验室、广东省实验室等基础研究机构落地,加快建成各类创新载体。然而基础研究匮乏是一个长期存在的问题,这方面仍是深圳的短板,因此还需强化基础和应用基础研究,加快综合性国家科学中心及高校的建设。同时,要激发人才的创新活力,就需要进一步改革人才发展体制机制。可通过引进市场化竞争和评价体系,充分调动高校院所和研发机构资源,促进新型研发机构发展。

第五，警惕技术"卡脖子"，重视基础研究，鼓励关键核心技术联合攻关。目前，深圳在发展创新型城市的道路上仍然面临着技术"卡脖子"的隐患。造成这个问题的主要原因有两点：一是中国基础研究存在理论跟不上、底层问题模糊等情况，深圳各行业同样面临该问题；二是当前产业链协同发展效应不明显，制约了高质量发展。由粤港澳各地区的产业分布可知，湾区内部各城市存在着产业雷同的问题，没有明显的城市分工特色。尤其是电子制造业，除港澳外，其他地区都将其作为支柱产业。即使在湾区内形成了完整的电子信息制造产业链，但产业链整体偏下游，上游仍是短板，关键零部件仍需向美国、日本、韩国进口，关键核心技术对外依存度较高。

针对上述情况，深圳应从以下几方面进行突破。首先，加强基础研究，是解决"卡脖子"问题的核心所在。中国（深圳）综合开发研究院常务副院长郭万达表示："作为应用技术的前端，基础研究需政府发挥主导作用：一是加大各级财政支持，鼓励和引导企业、金融机构、社会组织以适当形式投入，形成持续稳定的投入机制。二是破除体制机制障碍，优化研发布局，推进学科交叉融合，完善共性基础技术供给体系。三是创造良好科研生态，建立健全科学评价体系、激励机制。"[①] 其次，建立区域间完善且高质量的产业链，补齐产业链短板问题。如以深圳和广州为核心，以东莞和惠州为依托，培育世界级的电子制造业集群，同时可以借助香港的金融资源，为高新技术产业的发展提供资金支持，加强核心技术研发。进一步地，可制定先进制造业、战略性新兴产业、高技术制造业重点企业清单，强化产业链整合，实施关键核心技术联合攻关。

❋ 本章小结 ❋

本章以深圳为例，深入阐述了深圳在资源生成领域、城市基础设施建设、创新型城市建设上的实际举措，为前文的理论分析提供了有力的现实支撑。

[①] 安英昭：《关键核心技术攻坚，中国如何破解"卡脖子"难题?》，见中国新闻网，2021年03月02日，https://www.chinanews.com.cn/gn/2021/03-02/9422153.shtml。

第七章　深圳案例

本章首先介绍了深圳的"资源生成"之路，详述了深圳市政府在三类资源领域所采取的措施与获得的成就；随后重点介绍了深圳基础设施建设历程，并指出"新基建"在深圳未来城市建设布局中的重要地位；最后基于第六章的区域经济增长阶段理论，分析了深圳探索建设创新型城市的道路。

深圳在三类资源领域的实际举措显示出区域政府在资源生成领域大有可为。有效市场与有为政府的结合提高了城市经济资源配置的效率，创造了深圳发展的奇迹。同时，深圳市政府通过不断创新政策与理念，明确其在产业经济、城市经济和民生经济领域的职能，按照"社会保障、基本托底、公平公正、有效提升"的原则确保公共物品供给，积极规划引导产业发展，灵活根据区域条件提升准经营性资源的开发配置效率，实现了深圳经济质的飞跃。

深圳自改革开放以来一直高度重视城市基础设施建设并取得了显著成效。如今，随着数字经济时代的来临，深圳抓住机遇，加快布局新型基础设施建设。面对"新基建"过程中的挑战，政府通过遵循市场规律，明确不同主体的角色定位；拓宽融资渠道；规划布局、促进创新等方式，推进新型基础设施发展。

探索深圳建设创新型城市的路径需要明确深圳所处的经济增长阶段，以便把握各阶段发展所需的核心要素。目前，深圳处于投资驱动与创新驱动并行的阶段，在未来的发展过程中，深圳应通过各项措施推进创新型城市建设，包括：投资新型基础设施建设，推进智慧城市建设发展；秉持政策创新精神，提供良好营商环境，促进企业增加科研投入；在建设粤港澳大湾区背景下，深圳发展创新型城市可借助区域协同发展的力量；创新型人才培养与基础技术型人才储备并重；警惕技术"卡脖子"，重视基础研究，鼓励关键核心技术联合攻关。

思考讨论题

1. 请简述深圳开发三类资源的具体举措。
2. 请阐述深圳布局"新基建"的举措。
3. 请阐述深圳目前处于何种经济发展阶段。
4. 请介绍深圳增强创新型城市内核的主要政策措施。
5. 请列举深圳其他"资源生成"的实例。

参 考 文 献

中文文献

[1] 曹跃群，郭鹏飞，罗玥琦.基础设施投入对区域经济增长的多维影响：基于效率性、异质性和空间性的三维视角 [J].数量经济技术经济研究，2019，36（11）：140-159.

[2] 陈峰燕.国外创新型城市的建设实践及启示 [J].经济研究导刊，2014（31）：158-160.

[3] 陈柳钦.智慧城市：全球城市发展新热点 [J].青岛科技大学学报（社会科学版），2011（1）：8-16.

[4] 陈如为，芦龙军，刘华，等.世界各国城乡一体化经验：美国城市乡村难分界限 [N].经济参考报，2010-01-21.

[5] 陈诗一，张军.中国地方政府财政支出效率研究：1978—2005 [J].中国社会科学，2008（4）：65-78，206.

[6] 陈媞，喻金田.创新型城市的形成过程研究 [J].科技创新与生产力，2011（12）：17-21.

[7] 陈云贤.市场竞争双重主体论：兼谈中观经济学的创立与发展 [M].北京：北京大学出版社，2020：102-117.

[8] 陈云贤.中国特色社会主义市场经济：有为政府+有效市场 [J].经济研究，2019，54（1）：4-19.

[9] 单志广.什么是智慧城市？[J].供用电，2014（10）：14-15，22.

[10] 德勤咨询.2018年非洲基础建设市场动态报告 [EB/OL].（2020-03-22）[2021-06-22].https://www.sgpjbg.com/baogao/26232.html.

[11] 邓贤峰."智慧城市"评价指标体系研究 [J].发展研究，2010（12）：111-116.

[12] One点.日本最大互联网公司滥用数据引非议 [EB/OL].（2019-

09－01）［2021－06－07］．https：//cloud．tencent．com/developer/news/433216．

［13］G20．二十国集团数字经济发展与合作倡议［EB/OL］．（2016－09－20）［2021－03－04］．http：//www．g20chn．org/hywj/dncgwj/201609/t20160920_3474．html．

［14］甘霖．深圳勇当全国供给侧结构性改革排头兵［N］．韶关日报，2018－08－19．

［15］龚强，张一林，雷丽衡．政府与社会资本合作（PPP）：不完全合约视角下的公共负担理论［J］．经济研究，2019，54（4）：133－148．

［16］广东省人民政府．广东省"数字政府"建设总体规划：2018—2020年［EB/OL］．（2018－11－19）［2021－04－02］．http：//www．gd．gov．cn/zwgk/wjk/qbwj/yf/content/post_162020．html．

［17］广州市翊腾智慧城市．打造智慧城市对政府与企业带来的启示［EB/OL］．（2018－12－14）［2021－08－01］．http：//www．infoobs．com/article/28491/da-zao-zhi-hui-cheng-shi-dui-zheng-fu-yu-qi-ye-dai-lai-de-qi-shi．html．

［18］国家工业信息安全发展研究中心．智慧城市白皮书（2021年）：依托智慧服务，共创新型智慧城市［EB/OL］．（2021－03－31）［2021－08－03］．http：//www．cbdio．com/BigData/2021－03/31/content_6163829．htm．

［19］韩华为，苗艳青．地方政府卫生支出效率核算及影响因素实证研究：以中国31个省份面板数据为依据的DEA－Tobit分析［J］．财经研究，2010，36（5）：4－15，39．

［20］寒江雪．深圳基础设施建设的现状与目标［J］．中外房地产导报，1996（16）：44－45．

［21］杭州市政府．杭州市智慧城市建设总体规划［EB/OL］．（2011－11－01）［2021－06－03］．http：//wenku．baidu．com/view/6d8d37204b35eefdc8d33364．html．

［22］胡小明．从数字城市到智慧城市资源观念的演变［J］．电子政务．2011（8）：53－62．

［23］胡振华，孙巧，靳海攀．政府寻径与企业寻利在PPP中的驱动及保障研究［J］．工业技术经济，2021，40（8）：70－77．

[24] 黄立华.美国农村公共产品的供给及启示[J].北方经贸,2007,4(1):117-119.

[25] 贾康,孙洁.公私伙伴关系(PPP)的概念、起源、特征与功能[J].财政研究,2009(10):2-10.

[26] 交能网.智慧城市发展案例之美国篇[EB/OL].(2018-02-28)[2021-07-30].https://mp.weixin.qq.com/s?_biz=MzI3NTUxNjczOA==&mid=2247488259&idx=1&sn=299fc8c8020efc65888ca8a78fc68a77&chksm=eb02cf2edc754638129f7dac2d87cedd460143ef8cd38cb5e2c02430e3157e033f57cc8f1515&scene=21#wechat_redirect.

[27] 李伯虎,全春来,周翔,等."智慧城市"研究与实践[R].中国航天科工集团,2012:5-10.

[28] 李春佳.智慧城市内涵、特征与发展途径研究:以北京智慧城市建设为例[J].现代城市研究,2015(5):79-83.

[29] 李德仁.数字城市+物联网+云计算=智慧城市[J].中国测绘,2011(20):46-46.

[30] 李楠,蔡萍,张建武.广州市城乡一体化的现状、问题及对策[J].南方农村,2020,36(4):4-9,17.

[31] 李晓华.面向智慧社会的"新基建"及其政策取向[J].改革,2020(5):34-48.

[32] 李晓华.数字经济新特征与数字经济新动能的形成机制[J].改革,2019(11):40-51.

[33] 李雪松,李林鑫.农村饮水安全工程供给机制的博弈分析[J].生态经济,2011,4(5):31-34,39.

[34] 李重照,刘淑华.智慧城市:中国城市治理的新趋向[J].电子政务,2011(6):13-18.

[35] 梁瑛,张清华.深圳基础设施建设当及时跟进[N].深圳商报,2003-01-20(B07).

[36] 林挺进.医疗改革中的政府角色[J].社会观察,2006(4):12-14.

[37] 刘冲,吴群锋,刘青.交通基础设施、市场可达性与企业生产率:基于竞争和资源配置的视角[J].经济研究,2020,55(7):140-158.

[38] 刘生龙,胡鞍钢.交通基础设施与中国区域经济一体化[J].经济研

究,2011,46(3):72-82.

[39] 刘有贵,蒋年云.委托代理理论述评[J].学术界,2006(1):69-78.

[40] 陆森,刘岩,辛竹.解读《2017上海智慧城市发展水平评估报告》[J].上海信息化,2018(1):43-46.

[41] 马昱,邱菀华,王昕宇.城市基础设施、技术创新与区域经济发展:基于中介效应与面板门槛模型分析[J].工业技术经济,2019,38(8):116-123.

[42] 宁波市政府.宁波市智慧城市发展总体规划[EB/OL].(2010-08-23)[2021-02-01].http://wenku.baidu.com/view/b6ab9706de80d4d8d15a4ffa.html.

[43] 宁家骏.关于促进中国智慧城市科学发展的刍议[J].电子政务,2013(2):65-69.

[44] 全球移动通信系统协会(GSMA).2021中国移动经济发展报告[EB/OL].(2021-02-26)[2021-08-27].https://www.sohu.com/a/452905107_99900352.

[45] 赛迪顾问."十四五"期间我国智慧城市发展趋势特征分析[N].中国计算机报,2021-03-01(15).

[46] 深圳市统计局.深圳市2015年国民经济和社会发展统计公报[R/OL].(2014-04-26)[2021-09-21].http://www.sz.gov.cn/cn/xxgk/zfxxgj/tjsj/tjgb/content/post_1333723.html.

[47] 深圳市统计局.深圳统计年鉴2010[R/OL].(2010-12-24)[2021-09-21].http://tjj.sz.gov.cn/zwgk/zfxxgkml/tjsj/tjnj/content/post_3086000.html.

[48] 深圳市政府新闻办新闻发布会(新基建专场)[EB/OL].(2020-07-21)[2021-09-21].http://www.sz.gov.cn/cn/xxgk/xwfyr/wqhg/20200721/.

[49] 盛垒,洪娜,黄亮,等.从资本驱动到创新驱动:纽约全球科创中心的崛起及对上海的启示[J].城市发展研究,2015,22(10):92-101.

[50] 石忆邵,卜海燕.创新型城市评价指标体系及其比较分析[J].中国科技论坛,2008(1):22-26.

[51] 宋刚, 邬伦. 创新 2.0 视野下的智慧城市 [J]. 城市发展研究, 2012, 19 (9): 53–60.

[52] 宋子健, 董纪昌, 李秀婷, 等. 基于委托代理理论的 PPP 项目风险成本研究 [J]. 管理评论, 2020, 32 (9): 45–54, 67.

[53] 孙昌华, 阴以雯. 农村公路基础设施发展模式的中外比较 [J]. 科技信息, 2009, 4 (9): 716–717.

[54] 唐娟莉. 农村公共品供给效果评估研究 [M]. 北京: 中国社会科学出版社, 2018.

[55] 王军武, 余旭鹏. 考虑风险关联的轨道交通 PPP 项目风险分担演化博弈模型 [J]. 系统工程理论与实践, 2020, 40 (9): 2391–2405.

[56] 王俊豪, 金暄暄. PPP 模式下政府和民营企业的契约关系及其治理: 以中国城市基础设施 PPP 为例 [J]. 经济与管理研究, 2016, 37 (3): 62–68.

[57] 王林生. 珠江三角洲城市年鉴 2010 [M]. 广州: 广东人民出版社, 2010.

[58] 王曙光. 农业农村优先发展与中国经济高质量均衡增长 [J]. 人民论坛·学术前沿, 2020 (24): 40–51.

[59] 王序坤. 准公共产品提供方式选择的依据 [J]. 山东财政学院学报, 1999 (6): 20–23.

[60] 王岩, 叶子菀. PPP 模式下项目参与方的合作关系 [J]. 中国电力教育, 2008 (S2): 53–55.

[61] 魏明宇, 马丽. 北京推进"智慧城管"专家热议创新 2.0 改变城市形态 [EB/OL]. (2012-12-07) [2021-07-28]. http://scitech.people.com.cn/n/2012/1207/c1007-19822330.html.

[62] 邬贺铨, 牛文元. 2011 智慧城市高层论坛现场实录 [EB/OL]. (2011-12-02) [2021-03-24]. http://www.bjeit.gov.cn/zmhd/xwfbh/66183.htm.

[63] 吴丹, 朱玉春. 基于随机森林方法的农村公共产品供给能力影响因素分析: 以农田水利基础设施为例 [J]. 财贸研究, 2012, 23 (2): 39–44.

[64] 吴丹, 朱玉春. 农村公共产品供给能力评价体系的多维观察 [J]. 改革, 2011 (9): 86–91.

[65] 武锋.阿姆斯特丹：欧洲智慧城市建设的典范［EB/OL］.（2014 - 03 - 27）［2021 - 07 - 07］.http：//cn.chinagate.cn/experts/2014 - 03/27/content_31917850.htm.

[66] 夏昊翔，王众托.从系统视角对智慧城市的若干思考［J］.中国软科学，2017（7）：66 - 80.

[67] 肖万，孔潇.政府补贴、绩效激励与 PPP 模式的收益分配［J］.工业技术经济，2020，39（12）：3 - 12.

[68] 续竞秦，杨永恒.地方政府基本公共服务供给效率及其影响因素实证分析：基于修正的 DEA 两步法［J］.财贸研究，2011，22（6）：89 - 96.

[69] 亚当·斯密.国民财富的性质与原因的研究：下卷［M］.北京：商务印书馆，1996.

[70] 杨凯瑞.智慧城市评价研究：投入—产出视角［D］.华中科技大学，2015.

[71] 杨思莹，李政，孙广召.产业发展、城市扩张与创新型城市建设：基于产城融合的视角［J］.江西财经大学学报，2019（1）：21 - 33. DOI：10.13676/j.cnki.cn36 - 1224/f.2019.01.003.

[72] 尹丽英，张超.中国智慧城市理论研究综述与实践进展［J］.电子政务，2019（1）：111 - 121.

[73] 詹正茂，田蕾.新加坡创新型城市建设经验及其对中国的启示［J］.科学学研究，2011，29（4）：627 - 633.DOI：10.16192/j.cnki.1003 - 2053.2011.04.020.

[74] 张开云，张兴杰，李倩.地方政府公共服务供给能力：影响因素与实现路径［J］.中国行政管理，2010（1）：92 - 95.

[75] 张天华，陈力，董志强.高速公路建设、企业演化与区域经济效率［J］.中国工业经济，2018（1）：79 - 99.

[76] 张一楠.中国城市公用事业 PPP 模式研究［D］.吉林大学，2020.

[77] 张永民."智慧城市"高于"数字城市"［J］.中国信息界，2011（10）：12 - 17.

[78] 中国通信学会.智慧城市白皮书（2012）［R］.北京：中国通信学会，2012：19.

[79] 中国信息通信研究院.全球数字经济白皮书：疫情冲击下的复苏曙

光[R/OL]. (2021-08-02)[2021-10-07]. http://www.caict.ac.cn/kxyj/qwfb/bps/202108/P0202109134037 98893557. pdf.

[80] 中国信息通信研究院. 中国数字经济发展白皮书[R/OL]. (2021-04-23)[2021-11-01]. http://202.116.81.74/cache/13/03/www.caict.ac.cn/db95ed1e90d20f8cf448ba3f5259eae8/P020210424737 615413306. pdf.

[81] 中国信息通信研究院. 中国数字经济发展白皮书：2017年[R/OL]. (2017-07-11)[2018-05-01]. http://www.caict.ac.cn/kxyj/qwfb/bps/201804/P020170713408029202449. pdf.

[82] 中国政府采购网. PPP的全球现状与国别经验[EB/OL]. (2016-08-04)[2021-05-24]. http://www.ccgp.gov.cn/ppp/gj/201608/t20160804_7140434. htm.

[83] 中国政府采购网. ppp模式的三大特征[EB/OL]. (2015-06-12)[2021-05-26]. http://www.ccgp.gov.cn/ppp/zs/201506/t20150612_5411394. htm.

[84] 朱玉春, 王蕾. 不同收入水平农户对农田水利设施的需求意愿分析：基于陕西、河南调查数据的验证[J]. 中国农村经济, 2014, 4 (1): 76-86.

[85] 邹燕. 创新型城市评价指标体系与国内重点城市创新能力结构研究[J]. 管理评论, 2012, 24 (6): 50-57. DOI: 10.14120/j.cnki.cn11-5057/f.2012.06.011.

[86] 左学金, 王红霞, 等. 世界城市空间转型与产业转型比较研究[M]. 2版. 北京: 社会科学文献出版社, 2017.

外文文献

[1] BUKHT R, HEEKS R. Defining, Conceptualising and Measuring the Digital Economy [R/OL]. Development Informatics Working Papers, 2017, no. 68 [2021-09-10]. http://dx.doi.org/10.2139/ssrn.3431732.

[2] EUROPEAN COMMISSION. Towards a Joint Investment Programme for European Smart Cities [R]. Brussels: European Commission, 2018.

[3] GROSSMAN S A, Hart O D. An Analysis of the Principal-Agent Problem [J]. Econometrica, 1983, 51 (1): 7-45.

[4] HOLMSTRÖM B. Moral Hazard and Observability [J]. The Bell Journal of Economics, 1979, 10 (1): 74 –91.

[5] HOWLETT M, RAMESH M. Studying Public Policy: Policy Cycles and Policy Subsystems [J]. American Political Science Association, 2009, 91 (2): 548 –580.

[6] MIRRLEES J A. The Theory of Moral Hazard and Unobservable Behaviour: Part I [J]. The Review of Economic Studies, 1999, 66 (1): 3 –21.

[7] PORTER M E. Clusters and the New Economics of Competition [J]. Harvard Business Review, 1998, 76: 77 –90.

[8] ROTHWELL R, ZEGVELD W. An Assessment of Government Innovation Policies. Policy Studies Review, 1984, 3 (3/4): 436 –444.

[9] SAPPINGTON D E M. Incentives in Principal-Agent Relationships [J]. Journal of Economic Perspecives, 1991, 5 (2): 45 –66.

[10] STEPHEN A. Ross S A. The Economic Theory of Agency: The Principal's Problem [J]. American Economic Review, 1973, 63 (2): 134 –139.

[11] TAPSCOTT D. The digital economy: Promise and peril in the age of networked intelligence [M]. New York: McGraw –Hill, 1996.

[12] WASHBURN D, SINDHU U. Helping CIOs Understand Smart City Initiatives [R]. Forrester Research, 2010.

[13] WILSON R. The Structure of Incentives for Decentralization Under Uncertainty [J]. La Décision: Actes du Colloque International sur la Décision, 1967, 2: 287 –307.

[14] WOOLTHUIS R K, LANKHUIZEN M, GILSING V. A System Failure Framework for Innovation Policy Design [J]. Technovation, 2005, 25 (6): 609 –619.

后　　记

在世界城市发展的历史中，曾经有过许多繁荣而美丽的知名城市，它们在最鼎盛辉煌的时期为区域、国家的发展做出了巨大贡献。然而，由于自然、历史或人为因素的影响，部分城市并未延续它们的辉煌，逐渐失去了曾经的影响力及地位。对城市而言，如何发展及保持竞争优势是永恒的话题。本书以资源生成及准经营性资源为切入点，希望为世界各城市探索经济发展道路提供一个新的思路。目前，各国城市发展均取得了历史性跨越，城市经济持续快速发展，产业结构不断优化，城市建设不断完善。而随着新一轮科技革命的到来，城市发展将步入新的阶段。新兴技术推动生产方式变革，传统产业面临颠覆性挑战，城乡一体化融合趋势增强，城市转型步伐加快。面对新机遇，区域政府应如何规划以实现城市和区域崛起，是一个十分重要的命题。

本书中仍存在许多未完善的内容，我希望在后续的研究中不断地补充和深入，包括政府与企业合作开发配置准经营性资源的理论模型，以及目前受到广泛关注的数字平台发展问题。我认为，随着数字平台的不断壮大，其已具备一定的准经营性资源特征。数字平台具有十分广阔的发展前景，可在医疗、文化、传媒、交通等多领域发展，但发展过程中存在许多问题，其中最关键的是平台管理问题。数字平台的设立突破了政府、市场、企业的边界，企业经营平台、政府调控管理、市场为平台提供大量需求，三者实现了有机结合。而在这个过程中，如何处理多元主体的协作关系，保证公平以促进创新，是亟待解决的问题。

本书能够顺利完稿，离不开各位老师的帮助。陈云贤老师所创立的中观经济学为本书的完成提供了重要的理论支持，衷心感谢陈云贤老师为本书的修改和完善提出的宝贵建议。感谢中山大学岭南学院的才国伟老师、徐现祥老师、刘贯春老师，辽宁大学的徐雷老师，以及我的同门李粤麟同学、李建平同学在中观经济学讨论会中给予的启发和思考，每一次的讨论

后　记

会都令我收获颇丰。同时，衷心感谢黄秋诗老师为每次讨论会开办付出的辛劳，感谢中山大学出版社编辑部的各位老师对本书出版所给予的帮助。最后，感谢我的父母、家人、朋友一直在背后默默地支持和鼓励我，你们的支持给了我充分的信心和决心，让我能心无旁骛地投入研究工作中。再次感谢大家！

陈思含

2022 年 2 月 21 日